让阳光洒进
每一个孩子的心里

打造阳光校园的实践与探索

邬晓玲 著

华东师范大学出版社·上海

图书在版编目(CIP)数据

让阳光洒进每一个孩子的心里:打造阳光校园的实践与
探索/邬晓玲著. 一上海:华东师范大学出版社,2021
ISBN 978 - 7 - 5760 - 1373 - 3

Ⅰ.①让… Ⅱ.①邬… Ⅲ.①小学－校园文化－建设－
研究 Ⅳ.①G627

中国版本图书馆 CIP 数据核字(2021)第 066330 号

让阳光洒进每一个孩子的心里——打造阳光校园的实践与探索

著　　者　邬晓玲
策划编辑　彭呈军
责任编辑　朱小钗
责任校对　张　沥　时东明
版式设计　刘怡霖
封面设计　马嘉瑜

出版发行　华东师范大学出版社
社　　址　上海市中山北路 3663 号　邮编 200062
网　　址　www.ecnupress.com.cn
电　　话　021 - 60821666　行政传真 021 - 62572105
客服电话　021 - 62865537　门市(邮购)电话 021 - 62869887
地　　址　上海市中山北路 3663 号华东师范大学校内先锋路口
网　　店　http://hdsdcbs.tmall.com

印 刷 者　上海锦佳印刷有限公司
开　　本　787×1092　16 开
印　　张　16.75
字　　数　251 千字
版　　次　2021 年 4 月第 1 版
印　　次　2021 年 4 月第 1 次
书　　号　ISBN 978 - 7 - 5760 - 1373 - 3
定　　价　52.00 元

出 版 人　王　焰

序一　新时代学校变革的实践探索

　　教育是一定时代背景下的产物,不同时代的教育会呈现出不同的特点,同样也会对教育提出全新的要求。面对时代的变革,学校教育需要顺应时代潮流,主动适应变革,继而使每个鲜活的生命个体都能为当下的生活和未来的生活做好准备,也能够为每个个体获得幸福生活奠定扎实的基础。在学校变革的过程中,首先是要知道起点在哪里。从置身于新时代的宏观背景来看,学校要把立德树人作为根本任务,培养德智体美劳全面发展的社会主义建设者和接班人,彰显时代对于教育的引领;从置身于学校发展历程的微观背景来看,学校应立足于区域特质和办学历史,培养符合区域现状、家长期待和学校实情的学生,凸显历史对于教育的滋养。学校只有平衡历史经验与时代要求的关系,才能够把握时代背景下的发展路向,更好地推进学校教育变革,达成所希冀的教育愿景。

　　教育是在前沿理念指引下的实践探索,教育的现代化源于教育理念的现代化。当学校知道起点在哪里,就需要思考基于什么样的理念去实现办学目标。学校若想取得办学成效,一方面要明晰教育理念的基点,持续坚持以人为本的教育理念,认识到人是教育的起点,把每个师生都视为完整的人来看待,从全面的视角来观照每个人的发展,让每个人都能成为拥有生命自觉的人,实现自我价值;另一方面要丰富教育理念的来源,持续坚持贯通古今、融会中西的教育理念,在继承借鉴的基础上,不断进行创新发展,坚守正确的、优秀的历史文化积淀,同时善于接纳新理念、新思想和新观点,汲取和统整多元文化下的教育智慧,建构富有学校特色的办学文化,实现学校内涵式发展和高品质发展。

教育归根到底要付诸实践,只有教育实践发生质的突破与改变,教育变革才能朝着预期的方向发展。我们所强调的教育实践是立足时代的实践,更是立足理论的实践。教育实践是有时代活力的,是有文化底蕴的,是有发展方向的,从而为实现学校发展、教师发展和儿童发展提供行动保障。当学校教育明晰了自己在哪里和去哪里之后,最为关键的就是如何去。人始终是教育实践的主体,要想让教育变革的旅程顺利推进,学校不仅需要重视实践主体的力量,看见每个教育实践者的能量,积极鼓励每个教育实践者充分挖掘与发挥自身的实践智慧,不断在实践中进行探索和创新,成为实践的研究者、思考者和引领者;更需要把每个人看成变革的重要动力,激发更多元的主体参与到学校变革进程中来,全力打造人人认同、人人支持、人人创造的新局面,让每个人都能够在参与中感受尊重支持、绽放智慧光芒和体验温暖幸福。

在教育部"国培计划"全国小学优秀校长高级研修班中,我作为邬晓玲校长的导师,有机会了解到上海市浦东新区上南实验小学就是一所与时代发展同步、与前沿理念同行的学校,是一所勇于实践探索、体验实践变革的学校。邬校长对教育发展有敏锐的判断力、顶层的规划力、坚毅的执行力,全体教师对教育发展有天然的期待、变革的动力、行动的意愿,携手铸就了学校发展的成功之路,让阳光教育理念落到实处,实现每个阳光少年和阳光教师的共同成长与共同发展。

当我们再进一步去深入窥探上南实验小学变革的实践密钥,不难发现激发学校变革的力量,最为核心的要素就是每个个体在教育理念和实践层面的自我更新,其中有校长治理理念的更新,有教师和家长教育理念的迭代,也有学生学习理念的升级等。每个参与教育变革的主体都深刻意识到"我"和"我们"的重要价值,切实体验到亲身投入实践的幸福时光,在行动中去深化共同的阳光教育愿景——打造阳光下的快乐家园;在实践中去展开阳光教育变革——多元视角下的协同探索;在过程中展现阳光教育成果——每个主体的成长收获。期待读者们以开放的心态去阅读、去体悟、去思考,从字里行间获得实践智慧的启发,感受阳光照耀的温暖,透视教育变革的力量,收获奋力前行的能量,实现我们共同的教育理想——每个人的幸福成长!

刘宝存

教育部长江学者特聘教授

北京师范大学国际与比较教育研究院教授、博士生导师

2020 年 12 月 30 日

序二　向阳而生

2020 年初,突如其来的"新冠"疫情告知世人这将是艰难之年。当中国人民用"血肉"筑起的新长城,打出一场漂亮的阻击战,成功穿越"至暗时刻"之际,我们领悟了由平凡伟大汇聚的磅礴力量势不可挡,感慨之际耳边回响起"向阳花木易为春"的低吟。此刻,在我的案头不仅有即将合拢的庚子日历,更有才启首页的浦东新区上南实验小学邬晓玲校长的新作《让阳光洒进每一个孩子的心里——打造阳光校园的实践与探索》。阳光抚摸,书卷飘香,于见字如晤中诉说着天亦有情的美妙,传递着正道沧桑的深刻。

那是在 2020 年 6 月,受浦东新区教育工作党委、教育局邀请,我担任浦东新区名校园长培养项目市级校长工作室导师,于是与浦东有了交集,与邬晓玲校长有了交流。初见她时,发现她秀气而温和,内敛而阳光,当说起教育时她充满梦想,"阳光,让人感觉温暖、希望……",所以"阳光校园是我的梦"。与其说是从嘴中缓缓吐露,还不如说从心里流淌而出,如今她将梦写入了实践,更将梦融入了作品。

这是一位"心如花木"的校长。因为学生如同花木,他们渴望阳光,她悉知花木喜好,所以她愿意"种太阳";因为理解教育,因为热爱学生,所以她愿意营造环境,让孩子在富有人文气息的时空中幸福成长,让生命在沐浴阳光雨露中孕穗拔节;因为珍爱生命,因为向往美好,所以她愿意经营学校,让儿童的人生第一步在包容扶持守候中开篇延展。

这也是一位"循梦而行"的校长。她在 1989 年就读上海市第六师范学校、上海市高等师范专科学校期间就用心感受如何当教师;1994 年到上海市浦东新区园西小学工作后认真地学做教师;2006 年到上海市浦东新区孙桥小学担任校长起立志让农村孩子也能享受好的教育;2017 年带着"办阳光校园"的理想来到上海市浦东新区上南实验小学。从学生到教师,从教师到校长,转换的是角色,坚持的是梦想。这本书共八章,以阳光为主线,通过"核心点""落脚点""支撑点""着力点"等七个点的表述,点点相承,环环相扣,真实而流畅,平实而鲜活,总结了一线管理者的工作习得与实践感悟,让关注教育的人们在故事品读中感受教育的价值,让从事教育的人们在故事品读中体悟教育的专业,也让同为校长的人们在故事品读中借鉴管理的得失。全书呈现出的是从梦想到理想的思想升华,从设计到实施的实务提高,从实践到经验的专业进阶,从普遍到特色的职业精彩,字里行间流露的是不忘初心的坚持,贯穿的是执着追梦的勇敢,绽放的是自省超越的智慧,沉淀的是方得始终的收获。

这更是一位"向阳而生"的校长。教育因生命而美妙,教育也因生命而难解,恰好她不仅有向阳而生的勇气,更有向阳而生的理性。全书结尾部分以"'圆'的小故事"为附录,以"阳光校园的逐梦人"为后记,结构巧妙,意义深远。上南实验小学建校 60 余年来,教育蓝图正在逐一变为教育的现实。60 年对人生来说是花甲之年,是落日余晖的开始;然而对于一位有追求、有梦想的校长来说,紧扣新时代脉搏,让老学校焕发新活力,事业正是日升时刻、光芒喷薄之初,上南正阳光!逐梦者是幸运的,也是幸福的,在一片金色之间,我看到了邬晓玲校长依旧专注地"种着太阳",看到了无数生命的生长,看到了天人合一的和谐……

千百年来,人因教育而成人,人类因教育而进步,社会因教育而文明,这是"向阳而生"的力量!

杨荣

上海市实验小学校长

上海市特级校长、正高级教师

2020 年 12 月 31 日

目　录

 第一章　阳光的校园:让阳光洒进每一个孩子的心里

第二章　阳光的教师:阳光校园的核心点

 第三章　阳光的少年:阳光校园的落脚点

第四章　生长的空间：阳光校园的闪光点

第一节　倡导人人参与的教育空间规划 / 92

第五章　五彩的课程:阳光校园的支撑点

第六章　快乐的课堂:阳光校园的着力点

第七章　活力的技术：阳光校园的助力点

第八章　温暖的管理：阳光校园的立足点

第一章　阳光的校园：让阳光洒进每一个孩子的心里

导言

世界上没有两片完全相同的树叶，世界上也不存在两所完全相同的学校。因为，不同的学生、不同的教师、不同的社区所在、不同课程资源的差异、不同的教育理念，都会影响办学的方向、影响办学的效果。

学校的发展，需要理念的指引。福禄贝尔在《人的教育》中，从学生的角度如此说道："从渴望知识的心灵出发，会接二连三地提出问题，怎么样？为什么？用什么办法？什么时候？什么原因？什么目的？每一个稍能满足孩子的答案，都会给孩子开拓一个新的世界。"每个人与生俱来就有潜在的心智能力，教育是这个能力生长的过程。好的教育，就是好在为成长提供了一种自信而又富有激励的生长环境。教育是一粒种子，可以生根发芽。

"阳光"给予人的感觉：是温暖、是五彩、是活力、是快乐、是生长、是分享、是奋斗、是希望……

践行"阳光校园"的办学理念，是希望学生在学习生活中逐步具备"阳光"的品质，让全面发展成为一种学习习惯、一种生活态度、一种人生追求、一种坚韧品格、一种价值实现、一种品质升华！

云霞四散，金乌长飞。清晨的第一缕阳光点亮了上海这座充满活力的城市，也给浦江两岸镀上了一层金辉。阳光是温暖，是希望，是幸福。上南，正是一个让时间汇聚成阳光的快乐家园。

第一节　阳光校园的创建背景

一、学校基本概况

上海市浦东新区上南实验小学（原名上南路小学）坐落于浦江东岸，毗邻世博会主会场，是上钢地区办学时间最长的一所学校。学校始建于 1959 年，迄今已有60 年的办学历史。2014 年随着浦东大居的人口迁入，学校作为优质教育资源开办了三林校区。同年，学校更名为"上南实验小学"。2016 年，浦东新区整合上钢社区周边教育资源，又开办昌里校区，正式形成了一校三区的办学格局。目前，三校区共计占地总面积 35765 平方米，其中各类专用教室及辅助用房面积达近20000 平方米，三个校区环境优美，拥有现代化的教育教学设施设备。学校现有40 多个教学班，1600 多名学生，教师近百人。

学校坚持传承优秀的办学文化，不断实现自我突破追求卓越，在师生的协同努力下，学校的办学质量获得学生、家长以及市区层面的高度认可。学校先后获得全国青少年校园足球布点学校、上海市安全文明校园、上海市依法治校示范校、上海市中小学行为规范示范校、上海市家庭教育示范校、上海市雏鹰大队、区文明单位、区绿色学校、区科技特色学校、区"足球"体教结合项目学校、区艺术教育特色校、区成年人思想道德建设示范校、区语言文字示范校、区见习教师规范化培训基地等多项荣誉称号。历年参加市区级足球、器乐、科技等专项比赛，都取得了骄人的成绩。

二、 学校办学理念

　　教育关系着每一个人的生存与发展，是实现伟大中国梦的基石。学校以全面落实《国家中长期教育改革和发展规划纲要（2010—2020 年）》和《上海市中长期教育改革和发展规划纲要（2010—2020 年）》所确定的以"让每一个孩子都能快乐健康成长""为了每一个学生的终身发展"为一切工作的核心，确定了"阳光教育"的办学理念，以阳光之心育阳光之人，明确了"打造阳光下的快乐家园"的办学目标。学校结合时代发展要求和学生发展需求，不断深化阳光教育的内涵，拓展其外延，旨在彰显学生阳光品质，激发教师阳光情怀，提升学校阳光文化。进而把学校办成教育改革的实验校、特色鲜明的品牌校、精神文明的示范校。

三、 学校发展透视

（一）学校优势分析

1. 学校所处区域的发展

　　一个学校的发展离不开区域的滋养和发展。学校是处于新时代阳光沐浴下的地域，充分感受到区域快速发展给学校发展带来的福音，可以说学校变革的历程就是区域发展的真实写照。具体而言，上钢地区曾经是上海钢铁工业发展的聚集地，是钢铁工业的缩影。当年这里充满阳光活力，为祖国成长和经济发展注入了强大的能量。学校成立于 1959 年，前身是上钢三厂工人子弟学校，是上钢地区办学时间最久的小学，其发展历程是与这段工业发展历程交相辉映的。另外，学校还是世博园区最前沿的学校，受到世博文化的洗礼。当年世博会的璀璨光芒，至今仍留在每个人的心中，成为照耀学校前行的明灯，也让学校绽放出绚丽的色彩。如今，随着学校区域内后世博文化的迅猛崛起、前滩板块的快速发展，上南已经成为一所紧跟上海浦东改革开放前行而不断发展的学校。

2. 学校课题研究的积淀

"为谁培养人？培养什么人？怎样培养人？"是教育的首要问题。经过对学校发展历程和办学理念的探究,学校在 2008 年启动了阳光少年的课题研究,初步提出阳光少年的特征,即拥有健康的体魄、优良的心理、一定的审美修养、强烈的探索精神和扎实的知识基础。而近几年,阳光少年的课题研究,延伸至对阳光教师、五彩课程和快乐课堂、活力技术的课题研究,立足多视角来培育具有上南特色的阳光少年,即乐观、乐学、乐健、乐趣、乐创的阳光少年。基于此,学校逐步形成了阳光教育的理念,并在实践中深化阳光教育的内涵与意蕴,引领学校发展迈向崭新的天地。

（二）学校问题分析

1. 学校办学实践路径有待深化

学校初步确定了阳光教育的办学理念,以及打造阳光下的快乐校园的办学目标,但是育人理念究竟要如何贯彻到日常教育教学实践中去,仍然有待深入思考和推进。这就意味着学校需要不断思考如何有效推动教师们参与到学校教育教学变革中去,为实现美好的教育理想而共同努力。

2. 师生共同成长方向有待明晰

阳光教育提出了"阳光教师"的发展目标、"阳光少年"的培养目标。学校如何整体设计阳光教师专业发展路径,促进不同层级教师的专业成长？学校如何把握阳光少年的时代特征,为引领学生成长和推进家校共育提供努力方向？这都是需要进一步明晰的。

四、 学校建设方向

"为了每一个学生的终身发展"已然成为教育者义不容辞的责任。"十四五"期间,浦东将全面落实《浦东教育现代化 2035》规划部署,全面实施区域教育综合改革创新示范区、高水平基础教育优质均衡领跑区,为学校可持续发展定下了导航蓝图,也为紧临世博文化园区、前滩金融商贸园区的学校提供了砥砺前行的发展动力。因此,学校将一如既往秉承"打造阳光下的快乐校园"的总目标,切实把工作落实在"让每一个学生都健康快乐地成长"上。

（一）打造阳光校园是学生健康成长的需要

每个学生都是独一无二的鲜活生命,珍爱和呵护每个生命的成长就需要阳光校园的滋润。"让每一个学生健康快乐地成长"是学校高品位办学的智慧追求,是学校高品质育人的价值所在,也是实现文化立校、素质育人的主要目标。在立德树人教育根本任务的指引下,学校积极探索五育并举的育人途径,深入推进阳光校园建设,让学生在这里感受到求知的乐趣,体验到学习的幸福,享受到阳光般的滋润,真正使学校成为促进每一个学生健康快乐成长的乐园。

（二）打造阳光校园是营造校园文化的需要

校园是学校文化和办学理念的载体,换言之,校园文化在某种程度上决定了校园建设的发展方向。一个追求卓越且富有特色的校园文化,可以说是一所学校内涵发展的魂,是学生健康成长的根。学校以"打造阳光校园"为核心,努力创建品味独特、品质高尚、特色鲜明的校园文化,让充满快乐、文明、活泼、艺术、智慧的校园环境,不断陶冶师生的情操,使其成为一种无声地浸入学生心灵的美育。

（三）打造阳光校园是实施课程改革的需要

每个校园都要在最大化程度上发挥育人的功能,而阳光校园建设则是以学生发展和教师发展为导向,整体布局学校教育空间,形塑办公室文化和教室文化,为推进课程改革提供有利的条件。正如《基础教育课程改革纲要（试行）》指出：加强课程内容与学生生活以及现代社会和科技发展的联系……倡导学生主动参与、乐于探究、勤于动手……形成积极主动的学习态度。这就意味着阳光校园的建设需要与课程改革的要求相匹配,需要学校成为素质教育的有机载体,推动课程建设和课堂教学转型,从而培育学生的核心素养。

第二节　阳光校园的教育意蕴

一、 阳光校园的阳光元素

（一）阳光校园的要素内容

　　阳光校园的品质是通过发展阳光的教师、培养阳光的少年、共创生长的空间、构建五彩的课程、创造快乐的课堂、立足活力的技术、营造温暖的管理七个阳光元素组成（详见表 1.1），来共同打造阳光下的快乐家园。

　　其中发展阳光的教师，即五彩同盟的教师团队是阳光校园的切入点；培养阳光的少年，即五乐兼备的阳光少年是阳光校园的出发点；共创生长的空间，即师生共创的校园文化是阳光校园的闪光点；构建五彩的课程，即五彩童梦的课程构建是阳光校园的支撑点；创造快乐的课堂，即生动有趣的课堂教学是阳光校园的着力点；开拓活力的技术，即创新创想的信息技术是阳光校园的生长点；营造温暖的管理，即温暖适切的学校管理是阳光校园的立足点。

表 1.1　阳光校园的阳光元素

	阳光品质	阳光文化	核心点
阳光校园	阳光的教师	脸上有笑容，心里有阳光	五彩同盟体系： 1. 红色——圆中圆管理团队，学校前行的领航之光 2. 蓝色——日冕教研团队，博学求知的专业之光 3. 绿色——行者青年团队，阳光旅程的希望之光 4. 橙色——霞光骨干团队，引领辐射的传递之光 5. 紫色——特色项目团队，五彩童梦的创造之光

（续表）

阳光品质	阳光文化	核心点
阳光的少年	脸上有笑容，心里有阳光	1. 阳光陪伴：班主任培训、家庭教育 2. 阳光能量：行规教育细节化 3. 阳光之旅：实践活动系列化 4. 阳光驿站：健康教育校本化
生长的空间	美好家园，共同创造	三个指向： 1. 指向师生共同创造 2. 指向课程深度融合 3. 指向与时俱进变化
五彩的课程	寻找适合的色彩，创造彩色的人生	五彩童梦体系： 1. 主题实践课程，筑建红色道德之梦 2. 国学人文课程，助力橙色智慧之梦 3. 体育特色课程，助飞绿色生命之梦 4. 艺术特色课程，编织紫色艺术之梦 5. 主题探究课程，畅想蓝色创新之梦
快乐的课堂	在快乐中主动学习，在学习中体验快乐	1. 教研模式：四 MO 教研 2. 教师的教：个性和共性
活力的技术	为课程发展赋能，为课堂转型赋能，为教师发展赋能	1. 学生网络学习平台 2. 教学网络资料平台 3. 教师网络研修平台
温暖的管理	家的温暖，爱的情怀	1. 制度建设——阳光制度 2. 民主管理——阳光教师 3. 干部培养——圆中圆团队

（二）阳光校园的要素关系

一个学校之所以成为阳光校园，其关键在于有阳光教师和阳光少年。学校所有工作都围绕着教师和学生展开，他们既是学校发展的参与者，也是学校发展的受益者。因此，学校秉承温暖的管理理念，激活校园里每个个体的活力，让每个人都能主动参与到学校建设中来，共同创造生长的环境，在最大化程度上发挥环境的育人功能；共同构建五彩的课程，让师生在课程中获得发展；共同创造快乐的课堂,让师生成为学习的主人;共同运用活力的技术,为学校课程建设和课堂教学改进赋能,进而培育了一批批阳光教师和阳光少年,助推学校走向内涵发展和品质发展。

阳光校园的各要素之间并非相互独立的,而是相互关联相互影响的。阳光教师和阳光少年是学校发展的目标,也是学校发展的主体,其他教育元素发挥的作用则是激发和支持师生不断提升教与学质量的重要路径,即让阳光校园的主体能够结合时代发展特征、学生发展需求和学校办学目标,不断创造良好的学习环境和氛围,建设特色化的课程内容,依托信息化手段变革教与学的方式,促进人的全面发展。因此,学校需要整体考量各要素之间的关系,把握其内在逻辑关联,继而发挥激活主体和制度保障的作用,做到重点发展与均衡发展相统一,从而达到"1+1>2"的实践成效,实现预期的办学目标。

二、 阳光校园的阳光追求

(一)阳光校园的育人目标

学校提出了"阳光少年"培养的实验项目,以市级课题"小学'阳光少年'的培养"引领学校整体发展,旨在培养学校特有的阳光少年,使其成为具有健康的身体素养、优良的心理状态、扎实的知识基础、良好的艺术修养、强烈的探索精神的少年儿童。多年来,伴随着研究的深入、社会的发展、当下的需求,我们确立了阳光教育的办学理念,也不断深化了阳光少年的培养目标,即培养具备阳光品质的学生队伍:乐观、乐学、乐健、乐趣、乐创的五乐阳光少年。其中乐观是坚定的信念、宽广的胸怀;乐学是灵活的方法、扎实的知识;乐健是强健的体魄、健康的心理;乐趣是广泛的兴趣、高雅的情趣;乐创是探索的精神、创新的能力。

(二)阳光校园的教师队伍

打造阳光少年的前提是打造能够培养阳光少年的教师队伍。只有凝聚团队力量,依托团队智慧,打造一流的教师队伍,才能为阳光少年的健康成长汇聚所有的光芒。学校围绕此目标,以构建教师团队为突破口,以教师专业化发展为重点,构建有效的校本研修机制,努力建设具备阳光品质的教师队伍:善引领、善传递、善创造、善陪伴、善合作。其中善引领是指理想信念的引领者;善传递是指先进文化的传递者;善创造是指活力课堂的创造者;善陪伴是指温暖呵护的陪伴者;善合作是指团队协同的合作者。

　　一群教师聚在一起,就成为了学校亮丽的风景线,为了更好地促进教师发展,学校采取了团队建设的路径。具体而言,学校教师团队包括"圆中圆"中层管理团队,出谋划策,为学校前进之路引航;"霞光"教学骨干团队,经验丰富,是学校发展的中坚力量;"行者"青年教师团队,朝气蓬勃,是学校拥有无限活力的源泉;"星空联盟"信息化团队,渴求新知,是自发学习前沿信息技术的精英集合。更有称为"日冕学堂"的教研组团队——"新师语堂"(语文)、"量子地带"(数学)、"撷英社"(英语)、"符声乐梦"(音乐)、"艺尚楠"(美术)、"了然坊"(自然)、"强体团"(体育),各学科定期邀请学科专家为阳光教师们提供专业的支持,掌握学科动向,丰富学科知识,锻炼学科本领,成就教师梦想。学校举行阳光盛典颁奖典礼,记录教师成长的阳光轨迹,提供优质发展的阳光平台,为阳光学生的培养注入源源不断的力量。阳光教师,用阳光般的笑容温暖每一个学生,以阳光般的心态迎接人生的挑战,自信地奔跑在教育实践的阳光大道上。

（三）阳光校园的空间规划

　　阳光校园,是阳光少年们茁壮成长的沃土。学校利用新时代的独特视角,为学子们创设最具现代化、最富想象力的校园环境。

　　首先是专用教室各具特色,如美术教室融合中国传统文化和西方审美体验;自然教室让人与自然和谐发展的理念萌芽生长;音乐教室的橙色方凳可自由组合拼搭,学生表演的可能性被无限延伸;国学教室古韵盎然,未来教室奇幻美妙,贯穿古代与未来;玩具总动员创新实验室携手 VR 智创未来实验室,让科技触手可及;森林图书馆、海洋图书馆赋予学生知识的力量;转角自主图书角、七巧板区域、涂鸦领地让灵感瞬间迸发;墙面文化、走廊文化体现着科技、艺术、体育的独特魅力；彩虹楼梯、阳光大道、星光大道，让小小设计师把梦想变为现实。

其次，在温馨教室创建中，围绕着"阳光下的快乐家园"进行个性化建设。教室门口的电子班牌展现了班级各类信息，点点触摸屏，一切尽在眼前。师生共同参与，布置教室，形成了班班有特色的文化氛围，"七色花班级"的称号是对师生环境布置的最高赞美。阳光不会错过校园里的任何一个角落，它把温暖的力量尽情释放，也会激发学生的学习热情。

（四）阳光校园的课程建设

学校在阳光课程的设计上精益求精，持续改进优化，期待学生能在多元化的阳光课程里收获成长，成为乐观、乐学、乐健、乐趣、乐创的阳光少年。围绕"阳光少年"这个培养目标，学校梳理构建与之匹配的学校整体课程框架，合理设计学校课程体系，将基础型课程、探究型课程和拓展型课程整合为"五彩童梦"课程，为每一个学生发展提供多种可能性，使课程真正成为实现培养阳光少年的途径，从而逐步形成具有鲜明特色的校本课程体系。

"五彩童梦"课程是上南阳光课程一道耀眼的金光。"五彩童梦"课程映照出阳光的色彩："勇敢的小孩""自信的领巾""活力的十岁""担当的少年""飞翔的未来"，五个年级主题实践的活动课程，筑建学生红色道德之梦；吟《弟子规》《千字文》、在"浦江学堂"感受传统文化，五个年级的国学课程，助力学生的橙色智慧之梦；足球、击剑、跆拳道、篮球、韵律操等体育健康课程，助力学生绿色生命之梦；民乐、管乐、书法、绘画等艺术素养课程，编织学生的紫色艺术之梦；OM 头脑风暴、STEAM 课程、VR、乐高等科技课程，畅想学生的蓝色创造之梦。"五彩童梦"课程面向每一个学生，让学生在小学五年中一一经历，从五彩的课程中感知五彩的学习、五彩的生活、五彩的世界。多年来，在市级课题"小学'阳光少年'的培养"探索研究中，学校围绕"五彩童梦"，对课程的理解更加深入，课程理念更具时代性，发展轨迹更加清晰。多样的课程让学生走向多元的实践体验，激发了学生兴趣、提高了学生素养，促进学生全面而个性地发展，让阳光少年在五彩课程中成长。

（五）阳光校园的活力技术

随着技术日新月异的发展,阳光校园的空间概念也有了新的内涵。如何让技术为教育赋能,为培养阳光少年赋能,就需要寻找突破口,加速推进教育和信息技术的融合。学校最开始就在教室配备了相应的信息媒体设备,一方面为信息检索、分析和展现提供了载体,拓宽学生获取知识的渠道,另一方面也能让教师用更加生动形象的途径来展现课堂教学内容,激发学生的学习兴趣。

其次,学校还依托技术来推进课堂教学和开展网络教研,其一是学校使用了"ClassDoJo"的软件来辅助教学工作,这是一个教学互动管理软件,师生可以在平台上进行互动与评价,教师可以从多个方面对学生进行评价,进而让学生及时知晓自己的优势和劣势,让教师对学生的情况进行跟踪了解,从而立足学生的情况,不断改进教学;也可以让教师与家长进行沟通交流,让家长了解学生在校各方面的表现,及时调整自身家庭教育的方向。同时,有教师积极采用翻转课堂的学习方式,鼓励学生自主学习和合作学习;也有教师利用平台开发在线课程内容,拓宽学生学习平台。其二是学校研发了教师专业发展平台,助力教师在线研修,这个平台能让网络教研的教师有共同交流的空间,也有个性发展的自我空间;可以让教师随时就教学中的问题进行交流探讨,也可以在平台上共享优质资源,获取相应的资源。

复次,学校在开展德育工作时,积极引入"互联网＋"的元素,创新德育工作方式,让活动变得更加有趣,也让活动受到更多学生的喜欢。在"阳光少年成长记"主题实践活动中,积极运用信息化手段开展活动,如在四年级"担当的少年"的"五爱公益行走"活动中,运用手机在线答题、拍照、唱歌等进行打卡,完成公益行走活动;在二年级"自信的领巾"入队仪式活动中,学生和家长可以在学校微信平台上,在线参与系列有趣的入队活动,充分体验入队的快乐;在拓展活动中,与苹果门店携手开展快乐苹果日活动,激发学生的创造力和想象力。

由此可见,有技术支撑的教与学都正在发生着变化,从线下教室设计到线上课程开发,孩子学习内容的路径更加多元,学习方式也随之变化,为培育阳光少年提供了强有力的支持;从日常评价到平台跟踪评价,孩子学习表现一目了然,为家校共育提供了清晰明确的努力方向；从线下学科研修到平台全员研修，研修过程得以记录，研修资源得以共享，研修氛围更加民主，为阳光教师的共同成长提供了有益支撑。

第三节　阳光校园的实践推进

一、 阳光校园的实践思考

（一）整体性：整体架构、局部突破

学校教育变革是需要进行顶层规划的，需要贯彻国家和市区政策文件精神，立足区域发展规划和学校实际情况，以及融入契合时代要求的教育教学理念，重新审视学校发展目标和实践路径，制定出有理念、能实践、可评价的学校发展规划，继而为学校发展指明方向，并依托全体教工、学生、家长和社会成员的实践智慧，共同提升学校文化内涵和教育品质。

当对学校发展的方向和优劣有了清晰的认知，就需要在实践中加以推动。阳光校园有七个阳光元素，有的元素是起点，有的元素是方式，有的元素是目标，因此在推进时，需要有重点有顺序地进行局部突破，从而实现牵一发而动全身的变革效应。学校在阳光校园建设中，从学校的师生入手，先是让学校里的师生理解、接纳、认同校园文化，随后他们就会主动参与进来，激活其他阳光元素的发展，共同打造学校文化品牌，实现学校的高品质发展。

（二）渐进性：逐步完善、层层提升

学校教育变革不是一蹴而就的，而是需要在规划的指引下，有条不紊地推进的。这就意味着阳光校园的建设是需要时间的，在某个阳光元素的发展过程中也是有方向、有层次地迭代推进，逐步达成所希冀的理想状态。

同时，学校教育变革并不是毫无根据的，而是需要在学校历史积淀和办学文

化的基础上，不断进行守正创新。这就意味着对阳光校园的理解是随时代发展和学生发展而不断深入的，意味着对阳光要素的实践会处于迭代更新的状态，从而最大化发挥阳光校园的育人功能，培育出学校特有的阳光少年和阳光教师。

（三）灵活性：灵活操作、及时调控

在推进过程中，学校除了按照规划有序推进，还有对规划实施的评价调整，这就有利于实现学校变革预设与生成的动态结合，有利于学校管理者根据实践的发展阶段和实践中的具体问题，进行集体研讨和反思，及时调整发展方向和优化实践路径，推动教育变革朝着正确的方向前进。

学校在变革过程中赋予师生更多的自主权，激发师生的主人翁意识和责任感，也邀请家长和社会力量参与其中，共同推进阳光校园的建设，从而学校就真的变成了师生喜欢的学校、家长支持的学校和社会认可的学校。因此，学校在明确基础方向和核心路径时，可以让阳光校园的建设者成为校园的主人，设计学校的整体布局，思考如何开展学校特色课程，探索依托信息化的教育路径，等等。从而让自上而下的规划和自下而上的实施做到有机结合，达到灵活操作和及时调控的实施效果。

（四）全员性：部门合作、全员参与

一个学校的发展质量与教师群体的参与程度息息相关，当所有的教师都能参与到学校发展进程中来，与学校发展规划的方向与要求相一致，整个学校就会充满生机焕发活力。因此，学校把教师视为学校发展的主力军，从文化浸润、权利赋予、平台搭建、资源共享到制度保障等多个维度出发，积极鼓励教师参与到学校建设中来，创设一个教师真正喜爱的阳光校园。同时鼓励教师以团队的方式进行发展，比如集体改造办公室，建立办公室文化；成立不同层次的学科团队，共同探讨学科专业问题；开展需全员参与的学校活动和网络研修活动等，让每个教师都能够有机会参与，也能够从参与中受益，切身体会到参与的价值与意义，从而能够带动更多的人持续参与其中，不断形成一个人人参与、全员受益的良好局面。

学校的可持续发展,不仅是形式与逻辑的彰显,更需要实效与内涵的表现:学生从才气到才干;教师从启人到育人;教育从成功到成长;教学从定法到得法;发展从变量到增量;学校从超越到卓越。

二、 阳光校园的实践进展

(一)学校制度建设有新进展,校园文化彰显活力

以"打造阳光下的快乐家园"为核心文化,创新管理机制,提升管理品质,体现管理育人、文化育人的特征。学校管理团队大局意识强、服务态度好、协作精神足,作风务实,"以人为本"的温暖管理文化日益凸显,形成了以追求办学理念为核心价值的实施体系,包括以学校总规划为领衔的计划体系,以过程修正指导为特点的督查体系,以目标任务为导向的总结反思体系,充分体现学校管理的计划性、科学性和实效性。逐步建立了"统一决策、条线直管、责任到人、分区统筹"的"一校三区"管理模式,基本实现了规范化、科学化、民主化、精细化,并且管理方式上也逐渐由单一的垂直管理向扁平管理与项目管理结合的方式转变。以"阳光"为核心的物质文明、制度文明、行为文明深入推进、扎实有效。

(二)课程校本化实施有新动态,教学质量稳步提升

建立与培养目标"培养阳光少年"相适应的课程体系。科学合理编制好每学年的课程计划,积极探索基础型课程校本化、拓展型课程个性化、探究型课程主题化,使课程真正成为实现培养阳光少年的有效载体和重要途径。

首先,在体现基础型课程校本化上,学校以落实"基于课标教学与评价"为契机,实施课标细化、课堂落实、个别辅导、作业设计、质量检测,以及低年级无书面要求的回家作业和取消书面考试后的评价研究。并且在各年级推行语数英学科作业类型、作业标准统一设计与个性化布置要求。

其次,在体现拓展型课程个性化上,学校拓展型课程的开设,努力做到让学生在拓展型课程上有"个体意愿"的实现。强化、引导同学们积极发展个性,培养特

长，做到全面发展、学有所长。学校将学生在校内的学习同校外生活、需要和兴趣紧密结合，将主题教育活动、班队活动、校园节庆活动、社会实践活动、亲子活动和社团活动等有机结合，形成综合活动课程，让课程最终回归生活，贴近学生实际。

最后，在体现探究型课程主题化上，学校探究型课程采用主题探究活动、小课题研究、项目设计等方式进行主题式探究，进行"小眼睛看大世界"为主题——"我与自己、我与学校、我与家庭、我与自然、我与社会"五个年级分主题的探究。各年级围绕不同的探究主题，以探究课的形式进行教学与活动，课内与课外结合，完成一个个小课题的实践研究。

（三）学校德育工作有新模式，育人效果显著改善

学校德育工作紧紧围绕班主任校本研修、行为规范、少先队活动、社会实践、两纲教育、核心价值观教育等方面全方位展开。

其一是班主任培训定主题，班主任沙龙是学校班主任培训的主要形式。每月培训内容紧紧围绕班主任实务性工作展开讨论与指导，这一系列有针对性的培训举措，促使学校班主任迅速成长。

其二是行为规范训练有指导，学校结合小学生一日行规标准，细化行规要求，提出"每天进步一点点"。形成了以礼仪、活动、学习、就餐、两纲等为内容，学生发展部抓宣传，班主任抓落实，小干部抓督查，周周有点评的行规训导模式。

其三是小干部培养有方法，少先队大中队干部和机构的组织制度完善，大中小队干部通过自荐、举荐、推荐和民主选举产生；少先队服务岗位多元，包括每周的升旗仪式制度、值日岗制度、中队小家务等，小干部的成长质量大大提高。

其四是主题实践活动有创意，学生发展部组织的活动一直是学校孩子们最喜欢的活动，每一次活动采用多种途径让学生有充分施展才华的空间，丰富学生的学习生活，提高学生的综合素质。

（四）校本研修活动有新举措，教师团队共同发展

学校关注全体教师师德建设和专业素养培育，推出"阳光教师""未来之星"等

榜样形象,起到示范引领作用。另一方面安排丰富多元的"名师进上南""行者沙龙""阳光论坛"等讲座与报告,组织策划具有系统性和针对性的校本研修活动,实现教师教育理念更新,从而打造有学识、有底蕴、有专业精神、有信息素养的阳光教师。

学校立足于不同教师群体的阶段性特征,开展分层分类的团队培养模式,见习教师以规培为抓手,开展全方面的培训,助其实现角色转变,站稳课堂教学;青年教师以沙龙为依托,定期开展针对性的活动,助其夯实专业能力,胜任课堂教学;骨干教师以平台搭建为主,助其形成特色,引领校内学科专业。与此同时,学校还以教研组和备课组为阵地,开展形式多样的校本研修活动,如校级课题研究、教学展示课、教学评比活动等,促使教师课堂教学能力和科研能力的不断提高。

三、 阳光校园的阶段成效

(一)浸润"阳光"文化,提升学校管理品质

学校围绕"打造阳光下的快乐家园"这一核心文化,在学校管理上旨在通过学生、教师、家长、学校及社区间的互相协作,资源共享,最终达成共同进步的目标。

1. 创新管理运行机制,优化现代学校的制度环境

在学校管理上,通过"阳光"文化的渲染与浸润,使教师从后台走到了前台,激发教师的主体意识和责任,让其真正成为学校发展的权利和责任主体。每学期召开一次教代会,审议学校发展规划、参与制定和修订学校规章制度、审议绩效工资方案、参与干部年终考评等重大事情。

在"一校三区"管理机制探索上,努力实现师资、课程、活动、项目统一配置,充分利用现代信息技术,使教师在管理中进行信息传递、在教研活动中进行思想互动、在专题教育中开展资源交流、在展示活动中进行成果分享等在同一个平面上运行。使具有 42 个教学班的三个校区的管理,实现办学资源全覆盖、管理理念全落实、教育活动齐步走、教学质量同提升、特色教育更凸显的预期目标。

在制度建设上,针对规划提出的目标与任务,分别在行政管理、师资管理、课

程管理、德育工作等方面出台了一系列制度。第一，根据上级部门要求，制定了学校章程，对学校各方面工作给出指导性意见；第二，基于教师专业发展的特点和规律，出台了校级骨干教师的遴选与考核制度；第三，为学生自主学习和活动创设时机，相继出台了《关于切实减轻学生过重课业负担的补充处理意见》《落实基于课程标准教育与评价的工作实施方案》。分别对在校活动时间、作业设计与布置、考试等做出规定。

2. 发挥学校家委会作用，形成家校合力办学的模式

为提升家校沟通品质，形成教育合力，学校举行了家长委员会成立仪式，遵循"各班学生家长推荐、自愿报名、班主任推荐"的工作原则，成立了校级、年级、班级三级家长委员会，实行分层管理的模式，为家长参与学校管理搭建了平台。为了更好地发挥家长委员会的职能作用，学校通过举行"家校合力，共谋发展"签约仪式，成立了在家委会主任领导下的宣传部、活动部、信息部和后勤部。

近几年家委会的工作深入到学校教育、教学、后勤保障等方方面面：以班级家委会成员为主，其他家长积极参与的家长志愿者队伍为辅协助学校做好了放学管理；家长志愿者还利用自己的特长走进课堂上课；学校重大活动的后勤保障工作更是离不开家长志愿者的参与；家委会组织的爸爸沙龙、DVT（Dad vs Teacher）篮球比赛凝聚了人心，深受家长们的欢迎。一系列的活动，促使家长们增强了主人翁的责任感，加深了对学校的认同感，形成了正确的家校合作观，同时还赢得了广大家长和社会的高度赞誉。

3. 做好上钢学区的领头羊，形成优质办学的大家庭

在学区化推行之际，学校成为了上钢学区化集团化办学项目的领衔学校，牵头联合区域内的 7 所学校，通过学区化集团化办学全面提升学区内教学管理、教师研训、学生活动、课堂改进、质量考核等工作水平，缩小差距，让同一学区里"不一样的学校一样的精彩"。初步完成了上钢学区运行管理机制的研究、上钢学区教育教学研究系统平台建设以及上钢学区课程资源利用的实践——教师"走校制"的尝试探索。

除此之外，学校还在跨学校、跨学段教研分享上做出了积极的探索，还开展了

同一学科、跨学段的教研探讨。如英语学科,7所学校的英语教师共同备课、听课、评课,小学英语教师从中学英语课上了解到中学英语教学的方法和侧重点,并借鉴到小学的英语课上;而中学英语教师也熟悉了小学英语教学的特点,从而对中学英语教学进行适当的调整。

学区化集团化办学,跳出了一所学校地域、时空和条件的局限,在理顺教育观念上实现"大同",在利用教育资源上实现"共享",在优化师资队伍上实现"同步",在形成办学特色上实现"多彩",在引导学生成长上实现"共育",形成教育利益的共同体,形成多元育人的核心圈,形成优质办学的大家庭,让"阳光"普照大地。

(二)实施"阳光"课程,推动评价制度改革

学校积累了多年"小学'阳光少年'培养"研究的实践经验,在课程实施中探索了小学阳光少年培养的基本内容、途径、策略及其评价方式,从而逐步形成具有鲜明特色的校本课程体系。

1. 落实基于课标的课堂教学,减轻学生学业负担

以落实《上海市教育委员会关于小学阶段实施基于课程标准的教学与评价工作的意见》文件精神为契机,学校制定了《落实基于课程标准教育与评价的工作实施方案》和《关于切实减轻学生过重课业负担的补充处理意见》,并严格执行。

学校围绕"基于课程标准的课堂教学与评价"的研究方向,结合学校的实际情况,开展课堂教学研讨活动。从"闪亮一课"到成熟期教师展示课、校际研讨课,再到青年教师的教学设计与课堂教学比武活动,所有教学活动充分利用录播教室,为全校师生提供了学习的空间、交流的机会和展示的平台。

2. 完善"五彩童梦"课程体系,满足学生个性需求

学校严格执行《上海市中小学年度课程计划及其说明的通知》等有关文件精神,结合学校实际情况,合理设计完善学校课程体系,精心制定学年度课程计划,逐步形成了"五彩童梦"的课程体系。"五彩童梦"课程从单一的课堂教学走向多元的实践体验,为学生形成多样化的学习方式提供了支持,促进了学生全面而个

性地发展，让"生本化"落到实处。

3. 实施"等第制"评价，提升学生综合能力

在推行基于课程标准的评价工程中，学校始终关注过程性评价与终结性评价相结合的原则，既注重过程，又关注结果。

首先，学校通过 ClassDoJo 平台实现过程全记录，从低年级语文学科试点到全年级全学科推行，充分发挥以评价促发展的功能；以及一二年级在期末考试时连续两学年分别以"闯智慧宫"和"游迪士尼"为主题，或借助 iPad 平板电脑，或以游园会的形式，实现表现性评价活动全学科覆盖，并让游园会走进了上钢学区内的另两所小学，让三所小学的孩子们在游戏中接受了知识的检验。

其次，学校还充分利用浦东新区"小学生综合素质评价平台"，其中一至三年级的任课教师登录平台，分学业评价和素质评价两方面对学生的综合素质进行评价；语文、数学、英语教师分别进行了四次过程性评价和一次终结性评价；品社、体育、音乐、美术和自然教师分别从品德素养、健身素养、艺术素养和科学素养四方面进行 ABCD 等第制评价和质性评价。

(三)培养"阳光"少年，促进学生个性发展

学校德育工作以"培养阳光少年"为目标，将目标内化到学生的道德实践中，组织开展了形式多样、内容丰富的主题活动。同时，学校积极开展"温馨教室"的创建活动、重视班主任队伍建设，引入"互联网＋"的元素，创新德育和少先队工作新模式。

1. 管理育人，重视班主任队伍培养

为了使每个学生各方面都得到充分发展，形成良好的个性品质，学校通过举办班主任沙龙，为班主任提供了一个可交流分享的经典案例，研讨工作方法的平台。学校根据不同的内容"如何有效家访""如何因人而异撰写激励式评语""教室文化建设——静态文化与动态文化""班主任的专业视野"等，形成了"问题思辩式、案例剖析式"等不同的研修模式，努力变教师的"沉默是金、墨守成规和默默无闻"为"见识、才识和胆识"，使班主任逐渐成为敢说、能做、会写的教育实践者和科

研者。系列培训促进了班主任工作的开展,提高了班级管理质量,打造了一支优秀的班主任队伍。

班主任沙龙不仅为班主任教师提供了学习的平台,更是为学校打造了一支强大的班主任后备队伍。在学校人手缺失的情况下,凡是参加班主任沙龙的教师都可以在短时间内顺利接手班级,做到人事安排灵活机动。

2. 环境育人,打造阳光下的快乐家园

为打造阳光下的快乐家园,学校重视温馨教室和校园环境的建设,这是建立新型师生关系、构建和谐校园的重要基础,也是班主任开展班级德育工作的重要内容之一。

在温馨教室创建中学校围绕着"阳光下的快乐家园"进行个性化建设。动员班主任、全体任课教师、学生乃至家长共同参与。每班根据自己的班级实际情况和特色,进行温馨教室的创建,还撰写了属于自己班级的班规。连每个教室外面的宣传墙都布置得各有风格,使得每一面墙都可以说话。通过温馨教室的建设,营造了良好的工作环境和学习环境,促进师生的共同成长。

3. 活动育人,开展缤纷多彩的活动

学校以活动为载体,以育人为宗旨,结合信息化特色,正确引导学生运用信息技术手段获得快乐学习的体验,丰富学生的学习生活,提高综合素质。如与团支部联手举办的"大手牵小手、齐步向前走"团队联谊会,增进了团员教师和少先队干部之间的相互了解,增强了团队合作精神,拉近了彼此之间的距离;与苹果门店携手开展了多期阳光少年快乐苹果日活动,激发了孩子们的创造力和想象力,也拓展了学生的兴趣。

基于互联网模式,以"传承核心价值观、领巾飘扬在上南"为主题的少先队入队仪式,变得更加生动有趣,将少先队活动课程与信息技术相整合,借助学校微信公众平台"阳光上南",不仅打破了以往传统的入队仪式形式单一、过程单调的不足,给学生和家长留下一个难忘的入队仪式,更成为学校自主运用信息技术与少先队工作结合的实践成果。

（四）打造"阳光"教师，提高教师综合素养

学校围绕规划对队伍建设提出目标，即以教师专业化发展为重点，以构建队伍梯队为突破口，构建有效的校本研修机制，优化教师的学历结构，提升教师综合素养。以目标和需求引领下的任务驱动为培养方式，努力使每一位教师都成为有特色的"阳光教师"。

1. 实施分类推进策略，形成多元化培养机制

面对校内处于不同专业发展阶段的教师群体，学校实施分类推进策略，形成多元化培养机制。

对于青年教师的培养，学校提出了早起步、高起点培养策略。对于入职三年内的新教师开展见习教师规范化培训和后规范化培训，通过专家引领、师徒结对、规范督查与考核，以及成果汇报、展示等方式，加强师德规范和教学规范的指导、锤炼，甚至有的活动还邀请青年教师的家人一起参加，让青年教师的工作现状、成长经历得到家人们的认同与支持。

对于专业处于合格期向成熟期过渡的教师，着重加强专业能力的"建峰填谷"建设，即根据学科特点进行专项测试，如数学教师的解题能力、英语教师的口语表达、语文教师的文学知识、自然教师的实验操作、美术教师的简笔画等。专项测试的目的不是为了考教师，而是为了促进教师的专业发展。

对于专业处于个性发展期的骨干教师，制定了"骨干教师管理办法"，并进行了新一轮骨干教师的评审。通过专家团队的一一答辩，遴选出新一轮的骨干教师。在注重校级骨干教师评选的同时，更为注重骨干教师的示范辐射，如"骨干约课"活动，让骨干的力量辐射到各个层面。同时，努力创设校内外学习锻炼的机会，即聘请专家指导、进行校内专业能力和成果展示、参加市区级后备培训、安排基地带教任务等。

2. 实施课题引领策略，提升教师的科研水平

学校重视以课题引领的方式，鼓励教师积极参与学校各项课题，不断进行研究与学习，同时也要在参与过程中增强科研意识，运用合作的方式开展研究，并且要具有成果意识，在实践中进行经验提炼和智慧总结，从而提升教师的综合能力。

其一是依托区级课题"青年教师教学素养校本化培训的研究",使学校在教师专业素质、专业发展现状、发展过程、发展途径、发展条件等方面进行了系统的研究,不断提升了学校青年教师的教育教学能力,从而构建了一支学习型、研究型、创新型青年教师团队,推动学校教育教学改革的纵深发展。

其二是依托内涵项目"新型数字环境下教与学的研究""教师专业化发展网络化管理的推广与应用"等课题,通过探索少先队课程、综合艺术课程、国学课程和现代科学技术的融合,深切地感受到在新型数字化环境下,学生课堂学习形态得以突破,学习空间得以延展。教师也在新型数字化环境的带动下,拓展了教学的思维模式,进而使教学研究和课堂实践更上一层楼。

随着学校对教育政策的理解愈加深入,对阳光校园的实践愈加深入,以及师生参与校园发展的深度愈加深入,阳光校园的内涵和外延也会不断丰富。当明晰了阳光校园的办学理念,学校发展就有了方向;当所有教师和学生都认同校园文化,学校发展就有了动力;当所有主体都积极参与到学校发展中来,贡献自己的智慧,势必将引领学校教师、学生和家长走向更好的发展。

第二章　阳光的教师：阳光校园的核心点

导言

阳光，真是一个非常奇妙的字眼，无论何时何地，只要与这个词语相视一番，心中也会产生一丝暖意来。太阳尽管已经四十五亿岁了，但我们依然每天都享受着阳光带来的幸福和快乐。在上南实验小学的校园里，阳光可以成为一个"万能组合神器"——阳光课堂、阳光活动、阳光成长、阳光研修、阳光讲坛……而阳光教师无疑是阳光校园的核心所在。

阳光是一种温度，驱散了寒冷，有持续的热力：行动连载——激励每一个人；

阳光是一种光明，驱除了黑暗，有致远的活力：举措连发——强化每一个人；

阳光是一种理解，驱逐了自卑，有奋斗的强力：教育连心——关爱每一个人；

阳光是一种利器，驱策了教改，有发展的引力：知行连体——成就每一个人；

阳光是一种智慧，驱使了前行，有不懈的动力：携手连跑——促进每一个人；

阳光是一种教育，驱动了成长，有无限的潜力：前行连进——引航每一个人。

阳光教师，外显着阳光的笑容、阳光的交流、阳光的真诚，阳光关爱每个学生；

阳光教师，内隐着阳光的仁心、阳光的呵护、阳光的智慧，阳光教育每个学生。

教师充满阳光，校园才能充满力量！

> 培养阳光少年，就必须先拥有一批具备阳光品质的教师群体。学校作为浦东新区第一批校本研修实验校，在"打造阳光下的快乐家园"的办学目标引领下，学校师资队伍建设紧紧围绕培育"阳光教师"这一核心点，通过各级各类的校本研修活动，助推全体教师向着阳光教师的方向成长。

第一节　统筹规划，聚焦阳光教师培育工作的顶层设计

打造阳光校园，阳光教师培育是关键。什么样的教师是阳光教师？阳光校园的阳光教师应该具备如下阳光品质：善引领、善传递、善创造、善陪伴、善合作。善引领的阳光教师是理想信念的引领者；善传递的阳光教师是先进文化的传递者；善创造的阳光教师是活力课堂的创造者；善陪伴的阳光教师是温暖呵护的陪伴者；善合作的阳光教师是团队协同的合作者。如何培育阳光教师？学校通过团队合力引领、校本自培促进，为实现"阳光下的快乐家园"努力塑造了一个又一个阳光教师。

校本研修是促进教师专业化发展、提高教师综合专业素养，也是学校提升整体教育教学质量的必由之路。多年来，学校大力开展校本研修，在推行过程中不断思考——如何根据学校现状、教师特点提升校本研修的有效性？如何让校本研修发挥培育阳光教师的作用？在实践探索中，学校逐步找到突破口，扎实提升校本研修有效性。

一、校本研修中的校长领导力

校本研修的深入推进与可持续发展，离不开校长的有效领导。校长作为校本研修的第一责任人，不仅是校本研修的建设者和引领者，更是推动校本研修的第

一主力。校长通过自身的领导力，带领核心决策层、管理执行层和实践操作层的教师，全面统筹规划校本研修愿景，倡导与分享共同价值观，建立和谐高效的团队，有效推进校本研修，让校本研修充满"力"量和"思"量。

（一）激活教师发展动机

校本研修对教师专业发展极其重要，尽管这一理念已达成共识，但并不代表教师愿意主动参与校本研修。校长发挥主导作用，创设校本研修无限"吸引力"，从而激活教师发展动机。一是增强教师对学校进行校本研修的认同感。校长根据学校实际情况，设计发展蓝图，而美好的蓝图又与校本研修的实践密切相关。教师认识到只有通过校本研修，学校才会达到预想"吸引人"的美好前景。二是让教师积极参与学校校本研修方案的制定。教师在了解学校发展前景的基础上，融合个人发展愿景，共同参与制定学校校本研修的方案，在建言献策中感受到学校发展与个人发展息息相关，自然而然对校本研修充满期待，主动积极参与校本研修。

（二）坚定校本研修信念

学校实际工作千头万绪、条线众多，校长是否有清醒的认识，是否善于专注重点抓住主要矛盾，是否有坚决的信念和决策定力，是校本研修得以有效开展的关键。其中，校长决策的坚决"定力"表现在——某个阶段流行一种学校管理的新方向，校长坚持住，不盲目跟风；校本研修花费较长的时间与精力，对学校的发展效果不明显，校长坚持住，不轻易更张；校本研修实施过程比较枯燥、困难重重，教师有反对声音，校长坚持住，不随意停止。校长始终秉持一个坚定的信念，即校本研修是学校开展教学工作的"魂"，把教育之"魂"根植于每一位教师，用坚定不移的理想和信念促进教师专业发展。

（三）塑造教师发展标杆

教师厘清了校本研修对自身的价值，根据学校的相关方案参与校本研修，但教师真正关注校本研修,利用校本研修提升专业发展还缺少一股助推力,那就是为教师塑造发展标杆。校长如何发挥领导力,为教师塑造发展标杆?首先,校长要成为课程教学改革理念的先行者。树立现代的课程与教学观,掌握课程教学理论的精髓,进而形成核心理念去武装每一位教师,推动教师们向前发展。其次,校长身先士卒、学以致用地做好引领者。将所学理论用于指导教师开展教学与研究,从课堂的外围进入课堂的核心,将上课、听课、评课、指导教学活动作为校长教育管理的重要组成部分。此外,校长通过提供各种资源、建立支持性环境与平台助推教师专业成长,肯定教师为改进教学所做的各种努力,在教师有专业发展需求的时候给予最大的帮助、最有力的支持。

二、 校本研修中的教师内驱力

校本研修规划的制定是每一位教师发现自我发展需求的良好契机,学校创造条件让教师共同参与校本研修发展规划的制定,让教师了解"在校本研修中,我们要到哪儿去",并形成共识,迸发参与校本研修的激情,激发自我发展的内驱力。

(一)形成校本研修的认同感

在参与制定校本研修规划时,教师清晰地了解到学校发展的美好蓝图,也看到学校发展中的问题,强烈地认识到推行校本研修的意义与价值所在,从而对校本研修产生强烈认同感——"校本研修是重要的",激发对校本研修的热情——"我应该一起去努力"。

(二)寻求发展愿景的一致性

教师是校本研修的主体,因此,在汇集教师群体智慧基础上形成的校本研修规划,更贴近教师的需求。当个人发展愿望与学校发展愿景达成一致时,教师参与校本研修便有效地化被动为主动。

（三）洞悉专业发展的方向性

教师切实制定符合自身专业发展的校本研修计划和个人规划，能够帮助他们明确发展方向——"我要到哪儿去？"在规划中尤其要注意考虑两点：（1）"向上跳"。即制定一个跳一跳就摘得到的"果子"——教学的改进行为。（2）"向前看"。即确定一个身边的教学榜样，确认他具有优于自己某方面的教学能力。从而让教师形成一股追求自我发展的内驱力，促使其转化为教师投入校本研修的积极行为。

三、　校本研修中的管理执行力

校本研修的关键一环还在于管理执行。有效的管理执行是学校校本研修正常运转和稳步发展的重要保证，是真正促进学校、教师不断自我发展、自我提升、自我创新、自我超越的重要手段。

（一）提炼优秀传统，传承发展

在校本研修方案制订的过程中，需认真对待"传承与发展"这一主题。随着时间的推移，学校教学上的一些管理、要求、规则等可能不太适应现在教学的需求，需进行改革，但每个学校都有优秀的经验和做法值得借鉴。所以，校本研修不是重起炉灶、全盘否定，而是一个新征程的接力，保持并且发扬学校优秀校本研修的传统，并赋予其新时代的内涵。

在此过程中，学校校本研修会面临一些突出问题，需要执行管理层共同认清问题所在，全力以赴地思考问题解决策略。通过一系列有组织、有目的、有针对性的活动与制度集中攻克这些难关，使得整个校本研修的质量不断改进、规范、提升，这才是校本研修的真正意义所在。

（二）组织有效活动，体现活力

第一，活动要有多样性。让教师充分"动起来"，学校的校本研修才会充满活力。比如，学校与学校的结对活动、管理层与实践层的结对、学科联合体的互动、网络环境下的互学共进平台、教师"进名校会名师"等活动可以设计得丰富多彩，提升教师参与校本研修的兴趣。

第二，活动要有针对性。切实符合学校实际问题、教师发展需求，让教师在活动中有所提升、有所改进。比如，针对教师越来越倾向采用现成练习、不愿自己出卷的情况，学校进行一系列校本研修活动——"是否需要自己出题"的教师讨论会、举行"出一份好试卷"的比赛、专家点评试卷、家长关于试卷的座谈会，等等。这一切都将触动教师的"不足"点，而后反思改进。

第三，活动要有创新性。校本教研的活动是以自己学校为主阵地的，它可以根据校长的思想、学校的特点、教师的需求不拘一格，敢于创想，用新的做法，让教师有新的体验与感受。

（三）尝试多元管理，评价先行

推行校本研修之前，把管理评价清晰地告知教师，可以帮助教师提前知晓"我要怎样去？"让教师主动去关注这些方面，找到激发教师对自身专业发展强烈需求的支点，才能有效落实校本研修。

1. 自检规划计划的达成

学校让教师阶段性对照学校的规划、自己的计划进行达成度的自检。这个自检主要是一些显性的指标，如：读书活动、课题研究、教研展示等任务的完成度。尽管浅显，但是一种良好的督促方式——以教师反思的力量来调动与发挥教师对校本研修的主动性和积极性。

2. 注重教学行为的变化

学校要让教师认识到，校本研修的管理评价重在关注教师教学行为的改进，教师们便有动力不断树立新的个人发展标杆，激发教师主动发展的愿望，不断追求自我超越。

（四）整合多方资源，合力向前

校本研修的管理与发展单靠校长是不够的，还取决于整体的团结协作。在实际工作中多交流、多合作，通过团队的力量，充分发挥团队协作能力，形成强大的合力，共同完成任务。一方面，是对校内资源的充分整合。面对校本研修，行政要得到党、团、工的全面鼎力相助，使学校的班子成为团结协作、高效统一的领导集体，形成整体影响力。比如党支部的动员会，工会的读书活动，团支部的青年教师专业发展研讨等，都是促进教师专业发展的有效方式。另一方面，更加要注重校外资源的利用。发挥学生、家长、社区的能力，让他们参与学校课改机制，建立完善的沟通体系，继而促进教师的发展。

总之，校本研修是学校发展的催化剂，引领教师从外部压力驱动的被动发展，逐步转变为内在需求驱动的主动发展。在推进校本研修的过程中，校长具备有效的领导力、管理层具有较强的执行力、教师具有发展的内驱力，通过校本研修适时用"力"、善于用"力"，就能为教师发展助一臂之力，提升教师整体素养和学校教育质量，进而为学校开辟广阔的发展空间。

第二节　效能为先，搭建阳光教师专业发展的多元平台

学校被评为浦东新区第一批校本研修实验学校，方案被列入了《浦东新区学校校本研修实施方案选编》。学校管理者清晰地认识到——校本研修是有意义的，是需要好好做的，其实践意义远远大于文本意义。只有建立在学校自身特点之上，实实在在从本校教师的实际出发，以此作为设计的基础，为他们提供发展的空间，学校才能真正享受到校本研修的红利。

一、　多途径价值引领，激发教师阳光情怀

学校通过多途径的价值引领，注重教师的教育观念、职业规范等的培养，通过多种模式帮助教师明确志向，激发教师的阳光情怀。

（一）情境激励模式

每年的新教师入职仪式,学校都会举行一场隆重的宣誓。以情境的渲染激发新教师作为一名教师的职业自豪感,称之为"入职第一课"。在这堂课上,由前辈教师为他们讲述学校历史、熟悉带教导师。同时,发放学校特制的《新手上路》指导手册,内容涵盖作为学校成员必须清楚了解的一切事项,包括制度文化、教案模板、班主任策略、评价方法等。对入职时充满愿景而又自带茫然的新教师来说,这是他们尽快掌握教学教法的利器和法宝。在入职仪式上,新教师们左手捧册,右手举起,庄严宣誓,点燃职业热情。

（二）集体授课模式

集体授课是入职季培养新教师最扎实的模式。三年规划撰写、教学案例撰写、观评课报告撰写,是作为一名合格教师必备的基本功,这些都是从一堂堂课中打磨出来的。以教师三年规划为例:面对毫无头绪的新教师,学校按照"集中授课—导师修注—相互交流—再次修注—最终成稿"的惯例进行教授。在首次授课时,便会给予三年规划要求的关键信息,包括个人基本信息、自我优劣势分析、自己所希望达到的总目标、每年的分解目标、针对目标的具体措施、任务的预估和时间安排。

教师在完成第一次撰写及修改后,学校教师发展部会批阅当年新教师的规划,并逐一指出存在的问题,在第二次培训课上罗列普遍性问题并提出针对性修改意见。集体指导后,新教师着手进行第二次修改,直至最终成稿。在一遍遍的撰写与修改中帮助新教师逐渐理清发展方向。

（三）榜样示范模式

为了鼓励教师的发展,学校举办一系列专业能力培训和比赛,有课堂教学考评、上南未来之星评比、阳光教师评比、演讲比赛等。如演讲比赛,参赛教师的演讲紧紧围绕着"我的教师梦"这一主题展开,从不同的角度,不同的层面诠释自己的教师梦。他们有的诉说了自己从事教师这个行业的原因,有的将自己在教师这条道路上的挑战和成功娓娓道来,还有的畅谈了自己在学校发展的理想与未来。

教师们用富有自信、激情和真挚的语言抒发了"我的教师梦"，将个人理想与教师发展紧密结合起来，展示了他们对教育事业的热爱。

还有，加强文学底蕴的"国学千分考"，进行了殿试，决胜出了状元、榜眼、探花，以及反映青年教师教学成长之路的自编情景剧《上班第一天》，呈现出一位位阳光教师的成长历程。

二、 多层面扎实培养，打造阳光教师团队

教师的培养策略只有与学校实际情况相匹配，学校教育教学和教师发展才会齐头并进。因此，学校以团队合力来引领，以"校本自培"来促进，塑造"五彩同盟"的教师团队，共同实践阳光教育的理想。

（一）红色——"圆中圆"管理团队，学校前行的领航之光

《文子·微明》中记载着："老子曰：凡人之道，心欲小，志欲大，智欲圆，行欲方。"即思考要周全圆通，见识要广博圆润，先思后行，厚积薄发，而后表现在行为上则要端正、有序、不苟且。"智圆行方"——是学校"圆中圆"管理团队的追求。

"圆中圆"，从圆心到圆周，无数等长线段上的每一个点，汇总在一起。"圆"最坚固，最稳定，最和谐，最美满……这就是管理团队应该具备的所有品质："圆"之旭日理念——兼容并包、"圆"之怀表齿轮——精准管理、"圆"之九九连环——智慧管理、"圆"之青花瓷盘——过程打磨、"圆"之玻璃弹珠——炫彩思维、"圆"之向日葵花——向心向阳。抬头仰望太阳，那是一种核心的能量。因为圆，她无限而永恒，她有持久释放的原动力。圆中圆管理团队拥有这种无限可能的能量源，以"方圆"触旁通，因"方圆"驰千里。"智圆行方"——奔向未来。

（二）蓝色——"日冕学堂"教研团队，博学求知的专业之光

教研组是学科性的教学组织。它是学校教学研究网络运行的基石，是提高教学质量、提升教师业务能力、培养指导教师的研究基地和自培基地。教研组的建设是

学校的一项重要工作,"日冕学堂"是学校各学科教研团队的总称,"日"是指太阳,与学校的核心文化吻合,"冕"有皇冠的意思。"日冕"又是指围绕太阳炽热的大气层,故"日冕学堂"是希望教师们拥有共同的理想,通过努力成为专业领域的无冕之王。学校打造以"日冕学堂"为总称的各学科教研团队,通过四"MO"课堂——摸索课、模仿课、磨砺课、魔法课的形式,循序渐进地进行课堂教学研讨,提升教师的专业能力。

(三)绿色——"行者青年"团队,阳光旅程的希望之光

"行者"是学校全体青年教师的团队名称。"行者"蕴含深意:第一,暗喻在教育这条阳光旅程中行进的人。阳光学子是赋予每一个孩子的希冀,那么"行者"就是为了这个希冀而行的人。第二,意味着在阳光照耀下自信而蓬勃的青年教师。"行"便是一种状态、一种表达,行者团队就是从这个阳光的源头,通过不间断的校本自培,折射出去阳光的多原色。"行者"是学校对青年教师深切的希望。

1. 行者十年路,路标清晰方向明

学校根据师资队伍建设中长期规划,根据不同教龄阶段的教师发展特点,为"行者团队"设置五级十年的分层培养目标(详见表2.1),给五个不同时期的教师明确各阶段的培养目标,提供不同维度的课程,着力采取有效措施,构建分层分类

表2.1 "行者十年路"

级别	教龄	时期	培养目标
一级	1年	绿色适应期	从"应知应会"着手,掌握教育教学的常规要求和基本的教学技能,初步适应教师岗位
二级	2—3年	蓝色胜任期	能胜任本学科的教育教学工作,基本功扎实娴熟
三级	4—5年	橙色提升期	在教育教学工作中积累经验,讲究策略,初步探索自己的课堂教学风格
四级	6—8年	红色成熟期	在专业领域中逐步成熟,形成自己的教学风格和管理艺术
五级	9—10年	紫色创新期	能根据自身的特点、学科的热点或问题,开展教育教学改革与实验

的培养模式,让青年教师在学习中获得成长,激发青年教师的活力。

"行者十年路"通过分层渐进式的培养模式既保证了青年教师最低目标的实现,同时又引导青年教师不断向更高层次发展,从而对整个师资队伍建设起到积极作用。

2. 行者必修课,任务分层需求明

针对"行者十年路"的分层培养目标,在每一级别中,为每位教师定制菜单式的必修和选修课程,既满足教师群体的需求,又满足个体个性化的需求,促使所有教师在学习、实践、反思和研究中实现自身的提升。

必修课分通识课和专业课两类(详见表2.2),通识课让行者对教师这个职业的认识,对学校教育教学常规的理解,以及对自身教育教学的基本功等都有一个全面的提升。专业课则从学科出发,从适应期学习学科基本要求到提升期、成熟期的熟悉学科性质、把握学科方向、提升专业技巧。专业课和通识课双管齐下,青年教师得以快速提高。

表 2.2　一级行者绿色适应期的必修课课程菜单

必修课		
通识课		专业课
入职	1. 一级行者启动仪式(甲子林的入职宣言) 2. 入职第一课(了解上南、了解教师) 3.《新手上路》手册的解读、学习、实施	1. 学习各学科基本要求 2. 学习各学科课程标准 3. 观看本学科优质课 20 节、做好详细的听课笔记 4. 详细分析 1 堂课,并模仿上课 5. 参加一次专业比赛 　语文:国学千分考 　数学:一题多解比赛 　英语:英语配音秀 　自然:实验操作赛 　美术:示范画比赛 　体育:广播操比赛 　音乐:钢琴伴奏比赛 6. 教学片段设计比赛 7. 一级行者绿色课堂展示
师德	1. 参与"我第一次走上讲台"演讲比赛 2. 访谈校内的 3 名优秀教师,编辑访谈录	
心理	1. 聆听一次心理讲座 2. 结对一个特殊学生	
基本功	1. 三笔字(做到三每——每天练、每周交、每月晒) 2. 表达能力(做到三每——每天练、每周交流、每月晒)	
总结	1. 爸爸妈妈参加的总结会 2. 形式丰富的个人总结会	

3. 行者选修课,拓宽视野特长明

行者课程菜单中,还设有选修课程。选修课程涉及学校的教工社团、领衔项目或特色课程等方方面面(详见表2.3)。青年教师可以根据自己的兴趣爱好或发展方向自由选择,参加3个以上选修课内容,可以在"星空联盟"里实践信息化教学,体验 VR 空间课程;可以摇身一变成为行者公众号中"朗读者"的领读人;可以报名参与学校"阳光上南"公众号的编辑部;还可以成为学生各个社团的指导教师,青年教师们可以在不同的领域收获不同的体验与成长。除此之外,学校还设计了加分项目,如高层次的学历进修、参与公益活动、主动承担学校的各个项目,还有个人获奖或指导学生获奖等。

表2.3　一级行者绿色适应期的选修课课程菜单

选修课		加分项
青葵书社	申报(社长、成员)	高层次的学历进修
星空联盟	申报(盟主、成员)	参与公益活动
行者公众号	申报(悦读采撷季、采薇尚古园、心理治愈系、时光收割机)	主动承担学校的各个项目
阳光上南公众号	申报(文字编辑、美工编辑)	个人获奖
学校特色社团指导教师	体育艺术科技自然:OM、管乐、民乐、足球、跆拳道……	指导学生获奖

完成必修通识课、专业课的学分,获得选修课的学分,达到规定的分值,一级行者才可以升入二级行者的团队继续新的学习旅程。高分值的青年教师会获得"阳光一级行者"的称号,获得更多的发展平台。以此类推,行者五级十年路,是厚积薄发的阳光之路。

4. 行者日记本,雁过留痕记录明

(1)"行者"公众号——阳光编织机

行者团队有属于自己的公众号——阳光编织机，内设有：朗读者栏目"悦读采撷季"、国学知识栏目"采薇尚古园"、心理知识栏目"心理治愈系"以及记录行者足迹的"时光收割机"。其中，朗读者栏目旨在通过朗读的形式提升青年教师对国内外经典散文、诗歌等文学作品的理解力，从而加速自身文化素养和文学底蕴的积淀。通过朗读，青年教师将在更高层次上诠释作品内在含义，同时锻炼了自己的语言表达能力，为讲台上的自己夯实语言基础。

（2）"行者"沙龙日——阳光调色盘

行者团队每月都会进行沙龙活动，活动涵盖方方面面。有些是心理知识的学习，有些是国学底蕴的积累，有些是艺术修养的培育，有些是专业知识的补充。活动内容的设计目的就是通过校本自培，提升教师队伍人文素养，扩充专业视野。

案例1：教育类的《中外教学对比》

沙龙活动给大家带来BBC的纪录片——中式教育。纪录片讲述的是一群中国的教师来到英国，对英国学生实行中式教育，并且最后与英式教育相比较。沙龙围绕"中式教育能获胜最关键的原因是什么？"展开了热烈的讨论，行者团队还对中英两国的教育提出了自己独到的看法。

案例2：教学类的《微格分析》

沙龙为青年教师介绍了什么叫做"微格教学"，从理论角度明确微格的概念。平时听一节课，评一节课，往往最终只有30%的内容会留存在记忆中。因此，我们转变思路，在开始就执着于30%经典段落的研究探讨。于是，微格教学成了青年教师深挖课堂教学优势与不足的一个支点。青年教师把上课的教学过程、肢体语言、教学设计片段，用微格记录，再通过定格去分析，深入梳理怎么去评价一堂课，评估其是否真正达到了学习目标。

案例3：审美艺术类的《三林瓷刻》

沙龙活动中，行者们则是跟着瓷刻的传承人一起敲击磁盘。所谓瓷刻就是用钨钢刀在盘上刻出或密或疏的点子来表现笔墨的浓淡，以刀代笔，以瓷当纸。瓷刻中，一双苍老而粗糙的手，却灵动而精致，拿捏着一把钨钢笔刀，再配以叮叮咚咚的敲打声，细小的瓷片就在这组合中飞溅而开……当行者们化身工匠时都将深刻体会到瓷刻与教育存在同样一份专注，一份坚守，一份纯粹。

（3）"行者"大比武——阳光舞台秀

行者团队的教学比武分为五关，第一关：撰写说课稿；第二关：现场说课；第三关：课堂实战；第四关：板书竞赛；第五关：国学竞赛。说课环节中，区、校两级骨干教师担任评委，提出各类观点、各种难题。入围选手面对评委团阐述自己对"教材内容、学生情况、教学媒介、三维目标、重难点设定、环节设计、策略运用以及评价手段"等内容的分析和说明。从教材、学生、教法、理念、过程等方面，青年教师们沉着应对、全面阐述，表现了驾驭教材的能力和良好的语言表达能力。

行者团队一路走来，所有的心路历程都用日记的方式记录下来。一行行文字是上南行者的独白，也是行者走过的足迹，更是走向阳光优质的定格。

（四）橙色——"霞光骨干"团队，引领辐射的传递之光

学校拥有区级、校级各层面的骨干，怎样培养学校骨干？怎么样才能将把这些骨干的作用充分发挥出来？学校进行了一系列的探索和研究。

1. 橙光引航初入职

"橙光讲师团"是"霞光骨干团队"中的一个分支。经验缺乏的新教师能否顺利入职，是一个教师成长过程中最关键的时期。因此，学校组建橙光讲师团，为初入职教师导航定位，开展校本自培。橙光是太阳七色光彩中最温暖的色彩，本身是温暖的代名词。为发挥橙光讲师团的作用，具体做法：（1）"橙光"规划表——橙光团队首先分析新入职教师的需求，然后梳理合格培训的五大要点，设计了"入格五会课程"——"学职业规划、学教学环节、学班级管理、学教育教研、学创造个性"。（2）"橙光"大讲坛——橙光团队会在假期中制定一学期里新入职教师集体授课的内容。确保新教师在一年内能通过校本自培，习得基础的教育教学方法。（3）"橙光"浸润带——橙光导师会带新入职教师听同学科教师以及其他备课组的随堂课。每个双周，橙光导师会带着学员一起去观摩同年级的公开课。橙光导师会在每周安排一天的时间，带教新入职教师进行一天的跟班学习，从早自修、早操到午餐、午自修，再到阳光锻炼、放学。（4）"橙光"系统课——每位新入职教师，都需要撰写个人规划。橙光系统课根据"集中授课—导师修注—相互交流—再次修

注—最终成稿"这样的惯例进行教授。教学五大环节是每位教师的必修课,橙光系统课会固定培训,逐一突破。

2. 霞光骨干善引领

(1)紧密型团队主题式教研的核心

学校推行的是"紧密型团队主题式教研",就是以骨干教师为核心,以团队研究为方式,以问题研究为方向的一种模式。开学初,教研组长与骨干教师引领组内教师一起研讨,提出"问题主攻单"作为本学期教学研究的重点。在骨干教师的指导下,围绕"问题主攻单",进行学习教研、交流教研、案例教研、网络教研等。在学期中,骨干教师组织团队开展实践研究,成员进行合作交流,使之真正获得教研的成效。以骨干教师为核心展开的教研活动,比以往更有实效,一系列的展示活动也更加有活力、有质量。

(2)"快乐课堂"研究与实践的引领者

学校的课题"打造快乐课堂,培养学生良好学习情感的研究"以探索生动高效的课堂教学为目标,思考如何细化落实课题研究的内容。学校确立以骨干教师为子课题的引领者,让他们结合自己的专业发展现状,带领全体教师做研究。于是,在骨干教师的引领下,"增强教学的互动功能"等一系列子课题纷纷确立,教师们共同探讨,旨在形成生动高效的课堂教学,不断探索"快乐课堂"的实践路径,促进自身专业的成长。

(五)紫色——"特色项目"团队,五彩童梦的创造之光

1. 国学素养培训项目

国学经典是中华文化艺术宝库中一颗灿烂的明珠,也是中华民族的魂与根,蕴含着丰富哲理,可以成为儿童一生的文化陪伴。

为了提高教师的国学素养,推动经典诵读活动深入开展,学校组织全体教师多角度学习与本课题相关的理论书籍,并亲自阅读一些国学经典,如《三字经》《弟子规》《论语》《千字文》《百家姓》《增广贤文》等,定期进行论坛分享、交流研讨和国学千分考等活动。同时,通过收集国学经典相关资料,编辑和制定网络国学经典

知识的相关材料。此外,全体教师都需要定期完成白板字、钢笔字、毛笔字的练习。特别是在毛笔字练习中,修养身心,感受国学精髓。

2. 评价方式培训项目

"ClassDoJo"软件为教师和学生家长创建了一个实时沟通交流的平台,帮助家长随时随地了解学生在学校的学习、活动、社交和成长等各方面的表现。学校成立了"ClassDoJo 项目组",由项目组带领教师集体学习这款软件的使用方法,有助于教师更好地管理课堂和班级。ClassDoJo 不仅能记录学生们的活动记录,还能客观公正地对每个学生进行打分,并把统计后的分数通过 iPhone 和 iPad 这样的移动设备公开分享出来,让家长及时了解学生在学校的表现,更好地促进学生的学习。

3. 星空联盟团队

互联网+时代的教育有着信息化的特性,学生若要迎接未来,就必须具有前瞻思维,拥有创新精神,掌握先进科技。因此,星空联盟成为信息技术的一支先遣队,他们追光向阳,追逐最闪亮的光芒。星空联盟厚积薄发,等待日出,等待着探究型人才的破云。

(1)终端移动,阳光集结

星空联盟团队进行了大量实践研究,针对如何在创新实验室里实现移动终端与 PC(及智能平板)之间的互联互动,团队通过运行于移动终端的应用,快速的文件传输、触摸板控制,使教师移动起来,课堂移动起来。这让学生突破了原有的教学模式,置身于教学的立体空间。

(2)蓝箱抠图,阳光破云

星空联盟团队最初突破的技术是"蓝箱抠图"。联盟成员进入蓝箱,带大家体验了在电影中才能体验到的虚拟时空转换。学生不再存在于单一的课堂,而是瞬间转移至草原、大海、宇宙……这一技术带给大家的不仅是新奇,更是教育教学的未来。这样的教学尝试带给学生的将是站在云端,拥抱阳光的感受。

"五彩同盟"教师团队不仅是一个名称,更是一种教育情怀、行动抓手、多元可能。"五彩同盟"的每一个教师团队都映射出自己的色彩,汇成多彩阳光,为学校的发展发光发热。

三、 多维度教研活动，培育阳光教师专业素养

（一）同学科教研——日冕学堂教研团队

学校以教研文化建设促进课堂教学行动力的提升。以"日冕学堂"为总称的各学科教研团队，通过四"MO"课堂——摸索课、模仿课、磨砺课、魔法课的形式，循序渐进地进行课堂教学研讨，提升专业能力。

1. 团队名称显魅力

教研组是学校学科建设的基本阵地，每个成员给自己的学科团队命名，增强了教研团队凝聚力，凸显了各教研组的独特魅力与努力方向。

语文组："新师语堂"。语文教研组永远葆有积极乐观的学习态度、敢于先行的实践精神。希望学校成为语文教师们成长的学堂。

数学组："量子地带"。宇宙中能量是不断变化的，"量子"中蕴含着太多的神奇，这个物理学的概念中存在着"数"的元素。而数学组的教师，每一个个体都是微小的量子，可是聚集在一起时，能量守恒，并互相转化，甚至爆发。每一位教师都愿意做这样的量子，在这个团队里释放自己的热和光。

英语组："撷英社"。意思是吸取精华，积极学习先进的教育教学理念，学习前辈的智慧经验，努力形成个人独特的教学风格，撷英取长。

音乐组："符声乐梦"。意思是用音符描绘生活，用歌声传递爱心，用音乐筑就梦想。

体育组："强体团"。寓意为一个坚强、健康、团结的集体。敢于克服一切困难，勇往直前。

自然组："了然坊"。"了然"——有"了然于心，了然于口，了然于手"之意，语出《晋书·袁齐传》。"坊"——有"工作场所"之意。

美术组："艺尚南"。艺，为让学校成为艺术的殿堂；尚南，是学校名称上南的谐音。

教师们命名的团队名字，既别致，又蕴含深厚的寓意，激励着整个教研团队团

结一心,向着共同的目标砥砺前行。

2. 四"MO"课堂展魔力

磨课是大家熟悉的教研模式,但这个"MO"有着更丰富的内涵。

(1)"摸索课",铺就专业成长的五彩基石

所有成长的基石都是从自我认知开始的。学校教研组的研讨课,都是从每一位教师自己的"摸索课"开始的。所谓"摸索课"就是确定研讨课题后,让教师自己独立思考、独立备课、独立上课、独立反思的原生态课堂。"摸索课"引导教师加强对教材、学生、教法、学法的研究,让教师独立发现问题,独立想办法解决问题。只有切身实践过,才会有更深的领悟。可以说"摸索课"倡导的独立精神是教师专业成长的基石。

(2)"模仿课",通向独立创造的五彩之路

所有的成长经历都是从"稚嫩模仿"到"提取精华",再到"独立创造"。独立摸索之后,启动"模仿课"。即要求教师向校内的优秀教师请教、向导师请教,向校内资源库和网络中的名师优质课堂请教,然后模仿上课。"模仿课"的目的是让教师们多看多思,从教学的设计、语言的组织等维度进行全方面学习。要求教师在观摩优课后要明确备注出经验的迁移、自己的思考、调整的变化、设计的创新。如名师的语言风格,包括语速的快慢、个别的指导、对学生的评价;在教学中出现问题时,名师们是如何通过语言、表情甚至肢体动作解决问题的。"模仿课"体现的是主动学习的状态,也是通向再创造的必经之路,迈向专业的高度。

(3)"磨砺课",蕴藏无限价值的五彩沃土

所有的磨砺都是精雕细琢的过程。"磨砺"课是建立在"摸索课""模仿课"基础上的整个团队的集体研讨。网络技术的灵活运用和课堂量化观察分工定位的实施,使得"磨砺课"的形式更新颖、手段更特别,让每一位教师都是参与者而不是旁观者。"磨砺课"通过量表量化分析的方法帮助教师对课堂进行精确解构,以求优化教学设计和行为,从而建构高效课堂;通过课堂实录、个案实证的方法积累课堂实感,以求激发参与者的理性思维,从而推动课堂不断深化。"磨砺课"认同"没有最好,只有更好"的信条,提倡主讲教师"重教研,轻评价"和参与者"重过程,轻

结果"的教研原则，团队就像一部打磨机器，高速运转，剔除杂质，让内在的精髓散发出最亮的光泽。上一次课或者多次课，通过研讨、反思、完善的循环达到最优，促进每一位教师成长与发展。

（4）"魔法课"，展示研究成果的五彩殿堂

通过前三次打磨，学校会提供多方展示的平台：校级、区级、市级。让整个团队对精心打磨过的课进行精彩展示，这就是"魔法课"。"魔法课"集中了教师群体的智慧，经过精心设计和反复准备，具有一定水准及一定的导向、示范、学习、借鉴作用。展示的同时，"魔法课"同步被收入学校日冕学堂的"资料库"，成为下一轮"模仿课"的学习资源，呈现出团队最佳的合作能量。

3. 循序渐进见活力

"日冕学堂"四"MO"课，无论是对教师本人，还是所有全程参与"MO"课的教师们，都是意义非凡的教研。几年来，学校的教师就是在这样的"MO"课中收获成长。从迷茫无助到豁然开朗，从苦痛挣扎到精彩绽放，每人都经历了一次专业生命成长过程中的"凤凰涅槃"，课堂也因此充满活力和生命力。

（二）校内各学科联动教研

不同学科教研的交流与分享，让教师们共享了优质的研修资源，使校本研修的力量更为有力。比如，为了培养学生课堂信息素养，学校把几个信息技术教师分散到其他学科分别教研，他们都觉得受益匪浅。又如，学校各个教研组活动的质量有差异，就开展了学科联动的教研活动——一些教研质量较弱的教研组在参加一些优秀教研组的活动之后，感受到了自身的差距，后期进步明显。

（三）跨学校教研活动

各学校团结协作，针对实际教学中的问题进行交流、合作，形成强大的合力，促使学校研修质量提高到一个新的层面。

1. 学科教研联合体

学科联合体是学校在开展校本研修基础上构建的一种新型教研模式。它重

在发挥每个学校研修的独特优势,因此,每一个学校都主动借助这个平台,在发挥各自优势的基础上学习他人的长处,形成优质研修资源的强大合力。

2. 专业发展网络平台

校际网络教研有力促进了教师的专业发展,实现了校本研修新的突破,它跨越了学科、校际和时空,既便利又高效。学校建立了"互学共进"的"教师专业发展"网络平台,并向教研联合体开放。该平台以教师反思教学中最为困惑的问题作为研究活动的主题,以课例为载体,以集体研讨为抓手,将教学与研究有机结合。课前各校相关教师分别在专网上传教案,然后开展教案设计讨论,基于此,执课教师根据大家的意见加以改进。课后大家再一起展开讨论,总结经验、提出建议。现在,外区、外省的不少学校也申请加入,研修的资源更加丰富。

(四) 开放型专业发展空间

校本研修必须走向"开放型",拓展教师的视野,给教师更大、更广的专业发展空间,形成研修资源的强大合力。学校利用各种有效的资源,建立支持性环境促进教师发展。如邀请多方专家指导、外校优秀教师引领,推荐教师参加各级高质量的培训,发挥学生、家长、社区的能力,把他们作为开展教学改革的合作伙伴,形成更多元更系统的研修资源合力。

校本研修效果逐渐彰显:教师队伍专业能力得以整体发展——教师研修的积极性得以激发、投入教学研究的氛围浓厚,骨干教师逐步增加,教师专业能力差距缩小,学校的教育质量也逐年上升。一个个具有阳光情怀、阳光素养的阳光教师构成了充满朝气、富有力量的阳光教师团队。

第三节　提升管理,评价阳光教师专业成长的多把尺

评价是保证教学秩序,加强教师队伍管理科学化的重要措施,是促进教师专业化发展的最佳途径之一。在学校教学管理的实践中,只有评价发挥其引领性,

才是其意义所在，也是管理者最重要的工作抓手。学校运用教师看得见、摸得着的"教师成长档案袋"来评价教师，从而促进教师的专业发展。这是个尝试，有收获，也有反思。

一、"量尺子"的困惑

按照学校已有传统，每到期末，教导部门将公布教师教学工作的考评结果，也就是教学流程的考核结果，它涉及学校教师教学的五个环节，或评优式或等级式或奖惩式。

然而，教师只是关注等级，却没有思考自己为何得此结果，也没有思考明天如何才能改进。可能到了下个学期，结果仍是如此。问题的症结在哪儿？责任并不在教师，而在这个评价体系。学校所公布的只是一个终结性评价，这就是"量尺子"。它是一个标杆评价，用它来分辨出各位教师的高低。它所关注的是向管理层、向评价者反馈信息，而不是向被评价者进行信息反馈。它向管理层反馈的更多的是教师"过去如何"的信息，却很少向被评价者本身提供指向未来的改进性意见或建议。因此，与之相联系的奖惩制度往往也就成为一种"高压式"的外部激励制度，很少关注被评价者的内在需要以及明天发展的"引擎式"的内部驱动机制。可以说，这种评价制度直接影响了教师主动发展的积极性，逐渐成为教师专业发展的障碍。

二、转变评价方式

如何找到促进教师发展的突破口和切入点呢？作为管理者亟需思考。是不是能够从给教师"量尺子"转变观念，请教师"照镜子"？镜子的功能是照相，即把事物的形象全方面地反映出来，通过这种镜面反应，人们就可以发现自己真实存在的缺陷与问题，从而提示下一步应该怎样做的方向与目标。也就是只有让教师找出自己的优势、看到自己的不足，他们才能够从内心需求出发，不断改进自己的教学。只有促进教师专业发展，才能进一步强化课堂教学改革，促使学生主动发展。

第一，注重自我评价。学校要在评价中注重民主与平等，提高教师参与评价的意识与积极性。以教师自我评价引领，借助教师的内在反思力量来推动教师自己的改进与发展。

第二，注重过程评价。过程性评价关注教师学习、培训内容和教学方法。过程性评价既重视教师研修的成果，同时又注意到研修的过程，是反映校本研修质量水平的重要方面。

第三，注重发展性评价。这个评价借助的力量是向被评价者提供指向未来的改进性意见或建议，评价体系的核心是激发教师主动发展的积极性，促进教师改进教学，为教师的发展提供帮助与指导。

于是，学校紧紧围绕校本教研展开思考，逐步有了一个新的设想——给教师建立成长档案袋，建立"一步一个脚印"的评价模式。教导处对每一次教学流程的考核不仅仅是给予教师一个分数、一个等级，还必须给予教师一个具体的评价，这个评价必须是对教师的教学和教研有一定的建设性建议，让教师根据这个档案袋中的事实数据和改进建议不断自我反思、自我完善，在反思中规范，在规范中提升。

三、 尝试"成长档案袋"

"成长档案袋"推出后，教师十分关注。面对"成长档案袋"，教师们有了一个与学校教学管理部门更好的交流通道，教师们还经常把"档案袋"拿出来反思，研讨其中的"记录"。他们面对评价时，对自己的教学思考得多了，原本忽视的问题开始重视了，原来的不足之处开始改进了。一份份"教师成长档案袋"记录了教师教研、教改发展的全过程。

以下是学校一位青年教师"成长档案袋"中有关一个学年两个学期的部分资料，她的档案袋足以见证"成长档案袋"对学校教师专业发展起到的促进作用。

（一）随堂课

1. 第一学期随堂课评价（教导处）

整堂课准备十分充分：(1)多媒体的制作内容丰富而精美,使得学生在形象、直观的氛围中获取到了更多的知识。(2)整堂课设计得很好,从引入到初步感知到进一步理解课文,每个环节目的明确,每一个环节都是紧扣下一个环节。(3)生字的教学也是经过深思熟虑的,有层次、有重点。另外教师的语言也不错,过渡语十分到位,教师即兴对于学生的评价语也很恰当。总之,从这节课上,看出了教师辛勤的付出、可喜的进步。

当然,这堂课还是有不少可以改进的地方。(1)教师一定要想方设法地激发学生学习语文的兴趣,这是关键所在。(2)因为本课内容简单,在培养学生学习主动性和自主性上可多放手一些,要给予学生更多的时间、机会,更多主动学习的空间。教师不要"一包到底",这样,教师会更轻松,学生会更快乐。(3)教师的语言要更精炼,要把时间留给学生去理解去朗读。(4)就本课而言,需要板书提炼出重点。千万不要忽略板书的作用。(5)课文的理解要选择出重点,某些重点字词的点拨会使整堂课产生"质"的提升。(6)课堂节奏可加快。提出如此多的改进之处,是觉得你肯定能上得更好,相信你并期待你!

第三届第二轮随堂课评比汇总表（语文）

序号	D1	D2	D3	D4	总分	均分	等第
11	8.346	8.38	8.28	8.31	33.316	8.329	B

2. 第二学期随堂课评价（教导处）

针对以前的不足,你有很大的改进:你运用各种方法激励学生,使得整堂课都充满活力;你敢于放手让学生去充分自由思考了;课的层次很清楚,重点的内容也紧紧把握住了。课程知识点掌握得很扎实,教学方式易于学生接受。学生的语文学习习惯也培养得不错。

这是一堂挺不错的随堂课。亮点很多:三段有三种不同的设计——第一段以你最喜欢（　），因为（　）而理解段落；第二段以质疑问难的方式解决；第三段以连线的方式来理解。而且每一段的设计都十分吻合教学内容，紧紧扣住难点重点；注重朗读形式多样但又不流于形式；细节处理出彩；注重学生质疑能力的培养；一些过渡语的设计到位，等等。总之，在前人的基础上，你把这篇课文备得更细腻更精彩了。如果每一堂随堂课都是这样精心设计的话，学生将受益匪浅，教师的教学能力也会有很大的提高。真的很高兴听到你这样的课，希望以后有更多的机会。

　　教师的语言能力有很大的提升，过渡自然，引导到位，点拨及时。唯一的不足就是整个教学过程因为教师略显紧张而不够流畅、不能一气呵成。所以，更加自信一些，当你做足了准备站在讲台上，就应该相信自己是一个优秀的教师。

第三届第三轮随堂课评比汇总表（语文）

序号	D1	D2	D3	D4	总分	均分	等第
11	8.511	8.6	8.816	8.783	34.71	8.68	A

　　对于随堂课，除以上的资料外，每位教师还有两份特别的档案袋资料——随堂课评价表和随堂课录像。因为每个教师在进行随堂课评比时，学校都会进行录像。所有属于这位教师的随堂课录像，学校都集中在一起。每次上好课后，学校就会要求教研组内教师集中观看这位教师的录像，与这位教师一起进行认真评价、反思。

（二）备课

1. 第一学期备课评价（教导处）

★很高兴看到你能在众人的设计之后，还能有自己的思考与设想，这是年轻教师难能可贵的地方，也是你更快成熟的基石。如第8课的三步设计不错，有自己的理解，很到位。

▲仍要更细致地研究教材，要正确把握教材中可以为自己所用的内容。如第41课的处理就显得简单了些，人物的一些语言没有体会，这也是体现他品行的重要环节。

▲ 教学详案并不详，作为新教师，可以在课前多研究教材，在过渡语、小结语等细节处突出教学详案的详尽。

▲ 反思要具体，可以从课例（某个环节）入手，分析得失，提炼理论，总结经验，为以后的教学打基础。

▲ 板书数量不够，不能够反映出这节课的整体思路。

▲ 教学设计意图不明显，不能体现教师自己对教案的把握程度。

当然，作为一个新教师，对教材深入的体会，需要一点一点积累，经常请教一下组内教师，相信你会越来越好。

2. 第二学期备课评价（教导处）

★ 教学目标明确，每个环节的设计意图明显，且层层递进，针对重难点有针对性的指导。

★ 注重对学生实际能力的把握，细节方面的处理较到位，在运用他人教案时也在不断思考，调整为合适自己的班级。看得出你对上次的评价很重视。

★ 课文备得比较详细，比较细腻，很多过渡语、引导的话都很不错。对他人的一些教案有自己的改进。

★ 详案类型多样，敢于不断尝试新的教学方法，这就是年轻教师的极大优势，需要保持。

★ 对课文的理解是比较深入的，能很清晰地认识到每一篇课文所要抓住的是什么，所以备的课文能紧紧把握住文章的重点、难点。

★ 一些过渡的语言很自然。而且也能从学生出发，课堂节奏把握也是不错的。一些课后的工作做得比较细致。

▲ 对于他人备的课，可以更大胆地进行一些处理，某些反思中所说到的修改内容可以在自己的教案中具体体现，以便下一次教学的改进。

（三）作业

1. 第一学期作业评价（教导处）

（1）学生书写基本认真规范。教师批改符号规范，及时整洁。

（2）能对学生的作业及时进行评价，但还不够丰富，其实，你可以思考一下，符合学生年龄特点的评价语言是很多的。

（3）每次作业空开一定行数的格式没有严格执行。

（4）要培养学生养成良好的书写习惯，如用好垫板等。

2. 第二学期作业评价（教导处）

（1）学生的字都十分端正，结构与笔画都不错，可以看出教师平时的指导。

（2）学生的写作内容丰富、题材也不错，写得很真实，这很不容易，以后要继续坚持。写作活动中能给学生设计一些提示的内容很不错，这就是从学生的年龄特征出发，为学生提供有效的学习支架。

（3）教师的批改也很认真。能用富有启发性、鼓励性的符号来提升学生学习积极性。（这是比上学期有进步的地方）

（4）有些年级通过媒体给予学生一些画面、动画，使得学生的写作兴趣更高了，你不妨也发挥多媒体制作的优势试一试。

（四）总体教学评价

除此之外，学校将每学期两次针对教师的教学进行一种综合性的评价，促使教师进一步反思，提升自己的教学水平。

1. 第一学期三次评价（教导处）

评价1：我们看到了你的努力！正如你说的那样从一种生涩正逐步走向得心应手：生字教学、朗读教学、对于媒体的应用、对于课文的处理。"认真可以解决再大的问题。"你的行动就是这句话最好的诠释。

评价2：下一个阶段，努力沉浸到课文中，更多思考如何处理课文，特别要用一根清晰的主线串起课文，又要注意可以挖掘的细节。现在，你已经比较注重练习的设计，但更注意练习设计不是凭空的，必须是为教学服务的，必须在整个设计中自然流畅！对每一篇课文都有自己的设计、见解，并清楚地把握重点，使你达成更高的目标。

评价3："生字教学、媒体的使用"，你自己在改变，在你一次次反思、一次次改进中,你就在不断进步,这是值得祝贺的! 当然,我们对你的期望更高!

第一学期教学流程考核结果

序号	教学流程							总分	等第
	上课	40%	备课	30%	作业	20%	教学计划 复习计划	10%		
11	83.29	33.316	86	25.8	90	18	90	9	86.116	良

2. 第二学期三次评价(教导处)

评价 1:就像"师生和谐"是你很大的教学特色一样,"对教材比较模糊地处理"也一直如影相随。要改变,必须功夫在课前,走进教室之前要做好充足的准备,心中有底——本课层次是如何的? 重点在何处? 学生会在哪儿有困难? 我应该如何引导? 然后充满信心地进行上课。而不是一切都模棱两可,这是需要改进的。

评价 2:课前多准备一分钟,课中就能多节约一分钟,课后就会多轻松一分钟。你充分的课前准备让课堂更加出色。下一阶段要注意的是:锤炼自己的语言,使之针对学生更加收放自如;更多地关注学生的实际接受能力与学习的主动性,不要仅仅满足于让他们在这节课上完成任务。

评价 3:媒体制作日趋精致了,这是大家都看到的。教师的语言更精炼了,这是我们所感受到的。大家都喜欢这样的进步——学生、教师自己、听课的我们,因为这样的课堂才会更加吸引人。

第二学期教学流程考核结果

序号	教学流程							总分	等第
	上课	40%	备课	30%	作业	20%	教学计划 复习计划	10%		
11	86.8	34.72	94	28.2	94	18.8	92	9.2	90.92	优

3. 教师的自我评价

(教师个体)每个期末,要求教师对自己进行一次反思自评,以下是这位教师的自我评价。

我对于自己的教学,感觉在备课、课件上所花的精力较多,而真正到了讲台上,一些细节却没能引起重视。

一是面对学生,我吝啬了自己的笑容。都说新时期的教育要重视培养学生的良好个性和健全人格。我想,作为一名教师,自己的个性应该是开朗的,或者说,应该"乐滋滋"地去教,但老实说,在课堂上,我的笑容是很少的,完全是在"急吼吼"地教:板着脸压阵,中途再停一停,整顿一下纪律,自己都感觉大煞语文课优美的意境。争取笑容每天多一点;二是在黑板上,愧疚自己随手写下的潦草字。很明显感觉到这学期班级整体书写退步了,字连笔画,还有些东倒西歪。我知道,这与我不好的书写习惯有很大关系,必须时刻提醒自己;三是在课堂上,缺乏丰富的肢体语言。这一点是在观摩了夏老师的录像课后获得的启发,听她本人介绍说这很容易起到"煽情"的作用,可不是一朝一夕就能学会的,但我会试着去努力,起步就从摸摸学生头、与学生握握手等做起,这样也是蛮"温情"的;四是作文方面,自己动笔改的时间多,与学生面对面沟通的机会太少。其实,作文是极个性化的东西,它的成长需要小心呵护,"对话式"的互动交流应该是一条"捷径",我会尝试走走。

在课堂教学中,我有时还会患"一厢情愿"的病:以为自己喜欢的,学生一定喜欢;自己明白的,学生也一定明白,结果学生却云里雾里,一副无辜样。其实,脱离了孩子实际的教师才是最可悲的,也是最失败的。我决定以后不再做这样愚蠢的教师。新的一年来临之际,我会始终牢记以下三句话作为我语文教学的"起点":当孩子的声音触动了我的耳鼓,那就是朗读;当孩子的故事触动了我的心灵,那就是作文;当孩子的行为触动了我的眼睛,那就是体验。

从以上这份"教师成长档案袋"中我们不难看出,这个教师正是以这份档案袋中的评价为自己前进的一个方向,再不断改进,不断努力,并逐步迈向成功。

四、"照镜子"的收获

作为教师评价改革的一种尝试，教师成长档案袋评价本着"以人为本""以发展为核心"的评价观，将评价与教师主动发展有机结合起来，建立了一种侧重于激励、反馈、改进功能的发展性评价体系，成为一种指向未来的评价。"照镜子"不是每次都要对教师区分高低，更多的时候是把这一个阶段教师的表现、所取得的进步反映出来，也反映缺陷与问题，更明确指向教师发展的趋势。每一个教师通过"照镜子"对自己都有了一个全面又清晰的了解。

在评价过程中，学校注重教师未来的发展，力图帮助教师认识自我、发现自我，使每个教师都能从评价中获得激励、自信和动力，获得切实的专业帮助，从而提高专业水平。学校要求评价者以"协助者"的角色出现，尊重教师的人格、需要、选择，和教师对话、协商，给教师充分的自主权，让教师主动参与评价过程；也就是将评价活动和过程视为教师提供展示自我的平台和机会，使评价成为促进教师发展与自我实现的"催化剂"，而不只是评等级、奖惩的工具，从而充分体现评价的开放性、发展性、公平性和参与性。

"教师成长档案袋"的实施，记录了教师在课改中的的成长与进步，以评价的方式促进了教师教育教学反思能力的提高，鼓舞了教师的工作热情，优化了课程改革的过程管理，促使教师自觉更新教育理念、改进教学方法、改善师生关系。与奖惩式的教师评价相比，教师档案袋评价能显示教师专业成长的历程、进步与成就的状况。

自从建立"教师成长档案袋"后，学校的教学流程获优的教师从 1/3 的比例上升到 2/3；随堂课获 A 级的比例由 1/4 上升到 1/3。可以说，从给教师"量尺子"到请教师"照镜子"的转变，是一个成功的管理的转变，"教师成长档案袋"见证了教师们成长的足迹，也逐步成为他们最大的财富。这一做法，成为促进教师成长的新的"助推器"，也成为学校校本教研一个有效的新渠道。

五、 实践后的思考

当然，"教师成长档案袋"只是一个初步的尝试，在进行的过程中，教师感受到了成功的喜悦，也感受到了些许的不足与不完善。

一是"教师成长档案袋"应该是他人评价与自我评价的和谐统一。现在的档案袋较多是教导部门的评价，比较缺乏教师主动的自我评价。其实，根据内部动力比外部压力更为有用的假设，在教师评价中有必要引进自我评价，因为自我评价更加能促进教师对教学进行反思，而且教师的确"有话要说"。

二是"教师成长档案袋"还可以更丰富。现在的档案袋主要侧重在评价，其实作为成长的"足迹"，还可拓展包括以下内容：一是教师的自我介绍——教学风格、教学理念、欣赏的教育界人士及其主要思想等；二是教师的目标——现状、要做的事情、新目标等；三是教师阅读园地，包括必读书目和推荐书目、收集教师的教学反思和优秀案例等；四是教师的教育教学分析和反思等。

学校要让教师明确校本研修的管理评价是多元的——除教学质量的检测、管理层的评价外，还有同伴的互评、专家的评价、家长的意见、学生的调研反馈等。让教师了解多元的管理评价方式能为教师发展提供更多的帮助与指导，有效提高教师对校本研修的投入程度。

第三章　阳光的少年：阳光校园的落脚点

导言

少年时代，是每一个人必须的经历，是人生旅途中的重要一站。作为教育工作者，时刻体会着一种幸福，那就是始终与一群少年在一起，一批又一批源源不断的陪伴……近少年者，一定充满着朝气。

少年的眼睛是那么纯净；少年的微笑是那么甜蜜；少年的提问是那么独特；少年的梦想是那么美好……

毛泽东在诗词《沁园春·长沙》中写道："恰同学少年，风华正茂……"对少年，拥有何等真诚的赞许！

梁启超的《少年中国说》："少年智，则国智。少年富，则国富。少年强，则国强。"对少年，抱着何等重要的希望！

台湾女作家张晓风在散文《我交给你一个孩子》的结尾时写道："世界啊，今天早晨，我，一个母亲，向你交出她可爱的小男孩，而你们将还我一个怎样的人？"对少年，怀着何等热切的期待！

教育，就是人点亮人。教育，就是要把孩子的心灵点燃。给孩子多少空间，孩子就能飞多高，孩子们轻盈飞过之处，就是天空。

打造阳光校园，就是培养阳光少年！培养每一个少年、激励每一个少年、相信每一个少年、发现每一个少年、成就每一个少年！

　　一个学校有什么样的办学理念，就会有相应的育人目标。 当学校秉承阳光校园的办学理念时，意味着学校希冀培养出在脸上拥有笑容、心里拥有阳光的阳光少年，他们对学习有激情，对生活有热情，对他人有温情；他们是德智体美劳全面发展的少年，是个性充分发展的少年，是幸福成长的少年。 当每个孩子都能健康快乐地成长，成长为更好的自己，阳光校园就会绽放出生命力和无限活力！

第一节　阳光校园的育人方向

一、政策引领：明晰育人方向

　　培养什么人、怎样培养人、如何培养人，历来是教育的根本问题。 关于对这一根本问题的思考，直接关系着育人的方向与路径。 教育是国之大计、党之大计，2018 年 9 月 10 日全国教育大会上，习近平总书记明确提出："坚持把立德树人作为教育的根本任务""培养德智体美劳全面发展的社会主义建设者和接班人"，为新时代教育改革发展提供了方向，提供了根本遵循。

　　为了深入贯彻全国教育大会部署，中共中央国务院在 2019 年 7 月颁发了《中共中央、国务院关于深化教育教学改革全面提高义务教育质量的意见》，提出要坚持立德树人，着力培养担当民族复兴大任的时代新人；要坚持"五育"并举，全面发展素质教育，即突出德育实效、提升智育水平、强化体育锻炼、增强美育熏陶和加强美育教育等。 为贯彻《中共中央、国务院关于深化教育教学改革全面提高义务教育质量的意见》，进一步推进义务教育高质量发展，上海市在 2020 年 3 月提出了提高质量、深化改革、科学发展的基本要求，指出要完善"五育并举"课程体系，发展素质教育、深化教育内涵发展,促进义务教育提质增效、深化招生考试制度改革,完善义务教育评价体系、建设"家门口的好学校",促进义务教育优质均衡发展、强化师资保障、提升教师专业能力等 5 大主要任务。

这一系列政策方针,让我们看到了国家层面对培养什么人的时代思考,也能看到国家对如何培养人的方向引领,从而为推进学校变革和培养时代新人提供清晰的思路,更为探索学校变革路径指明努力的方向。

二、 学校定位： 培育阳光少年

在教育政策的方向引领下,学校立足"阳光教育"的办学理念,不断深化阳光校园的内涵,积极探索五育并举的实施路径,旨在建设具备善引领、善传递、善创造、善陪伴、善合作的阳光教师队伍,进而培育出乐观、乐学、乐健、乐趣、乐创的阳光少年。

(一)阳光少年培育的总目标

在"阳光教育"办学理念的指引下,学校确定了"阳光少年"的培养目标——乐观、乐学、乐健、乐趣、乐创的五乐阳光少年。其中乐观是指坚定的信念、宽广的胸怀;乐学是指灵活的方法、扎实的知识;乐健是指强健的体魄、健康的心理;乐趣是指广泛的兴趣、高雅的情趣;乐创是指探索的精神、创新的能力。希望每个少年都生活在温暖的阳光里,拥有健康的阳光心态,人格获得尊重,个性受到重视,身心健康,全面发展。

换言之,小学"阳光少年"的培养是指学校在教育教学活动中依据国家的教育方针,顺应现代社会发展的趋势,结合学校的实际,有计划、有目的、有步骤地使其成为健康热情、朝气蓬勃、聪颖好学、富有智慧的一代新人。

(二)阳光少年培育的具体目标

学校不仅要知道培养阳光少年,更需要知道培养什么样的阳光少年。这就意味着学校需要逐步去细化阳光少年的培育目标(详见表 3.1),立体地展现学校对阳光少年成长的期待,通过指标看到阳光少年在实践中的成长历程,明确进一步努力的方向。

表 3.1　阳光少年培育的具体目标

一级指标	二级指标	三级指标
乐观	坚定的信念	**信念:坚定不移的一种追求。** a. 树立人生理想,坚持追求卓越; b. 争做最好自己,拥有向上力量; c. 制定学习目标,坚信天道酬勤。
	宽广的胸怀	**胸怀:一个人的胸襟和气度。** a. 充满阳光活力,享受快乐每天; b. 拥有宽广胸襟,懂得宽容包容; c. 勇于突破自我,积极合作互动。
乐学	灵活的方法	**方法:解决问题的方式。** a. 理解事情本质,知晓发生原因; b. 做到融会贯通,学会灵活运用; c. 从学会到会学,领悟发展要领
	扎实的知识	**知识:探索世界的结果总和。** a. 突破重点难点,掌握知识结构; b. 学会举一反三,实践综合运用; c. 践行知行合一,善于反思改进。
乐健	强健的体魄	**强健:强壮健康,有活力。** a. 身体健康强壮,体能指标优良; b. 运动水平良好,活动表现出色; c. 拥有力量速度,保持灵敏协调。
	健康的心理	**勇敢:不怕困难,有胆量。** a. 不惧困难问题,勇于迎接挑战; b. 坦然面对失败,输不赖胜不骄; c. 大胆表现表达,分享智慧见解。 **自信:相信自己,有能量。** a. 恰当表达喜怒,学会情绪管理; b. 正确看待自己,获取积极能量; c. 掌握沟通技能,学会与人相处。 **乐观:精神愉快,有自信。** a. 处事大方得体,主动与人交往; b. 愿意开放自我,乐于与人分享; c. 永葆乐观心态,积极看待事物。

（续表）

一级指标	二级指标	三级指标
乐趣	广泛的兴趣	**兴趣：对某种事物或活动的倾向和爱好。** a. 保持钻研习惯，体悟学习乐趣； b. 注重劳逸结合，激发学习兴趣； c. 乐于尝试坚持，培养良好习惯。
	高雅的情趣	**高雅：高尚雅致，有良好教养的高尚举止或情趣。** a. 做到文明言行，关心体谅他人； b. 坚持学习提升，丰富个人视野； c. 学会热爱生活，追求精致精当。
乐创	探索的精神	**好奇：对自己所不了解的事物觉得新奇而感兴趣。** a. 善于提出问题，喜欢刨根问底； b. 勤于动手操作，追求目标达成； c. 坦然面对失败，思考原因所在。
	创新的能力	**创造：把以前没有的事物给产生出或者造出来。** a. 发现不足之处，及时解决改进； b. 拥有发散思维，寻求创新突破； c. 勤于动手动脑，坚信自我力量。

三、 实践原则： 设计阳光活动

（一）活动与生活相结合原则

生活中充满着丰富的教育资源，关注生活中的点滴，学校应积极引导学生从生活中学会基本技能，养成良好的行为习惯，形成积极向上的道德品质，在实践中接受检验。因此活动的设定必须贴近生活，既要切实解决学生的实际困难，又要放眼未来，认识到阳光少年的成长是一个孕育、积淀和发展的过程，必须持之以恒、坚持不懈。

（二）传承与创新相结合原则

随着多元化时代的到来，传统文化、价值体系和个人行为方式也随之多元，对少年儿童来说，墨守成规、一成不变的固有活动模式已难以适应新时代少年的认知能力和兴趣需求。根据时代的特点进行活动设计，创新活动形式，让学生在活动中获得良好的认知情感体验,进一步实现对学生价值观念、道德品质的培养,让他们真正成为现代教育背景下具有高素质水平、全面发展的优秀学生。

(三)多方主体协同育人原则

习近平总书记在全国教育大会上指出,办好教育事业,家庭、学校、政府、社会都有责任。要充分调动各方积极性,将一切可能的要素加入立德树人中,真正实现"全员育人""全程育人""全方位育人"。因此,教育学生不仅仅是学校的事情,而且也需要家长、社会和学校共同努力。要使学校教育达到预期的目的,只有加强家庭、社会和学校的联系,得到家长和社会的理解、关心、配合和支持,志同道合,行动一致,信念坚定,让家庭教育、社会教育与学校教育结合起来,形成合力,才能实现教育效能最大化,达到教育的目的。

(四)加速信息技术融合原则

阳光少年作为数字时代的"原住民",意味着生存环境、学习方式和生活方式都在发生翻天覆地的新变化。基于这一时代特征,学校在阳光少年培育过程中,积极探索"互联网+教育"的育人路径,让技术与活动更好地融合,让活动从扁平化向立体化过渡,让活动从线下开展向融合实施过渡,让活动从单一向丰富有趣过渡,进而拓展教与学的空间,变革教与学的方式,拓宽阳光少年的知识深度,增加阳光少年的思维广度,进一步夯实素质教育和阳光少年的内涵。

第二节   指向品德修养的阳光主题教育活动

一、阳光主题教育活动的实践思考

(一)立足德育理念规划活动

学校将"五育并举"的育人路径与《中小学德育工作指南》要求相结合,坚持

"育人为本，德育为先"的工作方针，努力形成全员育人、全程育人、全方位育人的工作格局，不断完善学校德育工作体系，提升学校德育工作实效。换言之，充分调动多方主体力量和整合多方教育资源，让孩子在生活中、学习中、活动中和实践中不断去感悟，实现自身的全面发展。

基于此，学校的主题教育活动就有明确的目标指向，即指向阳光少年的培育，指向阳光少年品德修养的培育，也意味着主题教育活动并不是随意设计的活动，而是设计富有教育意蕴的活动，不断使活动能够发挥德育实效，促进每个学生的成长。具体而言，学校要重新审视主题教育活动的价值与设计，把主题教育活动视为德育工作推进的重要路径，在设计主题教育活动的过程中，不断创新德育载体，丰富德育活动，搭建活动平台，以鲜明正确的价值导向引导学生，以积极向上的力量激励学生，促使学生形成良好的思想品德和行为习惯，从而进一步提高学生的实践能力、创新能力及整体素质。

（二）立足学生成长实施活动

当我们明确了为何要开展主题教育活动，就需要去考虑设计什么样的活动，以及如何去开展活动。首先，活动全过程都要坚持"以人为本"的设计理念，凸显学生的主体性，即设计符合学生年龄阶段特征和真实成长需求的主题教育活动，运用学生喜闻乐见和感兴趣的活动方式，在最大化程度上调动学生参与的积极性，在活动参与中有学习、有成长。其次，活动要贴近学生的生活，将主题教育活动与学生日常生活紧密关联起来，有助于学生更好地理解活动的意义，让学生做到学以致用，也有助于提升学生的日常生活品质。复次，活动要联合多方主体，共同为孩子的成长助力，其中最为关键的是学生家长和所在区域给予的理解和支持，他们可以共同设计活动实施方案，并且为活动开展提供帮助，进而形成教育合力，为孩子成长营造良好的成长环境，不断提升德育实效。

（三）立足学校发展迭代活动

主题教育活动要不断结合时代背景、学校校情和学生生情进行及时更新迭代,从而形成具有时代特征和学校特色的主题教育活动,这不是意味着要不断去更换主题教育活动,而是要将一个主题教育活动做深做细,逐步打造成高品质的主题教育活动。只有学校秉承这样的理念,才有可能做好传承与创新的平衡,实现学校的办学目标;才有可能触及主题教育活动的内涵所在,实现每个学生的全面发展。

二、 阳光主题教育活动的实践探索

历经多年的实践探索,学校逐渐形成"阳光少年成长记"主题教育系列活动(详见表3.2),每一个年级都有不同的主题——一年级"勇敢的小孩"、二年级"自信的领巾"、三年级"活力的十岁"、四年级"担当的少年"、五年级"飞翔的未来"。在活动中将"五育并举"的理念适时地融入到活动的各个环节,形成"德育为引领、智育作支撑、美育与体育为载体、劳动教育为补充"的活动模式,旨在让学生成为更好的自己。

表3.2 "阳光少年成长记"主题实践系列活动

年级	主　　题
一年级	一年级"勇敢的小孩"主题开放暨亲子活动
二年级	二年级"自信的领巾"主题开放暨入队仪式
三年级	三年级"活力的十岁"主题开放暨阳光男孩、阳光女孩成长节活动("十个一"系列活动:一场讲座、一份礼物、一次讨论、一幅自画像、一个约定、一份清单、一次行动、一封信、一次展示、一张合影)
四年级	四年级"担当的少年"主题开放暨五爱系列活动("五爱"系列活动:爱自己、爱家人、爱学校、爱社会、爱国家)
五年级	五年级"飞翔的未来"主题开放暨毕业季活动

（一）阳光少年成长记之勇敢的小孩

1．活动目的

（1）增进亲子之间的情感交流，增加家校之间的彼此理解，形成家校共育的良好局面。

（2）增强班级集体的凝聚力，提升学生的集体荣誉感和良性竞争意识。

（3）提高学生身体素质，充分调动学生参与体育活动的积极性与主动性，养成良好的运动习惯。

（4）做到态度谦让、遵守规则和合作互助，学会如何与人相处，以及共同克服困难，体验到成就带来的喜悦。

2．活动内容

（1）课堂活动（主题班会）：通过主题班会活动，让家长了解孩子在校学习生活情况，关注孩子成长过程中的收获和体验，希冀家长能够给孩子积极的反馈，增进家庭成员间的情感交流，促进孩子形成积极向上的阳光性格。

（2）户外活动（亲子挑战赛——勇敢向前冲）：通过凌空飞人、超级障碍赛、勇敢之路和五彩球等一系列丰富且有趣的活动，为增进亲子关系提供强有力的抓手，也能为增进家校沟通创设交流的平台，从而充分发挥家长在育人方面的积极作用，培养学生的勇敢精神、坚强意志，进而树立正确的人生观。

3．活动成效

"勇敢的小孩"活动赋予了学生一个展现自我和体验成长的舞台，学生在活动中尽情地玩耍，尽情地欢笑，感受属于这个年龄段孩子所独有的那一份阳光和快乐；赋予了亲子共同活动的平台，在活动中共同迎接挑战，克服困难，体验属于亲子之间所独有的那一份甜蜜和喜悦；赋予了家校沟通的平台，让家长对学校有更多的了解，从而也能够给予学校更多的支持，一同培养阳光少年，充分感受家校共育的积极效果。

除此之外，教师作为本次活动的重要参与者，积极贡献自己的智慧，想点子、出方案、促落实，全方位提升活动质量，保障活动顺利开展，为实现亲子沟通、家校沟通和师生沟通搭建了有益的平台，也在活动参与的过程中提升了自身开展主题教育活动的能力，促进了自身的专业发展。

（二）阳光少年成长记之自信的领巾

1. 活动目的

活动旨在通过快乐而有意义的入队仪式,学生能够更加自信、自立和自强,感受到戴红领巾的喜悦和自豪,立志做一名"自信、自立、自强"的少先队员。

（1）增强学校少先队组织的力量,促进学校红领巾事业的蓬勃发展。

（2）培养学生拥有主人翁意识,做到爱祖国、爱人民、爱劳动、爱科学、爱生活,学会自己的事情自己做,做共产主义接班人。

（3）培养学生的爱队意识,做到了解队史、掌握队仪,尊敬少先队,感受作为一名光荣的少先队员的神圣使命。

（4）教育学生继承和发扬中国少年先锋队的光荣传统,培养学生健康向上、积极进取的精神。

2. 活动内容

（1）第一环节：闯关活动

闯关活动包括八个环节,分别是"我的知识最丰富、我的队礼最标准、我的队歌最嘹亮、我的领巾最鲜艳、我的祝福最真挚、我的入队最时尚、我的队友最友善、我的团队最团结"等。

（2）第二环节：换巾仪式

出旗——宣布新队员名单——授红领巾——宣誓——亲子入队感言(父母＋孩子)——唱队歌——呼号——学生展示——退旗。

关卡	关卡名称	内容	负责人	备注
1	我的知识最丰富	以单选、多选的形式完成10道有关少先队知识的题目	教师家长志愿者	扫二维码进行,考验队课学习情况
2	我的队礼最标准	拍下在中国馆前敬队礼的照片并上传	教师家长志愿者	扫二维码进行,展示自信笑容

（续表）

关卡	关卡名称	内容	负责人	备注
3	我的队歌最嘹亮	听一听队歌，并唱队歌，录制后上传	教师 家长志愿者	扫二维码进行，唱出自信歌声
4	我的红领巾最鲜艳	观看戴红领巾的视频，完成关于戴红领巾步骤的多选题	教师 家长志愿者	扫二维码进行，规范戴法，领巾飞扬，自信成长
5	我的祝福最真挚	给红领巾画一张贺卡，写下你入队的心里话	教师 家长志愿者	扫二维码进行，记录下生命中的重要时刻
6	我的入队最时尚	作为阳光少年，请你赞一赞自己（打星）	教师 家长志愿者	扫二维码进行，展示优点，增加自信
7	我的队友最友善	找到自己的一个好伙伴，跟他合张影，并上传	教师 家长志愿者	扫二维码进行，一起留下自信的美好时刻
8	我的团队最团结	活动结束以后，和自己的队员们合影，并说出一句口号	教师 全体家长	活动结束以后，识别二维码完成活动

3. 活动成效

首先，"自信的领巾"活动积极响应中国少先队倡导的利用新媒体提升少先队活动品质的号召，探索了教育和信息化融合的路径，即采用手机扫码闯关活动，充分激发孩子参与入队活动的兴趣，提升主题教育活动实效，为后期阳光少年入队信息化和特色化奠定了扎实的实践基础，也促使我们深入思考如何实现信息技术与活动的全面融合、深度融合、有机融合。

其次，"自信的领巾"活动内容与形式有机融合，即在不同闯关内容上运用了不同的闯关形式，充分调动孩子参与入队活动的积极性，真正做到了让阳光少年在入队之前，重温入队知识、知晓入队礼仪、增强入队的光荣感和使命感，并将阳光少年的内涵内化，贯穿在整个活动中，有助于阳光少年从小接受阳光教育、树立阳光志向，养成阳光品质。

（三）阳光少年成长记之活力的十岁

1. 活动目的

十岁是人生的第一个分水岭，是人生的第一次岔道口，在孩子们人生中重要的时刻，除了带给他们一场精彩、难忘的集体生日会，更要让孩子们在活动中有所收获、有所启发、有所思考。

（1）做一个乐学向上的阳光少年，努力学习文化知识，提升自己的知识储备。

（2）做一个遵纪明礼的阳光少年，自觉遵守各项规章制度，提升自己的文化修养。

（3）做一个阳光美好的阳光少年，拥有认真努力、积极乐观的态度，努力成为更好的自己。

（4）做一个懂事孝顺的阳光少年，能够尊重他人、心怀感恩，也能够积极承担力所能及的事情。

2. 活动内容

（1）聆听一场阳光成长的心理健康讲座。

（2）接受一份学校特制的祝福礼物。

（3）进行一次"阳光男孩、阳光女孩"标准的集体讨论。

（4）画一幅认识自己的自画像。

（5）承诺改正一个缺点的约定。

（6）罗列一个 10 年之后的心愿清单。

（7）阅读一份来自爸爸妈妈亲手写的信。

（8）落实一次为同伴、为家人、为学校、为他人服务的行动。

（9）展示一次自己的才能。

（10）与家人、教师、同学合拍一张美好的合影。

3. 活动成效

十岁，是人生重要的里程碑，十岁集体生日庆典仪式，也是学校仪式庆典系列的重要组成部分，在学生成长中起到承上启下的作用。"活力的十岁"就是一场内容丰富、形式多样的生日成长仪式。

首先，通过"十个一"的系列活动，让学生对十岁这个特殊年龄阶段的生理、心理有了进一步的自我认识，对成长的真正意义有了更进一步的理解。其次，多种内容的才艺展示，让学生感受到自己和伙伴们的成长变化，不断增强自身的信心，从而明确新的发展目标，对未来有了更多的期许。最后，活动获得了全体家长的支持，激发了全体家长的参与热情，从而让孩子体验到亲子活动的乐趣，也让孩子感受到教师和家长对自己的关爱与付出，更让家长看到孩子的成长与发展，知道孩子是心怀感恩的阳光少年，进而认同学校的育人理念，并愿意与学校共同努力，让孩子拥有更加美好的未来。

（四）阳光少年成长记之担当的少年

1. 活动目的

"学会负责"已然成为 21 世纪的通行证，活动旨在呼唤学生的责任意识，培养学生的责任践行能力，促使学生能够自觉承担对自己、家人、学校、社会和祖国的责任与义务。

2. 活动内容

（1）年级集会：通过情景再现的表演形式，向全体师生和家长介绍整个活动内容和要求，让每位参与者清楚活动的方式，包含行走的路线、关卡的任务、操作方式等。

关卡	主题	任务
第一关	爱自己	签承诺书
第二关	爱学校	祝福学校视频上传
第三关	爱家人	填写亲情卡
第四关	爱社会	垃圾分类微信小游戏
第五关	爱祖国	班班有歌声、国旗下留影

（2）班级分组：以班级为单位分组，讨论绘画各小组旗上的队徽、口号。

（3）公益行走：

站点任务	爱自己	爱家人	爱学校	爱社会	爱国家
	朗读承诺书，签下名字	制作一张亲情卡（填写亲人的生日日期、爱好等）	小组合作上传祝福语视频	垃圾分类（手机上传垃圾分类游戏，60分过关）	歌唱祖国，国旗下留影，祖国永远在心中
路线	以学校为起点、终点，在社区2公里范围内，共计30分钟路程。				
出行方式	各班分成5个小组，间隔1分钟出发，班级之间间隔2分钟。				

（4）活动结束：每个学生收集闯关卡，领取小脚印；班级在背景墙前留影。

3. 活动成效

"担当少年五爱行走"活动围绕学校周边社区内设置的五个站点，以闯关形式完成相应的任务，充分彰显学生的主体性地位，激发孩子对自己、家人、学校和社会的责任，这既是身体健康素养的展现，更是一种责任担当的体现。

学校邀请父母一起参与到活动之中，不仅可以确保孩子的安全，更是对父母责任意识的教育，也能够引发父母对孩子教育的重新思考，与学校共同助力孩子健康成长，相信孩子总会在阳光下，顶天立地，承担其所在时代的责任使命。

学校为班级提供了集体活动的舞台，展现了班级风貌，焕发了青春活力，增强了班级的凝聚力，有助于丰富班级学生的学校生活，提高学生的集体意识、合作能力和创新能力。

（五）阳光少年成长记之飞翔的未来

1. 活动目的

五年的小学生活对每个人来说都是非常难忘的。在毕业前夕，通过隆重而有意义的毕业典礼来展示五年来的学习成果，以此表达对母校和教师的感恩之情，以及对未来的追求和坚定的信念，努力做一名有理想、有活力、有担当、有信念的阳光少年。

2. 活动内容

（1）拍最美毕业照。

（2）举行"返回幼儿园""到中学去看看"的"中小幼"衔接活动。

（3）毕业典礼：

篇章	主题	活 动 内 容
第一篇章	忆往昔秀风采	1. 以叙事方式回顾小学五年生活，再现学校生活情景（成果展示） 2. 播放毕业班成长历程（数字故事），回望多彩的童年生活，营造感叹时光流逝的气氛
第二篇章	感恩情谢师恩	1. 学生代表发言，感谢教师们的辛勤付出 2. 学生用歌声来表达对教师的感恩之情 3. 家长代表用诗歌来感谢教师们的辛勤培育 4. 给教师鲜花，师生一起合唱
第三篇章	展未来树理想	1. 校领导颁发毕业证书并提出殷切期望 2. 学校给每个学生的毕业礼物《纪念册》 3. 誓言：我们毕业了；我们向母校庄严宣誓；珍惜同窗友情，牢记父母叮咛；不忘师恩教诲，铭记母校恩情，做一个有理想、有活力、有担当、有信念的阳光少年。今天我为母校而自豪，明天母校为我而骄傲

3. 活动成效

"飞翔的未来"活动是一段成长的展示，让学生看到了从懵懂走向明理、从稚嫩走向成熟、从依赖走向独立的全过程，回想了曾经令其感怀的事情，以及令其感动的人物，从而使其生命更加充盈且富有力量；是一个感恩的舞台，让学生懂得感恩教师的谆谆教诲，懂得感恩家长的辛勤付出，懂得感恩学校的用心栽培，从而成为一个懂得感恩、铭记恩情的少年；是一次全新的开始，让学生知道小学毕业并不意味着结束，而是要带着教师和同伴的鼓励，迈向新的征程，去实现自己的人生理想，用出色的成绩来回报母校。

第三节　指向劳动能力培育的阳光劳动活动

一、阳光劳动活动的实践思考

（一）凸显劳动教育的重要地位

在中共中央、国务院《关于深化教育教学改革全面提高义务教育质量的意见》中明确提出要加强劳动教育，充分发挥劳动综合育人功能。比如家长要给孩子安排力所能及的家务劳动，学校要坚持学生值日制度，组织学生参加校园劳动，积极开展校外劳动实践和社区志愿服务。紧接着，在 2020 年 7 月教育部发布了《大中小学劳动教育指导纲要（试行）》的通知，其中明确指出了劳动教育的性质和基本概念、劳动教育目标和内容、劳动教育途径、关键环节和评价，以及学校劳动教育的规划与实施等内容，为学校开展劳动教育提供了明确的方向和专业的指导。这一系列政策文件的颁布，意味着学校要重视劳动教育的价值，积极开展劳动教育，发挥劳动教育的育人功能，进而帮助学生形成正确的劳动价值观，形成必要的劳动新素养。

（二）创建劳动教育的实施体系

学校在五育并举的理念上，积极探索劳动教育的实施路径，以期实现劳动教育对德育、智育、体育和美育的促进作用。首先，学校结合低中高年级的差异，从学生个体劳动的角度出发，设计了自我服务劳动、家务劳动和公益劳动等任务清单，引导学生主动完成相关任务，做好自己力所能及的事情；其次，开展劳动竞赛活动，不同的年级有不同的比赛内容，并且这些内容都与学生的日常生活密切关联，通过比赛可以让学生了解到同伴们的劳动情况，知晓差距明晰努力方向；最后，从集体劳动的角度出发，设计班级大扫除活动和家庭劳动打卡活动，让学生在劳动过程中学会与人合作，共同完成任务。这一系列活动设计旨在培养学生的劳动意识和劳动安全意识，使学生懂得人人都要劳动，感受到劳动的乐趣所在，以及懂得爱惜劳动的成果，不断形成尊重劳动、热爱劳动和热爱生活的积极态度。

（三）挖掘劳动教育的学科路径

立足五育并举的理念，如何在日常课堂教学中推进劳动教育，即把课堂教学作为劳动教育的阵地之一，是学校需要持续探索的问题。未来学校将认真梳理学科内容中具有劳动教育价值的素材，寻找劳动教育学习的实施载体，不断创新教与学的方式，探索学科教育与劳动教育的结合点，总结一些实践经验，促使劳动创造美好生活成为现实。

（四）发挥家庭教育的支持作用

学校需要向家长宣传劳动教育的价值与所在，让每个家长认识到孩子在劳动中，可以掌握未来生活所需要的必备技能，为实现幸福人生奠定基础。因此家长需要在家庭中给孩子提供劳动的机会，不要替代孩子完成各项劳动，而要引领孩子学会如何更好地开展家庭劳动和社区劳动，并且及时反馈孩子劳动教育的实际情况。同时教师也需要做好榜样引领的作用，能够积极做好自己的各项事务，为学生树立一个身边的榜样，增强其劳动意识，养成良好的劳动习惯。

二、阳光劳动活动的实践探索

（一）活动目的

劳动是生活的基础，是幸福的源泉，也是每个人走向成功和辉煌的重要途径。学校开展以"劳动最光荣，劳动最快乐"为主题的系列活动，让同学们了解"劳动节"的由来，了解我国不同时代的劳模风采，将"劳动最光荣"这个主题思想转化到我们每位学生的实际行动中，通过在学校、家庭、社会等多个层面参与不同类型的劳动，培养学生积极劳动的热情，养成爱劳动的好习惯，并学会珍惜他人的劳动成果。

（二）活动主题：劳动最光荣　劳动最快乐

（三）活动内容

1. "我是小能手"劳动节评价活动

劳动内容涉及到自我、家庭、学校和社区等多个方面，并且随着年级的变化，具体劳动内容相应变化，可以说劳动内容与学生成长相伴。学校不仅设计了符合学生年龄发展阶段的劳动内容，能够让学生知道在不同模块要去做什么事情；同时设计了评价模块，让学生通过自我评价能够看到自己的成长与进步，通过父母评价能够更加客观地看到劳动的成效与价值，进而发挥评价引领与促进孩子成长的功能，让每个孩子在每个劳动内容维度都努力做到最好。

一年级的劳动内容

分类	具体内容	你能得几枚劳动奖章	
		自我评价	父母评价
自我服务劳动	1. 自己刷牙洗脸	★★★★★	★★★★★
	2. 自己穿衣穿鞋	★★★★★	★★★★★
	3. 睡前叠放自己的衣服	★★★★★	★★★★★
家务劳动	1. 扫地	★★★★★	★★★★★
	2. 倒垃圾	★★★★★	★★★★★
	3. 擦桌子	★★★★★	★★★★★
公益劳动	1. 擦黑板	★★★★★	★★★★★
	2. 开关教室门窗	★★★★★	★★★★★
	3. 校内捡垃圾	★★★★★	★★★★★

二年级的劳动内容

分类	具体内容	你能得几枚劳动奖章	
		自我评价	父母评价
自我服务劳动	1. 戴红领巾	★★★★★	★★★★★
	2. 系鞋带	★★★★★	★★★★★
	3. 洗手帕（袜子）	★★★★★	★★★★★
家务劳动	1. 铺床	★★★★★	★★★★★
	2. 拖地	★★★★★	★★★★★
	3. 盛饭	★★★★★	★★★★★
公益劳动	1. 排桌椅	★★★★★	★★★★★
	2. 整理（阅读角）图书	★★★★★	★★★★★
	3. 擦拭低矮的栏杆	★★★★★	★★★★★

三年级的劳动内容

分类	具体内容	你能得几枚劳动奖章	
		自我评价	父母评价
自我服务劳动	1. 洗澡	★★★★★	★★★★★
	2. 剪指甲	★★★★★	★★★★★
	3. 整理书包	★★★★★	★★★★★
家务劳动	1. 淘米	★★★★★	★★★★★
	2. 摆放菜肴和碗筷	★★★★★	★★★★★
	3. 洗刷餐具	★★★★★	★★★★★
公益劳动	1. 清扫自家附近的道路或楼道	★★★★★	★★★★★
	2. 为小区绿化捡一次垃圾	★★★★★	★★★★★
	3. 寻找并清除一则违章小广告	★★★★★	★★★★★

四年级的劳动内容

分类	具体内容	你能得几枚劳动奖章	
		自我评价	父母评价
自我服务劳动	1. 自己能洗头或扎辫子	★★★★★	★★★★★
	2. 钉纽扣	★★★★★	★★★★★
	3. 整理自己的书桌	★★★★★	★★★★★
家务劳动	1. 刨土豆	★★★★★	★★★★★
	2. 使用电饭锅煮饭	★★★★★	★★★★★
	3. 使用微波炉热饭菜	★★★★★	★★★★★
公益劳动	1. 为小区绿化捡一次垃圾	★★★★★	★★★★★
	2. 服务一位老人,为他(她)做一次快乐按摩,讲一则快乐故事	★★★★★	★★★★★
	3. 做一次维护交通的志愿者	★★★★★	★★★★★

五年级的劳动内容

分类	具体内容	你能得几枚劳动奖章	
		自我评价	父母评价
自我服务劳动	1. 整理一次自己的房间	★★★★★	★★★★★
	2. 为自己洗一件外套	★★★★★	★★★★★
	3. 整理收纳自己的换季衣服	★★★★★	★★★★★
家务劳动	1. 拟订一份菜单(一荤二素一汤)	★★★★★	★★★★★
	2. 选做一个菜	★★★★★	★★★★★
	3. 为家人准备一盘餐后水果	★★★★★	★★★★★
公益劳动	1. 为小区绿化捡一次垃圾	★★★★★	★★★★★
	2. 为邻居做一次垃圾分类的宣传	★★★★★	★★★★★
	3. 参加社区的志愿者服务活动	★★★★★	★★★★★

2. "争当小能手"劳动节竞赛活动

为了调动学生参与劳动的积极性,培养学生的劳动能力,学校还开展了劳动竞赛活动,这些比赛项目与劳动内容相匹配,让学生知道了劳动的要求与标准,知道如何做得更好;同时让学生看到同伴的劳动成果,知道身边的榜样,可以互相交流沟通,不断提升自己的劳动技能。

年级	比赛项目	具体要求	竞赛奖励
一年级	叠衣服	1. 比赛用服为春秋装校服一套 2. 叠法不作规定,快速、整齐 3. 时间限制:3 分钟	1. 奖状: 前三名:劳动小能手一、二、三等奖 其他: 劳动小能手快乐参与奖 2. 奖品: 一等奖:五金小工具一套 二等奖:劳动最光荣 T 恤一件 三等奖:劳动最光荣杯子一只 其他:洗手液、小方巾……
二年级	系鞋带	1. 比赛用鞋为校方提供球鞋一双 2. 将鞋带穿入鞋带孔,并系上活结 3. 鞋带穿孔整齐,无遗漏,鞋带左右等长,活结美观 4. 时间限制:3 分钟	
三年级	刨黄瓜	1. 校方提供黄瓜与削皮器,每人刨一条黄瓜 2. 瓜肉浪费少,刨好的黄瓜表面应尽量平整美观 3. 时间限制:3 分钟	
四年级	钉纽扣	1. 比赛材料由校方提供,针、线、纽扣 2. 针脚整齐、外型美观、牢固 3. 时间限制:5 分钟	
五年级	包馄饨	1. 比赛材料(皮、馅)由校方提供 2. 每人包 3 个馄饨 3. 外形美观,结构不松散,无馅料漏出 4. 时间限制:5 分钟	

3."人人爱劳动"班级日常劳动活动

班级是学生每天学习、生活的地方,需要每一位学生共同去创建和守护美好温馨的教室环境。因此在班主任的引领下开展班级大扫除活动,能够让学生看到班集体的力量,也能体验到劳动的价值以及劳动后的成就感,增强学生对班级的责任感和荣誉感。

具体而言,班级大扫除活动有如下要求:一是在活动之前,班主任教师要给每位学生进行劳动分工,请他们带好一条抹布,教师准备一瓶洗手液。二是在活动过程中,要积极进行学生总动员,告诉学生教室中的桌子、椅子、电脑台、南面门窗等都要擦干净,灯罩、电风扇等地方除尘,地面扫干净,桌椅排整齐。三是大扫除后,班主任需要小结学生们的劳动表现,肯定学生们的积极付出,引导学生去共同守护,从而创造人人热爱、人人珍惜的学习环境。

4."劳动光荣榜"家庭日常劳动打卡活动

学校鼓励学生自己的事情自己做,不仅要做好自己的事情,更要参与到日常班级和家庭劳动中来。学校以学生喜欢的卡通人物"小猪佩奇"为劳动代表,倡导学生帮助小猪佩奇劳动打卡,完成"小猪佩奇的劳动光荣榜"。在这个过程中,家长也要发挥其作用,如积极支持学生去劳动打卡,并提供相应的劳动技能指导,以及分享劳动内容完成的标准,让孩子能够更好地完成任务,并获得劳动的幸福感。

具体而言,学校是根据学生的年龄特点,设计每个年级的打卡内容。如在一年级打卡的内容是摆碗筷等较简单的劳动,劳动难度随着年级增长,五年级打卡的内容是学会烧一个菜等较有挑战性的劳动。每个年级一共打卡 5 个劳动内容,每 2 周打卡一次。如一年级的打卡内容,就是摆碗筷、擦桌子、洗水果、叠衣服、整理书桌等,学校会通过微信公众号的方式,定时发布各年级的劳动打卡内容,学生每 2 周进行一次劳动实践,家长则作为观察员,将学生劳动的过程、成果拍成照片、视频,发送到学校微信平台打卡。等到开学初,全部打卡成功的学生将收获作为象征劳动果实颜色的橙色手环。

（四）活动成效

学生通过参与学校劳动、家庭劳动和公益劳动等项目，不仅拥有了积极的劳动观念，愿意主动参与到劳动中去，也掌握了基本的劳动本领，学会如何进行劳动，提升劳动能力，打好热爱劳动、尊重劳动的底色，为自己的幸福人生奠定扎实的基础。同时，家长也在劳动教育中不断更新了自身的教育理念，认识到劳动对于孩子的教育价值所在，愿意放手让孩子去劳动，给孩子提供劳动的机会，从而与学校一道共同营造良好的劳动文化，激发阳光少年们热爱劳动的内在动力，让他们学会劳动、学会感恩、学会勤俭和学会助人，成为一个更好的自己。

第四节　指向习惯培养的行为规范教育

学校以深入推进行为规范教育为重要任务，以引导学生熟知学习生活中的基本行为规范为主线，强化道德实践、情感培育和行为习惯为抓手，协同家长开展家庭教育指导系列活动，用丰富多彩的德育活动育人，引导学生成为"乐观、乐学、乐健、乐趣、乐创"的"五乐"阳光少年。

一、行为规范教育的实践思考

（一）完善组织架构，构建教育网络

为了确立行为规范养成教育在教育全程中的核心地位，保障学校行为规范教育的顺利开展，学校需要不断完善行为规范教育管理体系（详见图3.1），明确不同人员的职责分工，有序开展学校德育工作。同时聘请校级家委会成员为校外教育辅导员，扩大德育队伍，协助学校开展德育工作。同时，通过多种渠道宣传行为规范的重要意义，让广大师生和家长形成共识，即育才先育人，成才先成人，牢固树立"人人都是教育者，事事都育人"的教育理念。

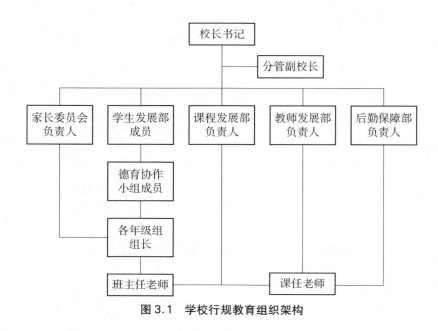

图 3.1　学校行规教育组织架构

（二）细化制度建设，落实行规教育

学校要始终把行为规范养成教育列入学校工作重点，并且把学生的行为规范养成教育纳入学校的发展规划之中。只有学校制度建设不断细化，逐步形成比较完整的运行机制，才有可能让行规教育落实到位。基于此，学校修订和完善了《新生入学行规要求》《学生一日行规要求》《值日教师工作职责》《班主任工作考核方案》《值日中队岗位职责》《"七色花"温馨教室评比细则》《养成教育分层目标》等制度文本，这些文本内容适切，便于师生理解和实施，能够有效发挥制度建设的规范作用。

（三）创建温馨校园，营造育人氛围

为打造阳光下的快乐家园，学校重视温馨教室和校园环境的建设，并努力将行为规范教育与中国传统文化相结合，融入校园每一个角落，进而让每一处走廊都散发出文化的气息，让学生浸润其中，感受中华传统文化之美，激发其爱家、爱校、爱国的情怀，进而潜移默化地促进学生良好行为规范的养成。

二、 行为规范教育的实践探索

（一）重视实施，推进行规教育展开

1. 目标明确，任务清晰

学校从学生的实际出发，制定了切实可行的行为规范教育目标。学校结合《中小学生手册》的要求，制定了学生一日行规标准，细化行规要求，提出"每天进步一点点"的口号。形成了以礼仪、活动、学习、就餐、两纲教育为主的行规教育版块，学生发展部抓宣传，班主任抓落实，全体教师和小干部抓督查，形成周周有点评的行规训导模式。

与此同时，学校根据各年级学生身心发展规律和认知水平，以传承中华传统美德为重点，以促进学生养成良好行为习惯为出发点，精心设计形式新颖、内涵丰富的实践活动，一年级以"播种好习惯"为主题；二年级以"文明讲礼仪"为主题；三年级以"心怀感恩情"为主题；四年级以"守法小公民"为主题；五年级以"珍爱生命"为主题，使行规教育既层次鲜明又紧密衔接。

2. 方法多样，推陈出新

（1）与信息技术结合

时代的变迁，环境的变化，赋予德育新的"生命力"。继学校制作的富有直观性、趣味性的《行规教育微视频》之后，"微信""晓黑板"信息平台的出现，让行规训练在"云"端丰富起来了，比如在疫情期间，学生在网络上分享了抗疫防护小技能，助力每个学生成为守规则的小公民。

与此同时，教师们不仅运用 ClassDoJo 这个互动管理平台管理班级学生行为习惯，还利用"晓黑板"21 天养成好习惯的打卡模式，帮助学生在学校遵守小学生守则，严以律己，争做文明人；在社会，给他人做楷模，在家里，争做父母的好孩子。

（2）与主题活动结合

学校在行为养成教育中以活动为载体，以育人为宗旨，严格有序，积极拓展行

规教育实践载体,把握良好的教育契机,注重学生的参与度、投入度,为学生内化行为习惯提供条件,将行规教育融入活动之中。

每次活动前,学生发展部制定行规要求,向全校学生进行行为规范教育。同时,要求班主任根据班级实际情况从行为规范的角度向学生明确具体要求。如"阳光护照文明群岛"活动中,各班以文明为主题,选择演唱《礼貌歌》《刷牙歌》等学生喜爱的歌曲作为参赛曲目,在一遍遍的歌声中,在简单易懂的歌词中,通过整个排练演绎的过程,加深对于文明的理解。

（3）与课程实施结合

行规教育在学校的基础型课程、拓展型课程和探究型课程教学中也无处不在。在学校"五彩童梦"课程中,统整美术、音乐、文学等多门学科,以提高学生的人文素养为取向,由单一的课堂教学走向多元的实践体验,并将行规教育的内容穿插其中,促进学生全面而有个性的发展,比如学校的校本材料《国学启蒙》就是基于《三字经》《弟子规》等素材编写而成的。

其次,阳光小狮子课堂是学校与小狮子安全课堂合作的学生安全的教育课堂。围绕着《中小学安全教育原则》《未成年人保护法》《交通安全法》《公安机关维护校园及周边治安秩序八条措施》等有关学生的安全法律法规,寻找适合不同阶段学生学习的安全教育校本材料和与之配套的活动,有在课堂生动的安全教育课,也有在社区的安全课堂。在学习安全知识的基础上,积极宣传安全知识,让更多的学生掌握安全的知识与技能。

（4）与家庭教育结合

行规教育不仅需要学校和教师的引导,更需要发挥家长的榜样示范作用。学校充分发挥家委会这一优势平台,通过"家长学校"培训如何利用家庭教育培养学生的优良行规;通过"大手牵小手"让家长带领孩子做公益献爱心、共同学习遵守文明;聘请"家长导师"走进学校作为特聘辅导员为学生授课。家长共同参与活动,让学生看到家长的积极行动和辛勤付出。

（5）与心理教育结合

学校积极开展心理健康教育和宣传活动,制定了《学生关爱方案》《心理危机事件联动处置预案》，充分利用区域心理教育资源，在晨会课、班会课上定期开展心理健康教育活动，并通过"阳光上南""上南行者"公众号向师生和家长宣传心理防护知识，为学生和家长提供帮助。班主任积极排摸班级中的特殊学生，对摸查过程中了解到的特殊学生和特殊家庭，学校组织专人利用网络平台开展面向学生的学业指导和心理疏导，与家长一起探讨教育方式，寻找合适的教育方式。同时提供区心理咨询电话等供学生及家长咨询，促使学生良好个性心理品质的形成，确立正确的道德标准和价值观，养成良好的行为习惯。

（二）教师积极垂范，榜样为先

学校重视全体教师师德建设和专业素养培养，重视教师学习和理念更新，打造有学识、有底蕴、有专业精神、有信息素养的阳光教师。学校通过定期举办"班主任沙龙"，为班主任教师提供了一个交流分享经典案例，研讨工作方法的平台。由成熟型班主任带教青年教师们，组合成班主任联合体，根据不同的内容"如何有效家访""如何因人而异撰写激励式评语""教室文化建设——静态文化与动态文化""班主任的专业视野"等，形成了"问题思辩式、案例剖析式"等不同的研修模式，努力培育教师的"见识、才识和胆识"，使班主任自主成为一个敢说、能做、会写的教育实践者和科研者。这一系列培训促进了班主任工作的开展，提高了班级管理质量，打造了一支优秀的班主任及班主任后备队伍。

（三）学生自主管理，互帮互助

行规教育需要的是"润物细无声"的过程，只有让学生自己管理自己，才会激发他们更大的动力，形成积极向上的良好风气。在班级管理中把原先的卫生值日改为"班级服务岗位"，以此培养学生的责任心和岗位意识，做到"我的班级我做主，人人有服务岗位"，通过自主设立岗位、给岗位起名字、制定岗位职责、认领岗位等环节，引导每位学生积极参与到班级建设中来，激发学生的内在需要和动力。并把写有每位学生服务岗位的一栏表及时张贴在醒目位置，便于随时提醒，做到按时为集体服务，从中获得劳动的乐趣，提升教育成效。

学生之间互相监督、互相影响是最有效的途径。每周的值勤队员担负起了行为规范督查的职责,课间认真在自己的工作岗位上监督同学们的行为举止,出现问题及时指出并提出改进意见;每班有自己的"行规小督察",时刻发挥着优秀带头作用,并帮助有偏差的同学改正。大家就像一家人,共同学习,共同进步。

三、 行为规范教育的实践成效

(一)培育了学生良好的行为习惯

学校秉承"阳光校园"的办学理念,确立阳光少年的育人目标,不断地实践探索,使学生在日常的学习生活中逐步养成了良好的行为习惯,展现了上南特有的阳光少年形象。

1. 培养生活习惯,细节入手

培养学生良好的生活习惯,从细节入手,是行规教育的重点。一年级新生入学家长会上,倡议家长们让孩子学会自己的事自己做。学习准备期,教师们手把手教会孩子们怎样整理书包,怎样管理学习用品,如何文明午餐等。

学校更注重在实践中培养孩子养成好习惯。防疫抗疫期间,学生们严格按照学校规定分批有序入校,根据防疫要求,每位同学准备了个人防疫包,注意个人卫生,勤洗手,公共场所戴好口罩,与人交往保持社交距离。

2. 优化学习习惯,提高效率

良好的行为规范为学生养成自觉、优秀的学习习惯奠定了扎实的基础。小学阶段是培养习惯的关键期,一二年级又是最佳期。学生的生活大部分就是学习,所以学校制定了十大学习习惯养成的内容:学会倾听—善于思考—敢于提问—与人合作—自主读书—认真书写—自评互评—搜集资料—动手操作—按时完成。由教师、家长、学生共同努力,互相督促,共同进步。

3. 促进人际交往,和睦相处

现在学生大多数是独生子女,缺少交流的经验。基于此,学校通过各类活动为学生创设交流的平台。城市少年宫让学生根据自己的兴趣选择不同的课程,走班制让学生接触到不同的伙伴和教师，在兴趣的带动下，学生们乐于敞开心扉。在活动中，鼓励学生们结交朋友，增强人际交往的能力。

学校还通过各种途径宣传文明礼貌用语，鼓励学生多说"谢谢""请"之类的文明用语。每天清早学生进校，看到值勤教师和同学主动问好。课间休息时，看到教师从身边经过，无论是否认识，学生都会大声地说上一句"老师好"。在潜移默化中，学生的交往礼仪水平有了一定程度的提高。

4. 争做合格公民，遵守规范

为了成为合格小公民，学校将法制教育与日常行为规范教育相结合，开展"做个守法好公民"的系列活动，以期提高阳光少年们的法制观念。围绕"尊崇宪法、学习宪法、遵守宪法、维护宪法、运用宪法"这一主题，开展主题教育活动。利用十分钟队会，以学生为主体，大力宣传诚信道德规范和普及相关法律法规知识。通过"大手牵小手"让一个学生带动一个家庭，引导学生在日常生活中做一个守法诚信的宣传员，为社会出一份力。秉承走出去、请进来的理念，学校大队部组织雏鹰假日小队走进社区开展"法在身边"的宣传活动，争做人人都是法制宣传员。阳光少年们知法守法，把学到的"责任"落实到行动中，在各类主题活动中严格按照《公共场所行规准则》要求，规范在公共场所的行为要求，展示阳光少年的精神面貌。

（二）形成了行规教育的特色品牌

学校努力挖掘学校行规文化特色，积极打造学校行规文化品牌，做到了"传承创新、相融互动"。传承的是国学校本教材中古人关于行为规范的智慧经典，创新的是将信息化评价系统 ClassDoJo 与行为规范相结合，正是在这种传承与创新并行中，学生的美德与素养得以并重发展。

1. 特色之一：传承的国学行规特色

（1）探索融合路径，创设国学环境

学校在行为规范教育的实践中发现，中华传统文化中很多精髓运用于现代教育仍然行之有效。因此，学校结合国学校本材料，创设具有国学氛围的校园环境，即让校园的每一块墙壁都会"说话"。整个校园，不管是围墙，还是走廊与教室，都是行为规范教育的大课堂,要让学生视线所到的地方,都富有教育性。比如建设图文并茂的国学故事墙,雕刻着中华传统小故事;设计古色古香的弟子规标语,提醒学生行规方方面面;设计富有特色的国学行规宣传墙面,以及创建三字经形式的班规,等等。通过国学环境的创设,感染学生思想,陶冶学生情操,产生良好的内心体验,促进学生规范自己的行为习惯。

（2）传承经典内容,弘扬传统美德

学校开发了与行规教育目标相契合的五套国学校本材料,分别是低年级的《弟子规节选》《三字经节选》,中高年级的《千字文节选》《笠翁对韵节选》《论语节选》。低年级的国学校本材料《弟子规节选》中列述了弟子在家、出外、待人、接物与学习上应该遵守的规范,对低年级的行为规范教育起到了重要作用。而到了中高年级,将在国学校本材料中寻找更多的结合点,补充和提高行为规范教育。通过国学校本材料的学习,让学生们感悟圣贤文明,陶冶品行修养。后期学校将紧紧围绕"国学",创设良好的育人环境。优良的校园文化,使学生的品德素质和行为规范不断得到提高和完善,使学校的行为规范教育迈上新的台阶。

2. 特色之二：创新的互联网行规评价系统

行为规范教育不仅是要停留在学习的阶段,更是要注重后续的追踪评价,只有学习与评价有机结合,才会让学生将行为规范转化为内部驱动。在学校成功举办少先队信息入队、互联网＋班主任发展共同体展示活动的基础上,学校尝试将行规教育与互联网相结合,引入互联网评价系统 ClassDoJo,完善行规评价。

（1）基于技术支持的评价方式转变

"ClassDoJo"是一个类似学生光荣榜的 APP,通过引入游戏机制,将学生的行为用数字量化并评级,如果学生完成一次积极行为,即加 1 分,如果学生做出了不恰当的行为,即扣 1 分。教师可以按照天、周、月和学期来跟踪学生的分数,以便完成学生的阶段性评价。另外,每周五通过"ClassDoJo"软件反馈每周的情况,选出"行规之星""礼貌新星"等,并颁发小奖状作为激励,而那些行为习惯有所偏差的学生,学校也将根据学生的表现颁发"免罚金牌"以此来激励孩子,帮助孩子缩小分值上的差距。

（2）立足全校联动的督查改进机制

行为规范教育由班级自主管理，由校级执勤中队检查，而且学校还组成了督查小组，分别由三个校区的行政领导和教师构成。他们会定时或不定时地巡视校园，挖掘班级的亮点，发现班级的不足，在校级的 ClassDoJo 里对班级进行加减分。随后在每月一次的班主任沙龙上，请有亮点班级的班主任进行经验分享，督查小组也会及时向班主任反馈班级的短处，并提出整改建议，后续进行追踪观察，补足短板。通过"ClassDoJo"的学年概述，可以清晰地看到每位学生、每个班级、每个阶段的表现，并加以总结，形成班级与班级的良性竞争、学生与学生的共同进步，营造良好的氛围。

行规教育是一个潜移默化的过程，需要牢牢体现"四个在"——在学习与合作中，夯实行规的理念；在活动与过程中，培养行规的习惯；在定量与定性中，评价行规的落实；在实践与实证中，获得行规的效果。也需要在教育过程中不断地探索、不断地研究学生，从而建立一套切实有效的科学管理体系，培养出真正的阳光少年。

第五节　指向共同成长的家庭共育活动

学校以"打造阳光校园"为办学目标，家校携手共育，铸就阳光家园。让家校合力成为实施素质教育的基本保障，把握孩子成长过程中的每一个关键点，让孩子们健康快乐地成长，是全校教师和全体家长的共同愿望。通过让家长们参与到孩子的成长体验活动中，能更真切地感受孩子的校园生活，促进家校共育的内涵发展。

学校以"爸爸"群体为家校共育研究的切入口，来促进家庭教育和谐发展。以"阳光爸爸陪伴记"为主题，整体构建基础类、活动类、探究类多元化课程，旨在提高爸爸在孩子教育过程中的参与度与影响力，打造"阳光爸爸"，从而培养"阳光少年"，铸就"阳光家园"。

一、阳光爸爸陪伴记的课程开发

(一)理念引领:唤醒爸爸的沉睡意识

1. 课程目标

学生的爸爸并不是专业的教育工作者,他们来自不同单位,年龄、阅历、经验、个性都千差万别,但都需要认识到自身在学校教育和家庭教育中的重要地位。开设爸爸家庭课堂,其旨趣就是为了帮助广大爸爸更新教育观念,引领爸爸关注教育,掌握科学的家教方法,使家长能够正确、理智、现实地看待自己的孩子、要求自己的孩子,合理地确定孩子发展的目标,与学校教育步调一致,切实提高家庭教育质量,促进下一代健康成长。

2. 课程内容

"阳光爸爸陪伴记"的基础类课程是根据《上海市 0—18 岁家庭教育指导内容大纲》的重点要求,结合爸爸在家庭教育过程中存在的共性问题,有针对性设计的课程内容。即每个年级有每个课程的主题,每个家长都要进行培训学习。

课程主题	培训人员	培训方式	培训对象
爸爸,你准备好了吗	骨干团队	讲座	一年级爸爸和妈妈
爸爸在家庭中的榜样作用	爸爸妈妈帮帮团	论坛	二年级爸爸和妈妈
爸爸指导学习的小技巧	骨干团队	讲座	三年级爸爸和妈妈
爸爸的肩膀	校家委会成员	论坛	四年级爸爸和妈妈
爸爸的生活小贴士	爸爸妈妈帮帮团	讲座	五年级爸爸和妈妈

3. 课程实施

当确定课程主题之后,学校先明确课程要求,然后教师骨干团队编写课程教材。紧接着,教师骨干团队、爸爸妈妈帮帮团、优秀的家委会成员一起集体完成课程优化、备课、上课和反思。这种以"教师骨干团队指导、爸爸妈妈帮帮团引导、优秀的家委会成员引领"的授课方式,分年级、分层次、多角度的培训课程,唤醒了爸爸的家庭意识,帮助爸爸们寻找到家庭教育缺失的角色,让爸爸领悟其在家庭教育中的重要性,不断参与家庭教育,也逐步完善家庭教育。

（二）互动促进：挖掘爸爸的内在潜能

1. 课程目标

爸爸对孩子而言是强大的力量和坚实的依靠,是智慧、刚毅和坚强的象征。当父亲在孩子的成长过程中发挥其应有的家庭职责时,孩子就有了坚实的依靠,心理上就有了安全感。比单纯接受母亲教育的孩子,体格会更加强壮,情感会更自信、富有意志力,逻辑思维和理性意识也能得到更好的发展,从而能更好地与他人合作交流,更好地融入班集体。开展亲子活动,其旨趣就是为了让爸爸参与孩子的生活,传递正能量,使得孩子们更坚毅、更勇敢、更阳光,继而优化家校共育的成效。

2. 课程内容

"阳光爸爸陪伴记"的活动类课程是立足学校市级课题"'阳光少年'的培养",在年级家委会协同下,形成学校个性化的家庭教育系列活动——阳光少年成长记。这一系列活动充分发挥了爸爸们的个性特点,主张让每个爸爸都参与其中共同设计方案流程、共同参与每个活动、共同完成每项任务。

	活动主题	活动形式	活动目标	参与对象
阳光少年成长记	勇敢的小孩	亲子活动——趣味运动会	培养勇敢	一年级爸爸和妈妈
	自信的领巾	亲子活动——入队仪式	彰显自信	二年级爸爸和妈妈
	活力的十岁	亲子活动——十岁庆典	再现活力	三年级爸爸和妈妈
	担当的少年	亲子活动——公益行走	体验责任	四年级爸爸和妈妈
	飞翔的未来	亲子活动——毕业典礼	守护信念	五年级爸爸和妈妈

3. 课程实施

爸爸们参与到各种亲子教育活动中去,与孩子一起做游戏、一起去行走、一起排练活动等,见证孩子成长的点点滴滴,并在陪伴的过程中从男性的角度和立场去诠释一些生活的现象,讲解一些生活的知识,阐述一些生活的哲理,让孩子对世界的认识更立体丰富。一直参与亲子互动的家庭,更有利于其孩子的"心智"发育,孩子的"人格"健全,这是因为当父亲在责任感、上进心、担当意识等方面给予了孩子良好的示范,父亲的正能量源源不断地充盈了孩子的幸福感,有了幸福感的孩子就会更阳光。

(三)沙龙研讨:回归爸爸的家庭角色

1. 课程目标

父母是对学生成长影响较大的因素之一,因此,开展家庭教育指导工作,帮助家长真正了解孩子生理、心理及学习发展变化规律就变得日益重要。爸爸沙龙活动,旨在营造家校共育的良好氛围,建立改善家校沟通的相关机制,为学生的健康成长和主动发展营造并提供良好的环境和条件。

2. 课程内容

"阳光爸爸陪伴记"的探究类课程是考虑到每个孩子都是不一样的个体,培养每个孩子的家庭教育路径都是不同的。因此,学校聚焦这些问题,推出了更加自主、开放的爸爸沙龙研讨。

	主题词	活动形式	活动地点	参与人员
爸爸沙龙	勇敢	茶馆式沙龙	家委会室	"爸爸社团"成员、校家委会代表、优秀妈妈代表
	自信	影评式畅谈	家委会室	
	活力	诊断式体验	家委会室+户外	
	担当	浸润式课堂	会议室	
	信念	互助式学习	会议室	

3. 课程实施

围绕主题词"勇敢、自信、活力、担当、信念"，招募组织者，家长自愿报名参加，选用"茶馆式沙龙、影评式畅谈、诊断式体验、浸润式课堂、互助式学习"的活动形式，在轻松、开放的环境下，爸爸们结合家庭教育的片段，从"纸上谈兵"到"实地演练"，共同探讨爸爸在家庭教育中的角色定位，明确"爸爸们在家庭教育中可以做些什么？怎样做？以及如何参与到学校教育中来？"。"爸爸沙龙"的成立，充分发挥了爸爸的主观能动性，从根本上提升爸爸在家庭教育的有效性。

在家校携手共育的过程中，家长最大的成长在于观念的转化，即共同认识到家庭教育的意义，增强家庭教育的责任感，收获家庭教育方面的理论知识及实际操作方法，使家长们在提高家庭教育理论水平的同时，也提高家庭教育的实效性。此外，也让家庭教育与学校教育的联系更加密切了，实现教育的和谐发展。

二、 阳光爸爸陪伴记的实践样例

（一）爸爸沙龙学心理

学校在沙龙活动中有意识地举办与心理有关的话题，让爸爸们知道小学阶段心理健康教育的重要性。中小学心理健康教育是根据中小学生生理、心理发展特点，运用有关心理教育方法和手段，培养学生良好的心理素质，促进学生身心全面和谐发展和素质全面提高的教育活动。同时，学校让爸爸们关注学校的公众号中关于心理健康普及的介绍，通过网络来实时开展心理知识的培训。

其次，学校让爸爸们了解学校心理健康工作的年级目标，让爸爸们知道学校的计划是什么，他们将协同合作的任务是什么。具体而言，一年级心理健康教育目标着重于帮助学生初步了解班级、学校、日常学习生活环境和基本规则，培养积极乐观的学习情趣，并建立良好的行为习惯。二年级心理健康教育目标则是培养集体合作精神和集体荣誉感，感受集体活动与学习知识的乐趣，学会体谅他人。三年级心理健康教育目标则侧重感受学习知识的乐趣，重点是学习习惯的培养与训练，进一步激发学习兴趣，在班级活动中善于与更多的同学交往。四年级的心理健康教育目标是培养学生礼貌、友好的交往品质，乐于与教师、同学交往，在谦让、友善的交往中感受友情。五年级心理健康教育目标着重于通过自我探索形成正确的自我认识，使学生有安全感和归属感，初步学会自我控制，并结合成长特点开展男女生青春期教育。

最后，学校带领爸爸们学习学校相关心理健康教育的制度。如《学校心理咨询室工作制度》《学校心理辅导教师工作守则》《学校构建校班两级心理危机干预网络制度》《学校心理健康教育激励保障机制》《学校沙盘游戏（治疗）室使用管理制度》《学校心理健康教育工作评价制度》《学校心理社团"心灵驿站"制度》《学校心理辅导转介制度》等。

爸爸沙龙的学习结束后，爸爸们清晰地认识到青少年是社会发展的新生力量。青少年时期会随着生理、心理的发育成熟、社会阅历的扩展及思维方式的变化，容易在学习、生活、人际交往、自我意识和升学就业等方面，遇到各种心理困惑和问题。爸爸沙龙的成员更认识到，在这种情形下，大力开展心理健康辅导教育，确立"青少年心理健康辅导"，不仅是社会和时代发展的需要，也是对学校教育的重要补充，更是学生全面发展、实施素质教育的客观需求。在这个基础上，学校的"爸爸心理健康辅导员"应运而生。

（二）爸爸沙龙成驿站

有了爸爸心理健康辅导员们的加入，学校心理驿站就有了另一抹色彩。爸爸们融入心理驿站，在心理活动月、心理活动周的活动中，开展问卷调查、心理工作坊、专家讲座、心理小游戏等活动，每次的活动都因为有了爸爸的身影而变得更为活泼，更有张力。爸爸们融入心理驿站，和教师们一起制作心理小报、排练心理课本剧、开展学生团体心理小游戏，在学校的心理健康教育中发挥了积极的作用。使学生在学习能力、人际交往、人格水平、社会适应性，特别是自主合作等方面有了显著的提高。

有了爸爸的加入，驿站更为阳光，辅导的面更宽。爸爸沙龙成员来自社会不同领域，他们的经验、阅历、价值观会充实教师本身的队伍，使结构更立体、更合理。在爸爸沙龙成员的合作下，学校经过不断的摸索与实践，心理工作走上了规范有序、平稳发展之路，营造了良好的心理文化氛围，构建了完善、规范、持续的心理健康教育体系，让学校师生对心理健康知晓率达到100％。通过问卷调查，学生喜爱心理健康教育，其适应能力、抗挫折能力和心理调节能力得到了提高，对于心理辅导活动课的整体满意度也更高。更有部分特殊学生在心理辅导中得到了令人欣喜的进步。

三、 阳光爸爸陪伴记的实践成效

（一）健全了家校共育机制

1. 规划上的整体设计：学校把家庭教育纳入学校章程、五年发展规划，对家庭教育提出了分阶段要求，明确了工作目标，为有序推进家庭教育提供了方向。

2. 机制上的积极落实：成立学校、家长、社区三方共同参与的家庭领导小组，组建家庭教育骨干核心团队，分工明确。同时利用各种平台，与家长共同探讨家庭教育。全面了解学生在校的学习情况，转变家长思想上不适合的传统教育观念，改变不适应于孩子成长的简单粗暴的教育态度，从孩子的实际需要出发，从家庭教育的实际出发，提高家庭教育的水平。

3. 经费上的切实保证：学校保障家庭教育活动、指导、教师培训等开支，并逐年增加经费。

（二）形成了家校共育活动

学校规范民主选举，建立三级家长委员会网络，设立家委会办公室。并且组建家长学校，有计划地开展形式多样的家庭教育活动，以及针对特殊学生聘请专业机构对家长进行个别辅导。

1. 精心策划，增进交流。每学年，年级家委会协同策划各类家校活动。如家长开放日活动、参观班级文化建设、课堂教学展示、表现性评价活动等，让家长们零距离接触学校；重大纪念日、传统节日等活动，处处能见小手牵大手。随着家校互动的日益深入，家长就会更加全面了解学校，消除焦虑心情，为更好的家庭教育保驾护航。

2. 走进家庭，提供指导。学校制定了明确的家访制度，在家访中，班主任做到有内容、有记录、有家长反馈，了解学生家庭生活状况，并提出有针对性的家庭指导。

3. 借助媒体，建立互动。学校以校园网、微信公众号、广播电台"空中父母课堂"等平台，为家长提供不同的教育方法，提高家庭教育水平。同时加强学校班级微信群管理，及时沟通孩子成长进程中的问题，促进家校之间良性互动。

阳光爸爸的成长，获得了良好的家庭教育实效，也是学校开展家庭教育的成长。在未来，学校将继续完善家长教育的课程，针对不同的家庭角色（爸爸、妈妈）开设更有针对性的指导课程，逐步提升家长的育人能力，增强家校共育实效。学校将继续推进家校共育工作，努力促进学生的健康成长和全面发展，铸就真正的阳光家园。

第四章　生长的空间：阳光校园的闪光点

导言

鹰击蓝天，需要万里长空；鱼翔浅底，需要水域空间；骏马奔腾，需要长路远方；学生成长，需要实践空间。植物的成长，向下扎根需要土壤，向上延展需要空间。学生的成长，知识学习需要积累，能力提升需要活动，都需要成长的空间。什么是生长的空间？那就是——

阳光校园：审美能力与创美能力的共势；着眼"放"字，解放主体性；有亮色；

阳光校园：多元内容与独特环境的共融；突出"趣"字，激发能动性；有起色；

阳光校园：学习方式与学习评价的共振；不忘"赏"字，评价积极性；有神色；

阳光校园：灵动情趣与积极体验的共享；展示"动"字，关注实践性；有特色。

空——提供了一种多元的可能，五颜六色，总有一"色"放光彩；间——提供了得以立足的所在，八仙过海，总有一"法"显神通。在给学生提供成长空间的时候，推崇一个"man"："慢"成长——小步前行，让学生做最"好"的自己；"漫"成长——方式多元，让学生做最"能"的自己；"蔓"成长——恣意自信，让学生做最"成"的自己。

给予足够生长的空间，相信种子，相信岁月，相信孩子，相信成长！

> 一个空间能否称之为教育空间，关键在于能否发挥育人的作用。好的教育空间，必然是一个有文化有灵魂的场域，是一个能够服务课程教学和学习方式变革的场所，是一个能够促进师生共同成长、共同发展的环境。基于此，学校一直以来秉承阳光校园的办学理念和阳光少年的育人理念，不断去创新和升级当前的教育空间，致力于让学生成为空间创设的主体，让空间发挥主动育人的作用，让空间提升师生的幸福感。

第一节　倡导人人参与的教育空间规划

一、指向共同成长的教育空间理念

教育空间不仅是一个空间，更重要的是要有教育的功能。它蕴含着学校的文化内涵、育人理念和办学目标，指向学生全面发展、教师专业成长与学校高品质发展。当学校不是为了空间而建设空间，而是立足培养人的旨趣去建设空间时，关于教育空间的探讨就会变得更加立体多元，会关注教育空间的目的，关注教育空间的内容，也会关注由谁以何种方式去创建教育空间，等等。

学校提出了多元主体参与、师生共同成长和拓展空间边界等教育空间理念，主张站在孩子的立场去给孩子创造和提供适合其成长与发展的"环境"，让孩子成为教育空间创建的参与者与受益者，从而能够让学生更加理解、认同和践行教育空间背后的理念，以期在最大化程度上让学生在特定的精神环境、文化氛围中陶冶情操、启迪心智，促进自身的全面发展。

（一）多元主体，共同参与

学校教育空间是立足人、依靠人、发展人的场域，需要关心培养什么样的人的问题，也需要考虑如何通过教育空间重构来培养人的问题。学校一直都很清楚要在校园环境建设中渗透阳光的元素，进而培育阳光少年，为每一位学生的健康成长奠定精神基因。也一直在努力让更多的群体参与到学校空间的重构中来，改变原有的以学校管理者单方面为主的模式，走向学校管理者、师生、家长代表与社会力量共同参与的新局面。

在这个过程中，学校围绕着立德树人的教育根本任务，围绕着阳光少年核心素养的培育，一同去理解、实践和创造学校的办学文化和教育空间。从而让进入到学校环境中的人，都能从中汲取到生命成长的能量与智慧，也能感受到学校的文化与幸福，潜移默化中学校教育空间就会成为一个有理念支撑、有情感温度、有生命成长的幸福空间。

（二）迭代创新，促进发展

学校教育空间是一个集文化传递、教育教学和情感支撑于一体的空间，是一个兼具系统性与创造性的长期工程。学校一直秉承促进人的发展的理念，进行教育空间发展规划，其规划具有内在连续性，也具有时代发展特征。

回看与展望其发展历程，可以很明显地发现，学校经历了从关注外在环境建设到关注文化渗透的阶段转变，未来将更多地转向为课程教学、学习方式变革提供支持，这就意味着学校对于如何培养阳光少年，有了更深一步的思考，认识到学校环境即教育资源，要积极发展学校环境主动育人的功能，让不同的主体都能够真正成为创造者和受益者。也意味着要不断更新与深化教育空间的理念，逐步从外在环境建设走向文化内涵创建，从关注教师的教转向关注学生的学，为教育空间迭代创新提供方向，为学校办学注入全新的活力。

（三）拓展空间，丰富资源

随着课程改革的深入和信息化技术的发展，学校空间的范围开始发生质的变化,不再局限于特定的学校校园,而是拓展到校园外的社会空间,延展到线上的虚拟空间。当挖掘到这些空间的育人价值,并进行积极开发与实践时,就会拓展和丰富学校教育空间的内涵,满足当前学生成长发展的内在需求,在一定程度上促进教师对课程的理解与实施。

学校关注人的发展、时代的发展与课程的发展,在环境即资源的理念指引下,其一是积极拓展物化的学习空间,从校内空间走向校外空间,把相应的社会空间转变成为特定的育人环境,一方面拓展了空间的范围,提供给学生更加多元的课程内容,以及更加富有实践特征的学习方式;另一方面则是实现了资源的整合,展现了校外资源的独特价值,能够为区域文化传承做出一定的贡献。其二是积极探索虚拟的学习空间,从线下空间走向线上空间,把海量丰富的资源转变为特定的学习资源,一方面打破了时空的界限,满足学生日趋多元、富有个性的学习方式,为学生带来更丰富的学习体验;另一方面则是加速信息技术与学科整合的进程,赋予课堂新的视角,不断推动课堂教学转型。

二、 蕴含教育理念的教育空间设计

(一)形塑学校教育空间的共同愿景

1. 认同校园文化建设的重要性

学校的校容校貌传递出一个学校精神的价值取向,是具有引导功能的教育资源,有效利用可以很好地提升学校的文化品位。校园文化是一所学校综合实力的反映,校园文化的核心竞争力主要表现在文化的凝聚力和创造力上,优秀的校园文化能赋予师生独立的人格、独立的精神,激励师生持续不断地反思与超越。

健康、向上、丰富的校园文化对学生的品格形成具有渗透性、持久性和选择性,它能给予学生情感的精神食粮,使学生做到道德提升、人格发展、阳光生活、有个人价值感和自尊心,对于提高学生的人文道德素养,拓宽学生的视野,培养新世纪的人才具有深远意义。

2. 思考校园文化建设的方向

学校如何优化空间布局？校园文化建设应根据学校历史、特色、需求，结合现实情况去打造教育品牌。提炼学校底蕴深厚的文化，在把握传统的基础上提炼出学校的文化品牌概念，形成师生共同认可的学校文化内涵。"阳光校园"是学校的办学理念，紧紧围绕着这一办学理念，以拥有阳光为设计元素，以文化环境建设为重点，以物质环境改造为抓手，充分彰显"阳光"文化的内涵，努力把学校打造成一个孩子们喜欢的乐园，每一天都带着阳光的心情投入生活与学习。

（二）丰富教育空间的阳光内涵

"阳光校园"来自建设，也来自个人体悟。当追问什么样的环境是阳光的、温暖的，如何让已有的环境绽放出阳光的属性，这一切就会促使学校去思考如何丰富教育空间的阳光内涵。

阳光校园的主人是所有在学校空间里的个体，教师和学生无疑是阳光校园的主体。倘若他们走进校园就感受到更多的安心、温暖与幸福，校园就是阳光的；倘若他们走进课堂就能感受教与学的乐趣、成就与价值，课堂就是阳光的。阳光更多的是一种内心真切的感受，是一种由外在环境创设所带来的良好心理体验。因此，学校鼓励每个参与教育空间建设的主体都能去畅想自己眼中的"阳光校园"，再让每个人的"阳光"汇聚在一起，形成人人认同的"阳光"，进而建设出能够凝聚师生情感、促进师生成长、提升师生幸福感的阳光校园。

（三）明晰教育空间的发展路径

学校以"打造阳光校园"为核心，打造集教育性、文化性、精神性于一体的教育场所，它具有审美、快乐、生长的教育价值。然而，让学校的每一寸空间发挥其最大的育人价值，是一个循序渐进的过程，不可以一蹴而就，要在实践中不断进行探索、创新与优化，才能够打造一个让师生认可并且受益的教育空间。

随着学校对阳光校园的理解愈加深入，逐渐形成创设景色宜人的物质空间、建设富有文化底蕴的文化空间，以及拓展学习资源的虚拟空间等教育空间规划，让校园的整体环境营造出美的感受,给人一种身心放松和快乐幸福的体验;让教室的学习环境创设出新的体验,给师生一种探索改变和追求品质的动力;让丰富的线上空间转变为新的资源,给人一种资源整合和拓展空间的视野。围绕这一发展路径,学校的育人功能就会打破时空的界限,越发让更多的人获得成长与发展。

第二节　彰显学校特色的教育空间建设

校园文化是学生健康成长的根,充满阳光的校园环境能陶冶学生的情操,反之生长的教育空间能促进学生阳光成长。学校以"打造阳光校园"为核心,发动全校的教师、学生、家长共同参与学校的校园文化设计,努力创建品质高尚的校园文化,建设特色鲜明的校园文化,让校园环境更加多彩,让校园真正成为孩子的乐园。

一、 阳光校园建设的学校行动

（一）多维度感知阳光校园文化内涵

让全体教师共同谋划学校发展的主题是至关重要的,只有共同的思索才会有共同文化的认同和后续坚定的执行。学校的发展理念是打造"阳光校园",究竟何为阳光校园? 阳光校园如何建设? 全体教师需要一同寻找阳光核心——请每位教师解读并自我阐述对阳光校园的理解与建议、开展感悟阳光的读书活动、回顾撰写自身教育教学生涯的阳光故事、交流分享并领悟阳光工作阳光生活的感受、用心撰写自己的阳光心语、参观一系列高新企业体验他们的企业文化、带领策划组观摩周边名校等,为新学校的阳光校园建设出谋划策。"共同的寻找"让教师们清晰地了解学校文化发展的核心,也更明确自己需要努力的方向。更让学校看到了每一位教师对学校都有一份深切的热爱,无限的期待……因此,找到了阳光的答案虽然重要,但更重要的是教师们对"阳光"有了自己的理解,对"阳光校园"有了自己的思考,更有了一份认真的关注和参与。

而后,在教师间开展"阳光校园、阳光文化"的讨论,畅谈面对新时代,如何树立新形象?教师纷纷提出自己的金点子,通过协商,形成全体教师认同的文化建设方向。教师成为学校新空间打造的建设者、受益者、传播者。

(二) 多方面精雕阳光校园文化品牌

寻找"阳光"是容易的,创造"阳光"才是最难的。究竟阳光校园的外在文化如何建设?学校动员所有教师共同来破题,以人人参与项目的方式,引导教师合力推进阳光校园的外在文化建设。为此,学校成立了阳光文化建设项目组,涉及学校所有的文化建设领域,如学生活动区域、走廊文化、墙面文化、地面文化、食堂文化、环境文化,等等。学校邀请每个教师都参与其中,每位教师都承担学校文化建设的一个内容,每个人都有具体任务,真正实现校园建设靠人人。而且还邀请了教师家属、学生代表、家长代表作为特邀设计顾问,他们可以随时参观校园,提出自己的建设方案。同时,学校给予教师外出学习的平台,如参观本区和外区的中学、小学、幼儿园、图书馆、科技馆、美术馆、公园绿地等,让教师在其间寻找文化的共通点,共同思考学校"阳光文化"的走向。当每个参与者都认同了阳光校园的建设理念,自然就会全情投入到校园文化设计中去,共同为创设一个学生喜爱、特色明显的校园文化而努力,迈出学校建设的第一步。

1. 让校园的每一处地方都成阳光之景

在师生的共同设计下,学校原有的一些场景旧貌换新颜,难看的"煤气堡"变成了体现校园五彩生活的"阳光魔方"主题雕塑——学校的 loge 魔方;垃圾房变成象征低碳的阳光大风车回收站;"阳光校园是什么?"的寻找形成了巨大的阳光魔力墙,为阳光校园赋予新的内涵——乐观、自信、幸福……

学校会迭代创造已有的空间,让原来的空间更具有魅力和活力。原来地面上画的只有造房子的游戏格子,现在变成了孩子们最爱的五花八门的阳光游戏格,那一片地面就像有了魔力一般,成为了运动的乐园。这一创新源于美术教师的启发、体育教师的参与、同学们的思考,等等。先从征集设计方案开始,学生奉献出许多有趣的游戏格,再经由体育教师进行筛选,选出最适合的游戏图案,后面由美术教师带领学生一起完成。除此之外,学生还把每一个班级报刊的发放橱起名为"阳光城堡",他们特别骄傲有属于自己的信箱;还开辟了一个"乐耕园",不同的季节种植不同的花果蔬菜,应有尽有,映衬在"乐耕园"的栏杆上的是一首首孩子们熟悉的田园诗歌;还设计了五颜六色的"悦读角",每个楼层色彩不一样,摆放着一些杂志,孩子们下课时就会去翻一翻……

学校不仅改造原有的空间,还会想着如何建设现有的空间,彰显学校的文化内涵。比如要在学校里放什么雕塑的问题,就充分站在学生的视角来考虑,选择学生们喜欢的,而不是教师眼里合适的美丽的。最终校园里散落着阳光十二生肖卡通雕塑,学生们最喜欢找自己的、爸爸妈妈的生肖,瞬间整个校园就变得非常灵动和欢乐。为了让生肖雕塑富有教育性,学校还配建了相关的生肖成语牌,这样学生就可以一边观看生肖雕塑,一边吟诵这个生肖的趣味成语,增添学习的乐趣。

2. 让校园内每一棵树儿都有阳光之情

学校动员全校师生参加"我与树儿共同阳光成长"活动:每年3月12日,就是新来的教师与新的班级的一次认养活动。全校每一个班、每一名教师自主认养校内一棵树,建立树木认养指示牌,在指示牌上写上有个性的树木冠名、习性介绍、心语等,为校园内的每一棵树赋予新的生命。

校园的植树文化传递着传承与创新的意义,也预示着培养人需要时间,更需要付出。现在校园能够成为亮丽的风景线,成为一处积淀深厚的文化景观,成为传递教书育人的有效载体,成为让师生有幸福感和归属感的地方,这一切得益于学校阳光校园理念的守正创新,以及全体师生的共同付出。

3. 让校园内每一块墙壁都有阳光之意

校园的墙面上都是一块块心形的阳光心语,那是全体师生对阳光校园的朴素理解和真情表达。学校都把它们一一贴上墙,让大家每一天都浸润在这阳光的心情之中,在最大化程度上让阳光喜悦之情充盈每个师生的内心深处。

具体而言,有阳光对联区,一句句工整而有趣的对联是来自师生共同的寻找与创造,比如:小数、对数、函数、数数含辛茹苦;直线、曲线、射线、线线意切情深。

脚步声、嬉笑声、哈哈墙前照出阳光，单脚跳、双脚跳、游戏格中跳出灵巧。有阳光笑脸墙，记录了学生们阳光的校园生活掠影；有阳光哈哈成长墙，根据学生可爱的身高配上不同大小的哈哈镜，非常富有童趣，是吸引了学生驻足最久的地方。

　　除此之外，还形成了一系列富有学校特色的墙壁文化，如我爱中国系列（中国之景、中国之花、中国之节、中国之城）、阳光心情墙系列（春夏秋冬，每一季都是美妙的时光；海阔天空，每一处都是美丽的地方；旭日东升，每一天都是美好的日子）、阳光饮水处系列（水是鱼儿的家、水是花儿的梦、水是鸟儿的天堂）；以及专用教室连廊系列（阅之廊——中外的名著、名家；美之廊——美术区域，呈现中外画家与名画；智之廊——信息技术专用区域；乐之廊——乐器的模型、中外名曲；悦之廊——教师的摄影作品）。这一切都融吸引性、激励性、知识性、参与性、教育性于一体，让校园的每个墙面都发声，成为交流与对话的载体，在潜移默化中发挥育人功能。

　　4. 让校园内每一个教室都有阳光之感

　　学校充分发挥每个师生的智慧，设计校园中学生学习的教室，让每个班级都成为"温馨教室"，风格多样的班级特色介绍、主题标语牌、雨伞架、图书角、生物角等；让每个空教室变成学生的活力乒乓房，墙面上体育健儿的成长故事时刻激励他们；让各类专用教室都由师生共同装扮成兼具文化与创意的教室，比如美术教室的所有装饰是美术教师自己一笔一笔画出来的，而作品是来自学生的，师生共同创造令人赞叹的美，最终写下这样的心得："邀线条去散步，请色彩来跳舞；线条随意摆弄，色彩任凭挥洒。"由此，每一个教室就都拥有了富有灵气的、动态的教室阳光文化。

　　5. 让校园内每一个时间都有阳光之音

　　校园中的音乐是孩子们根据自己的喜欢选择出来的。这音乐也会与时俱进，不是教师选择，而是让孩子们自己过一个阶段更新选择。阳光的音乐启迪着学生阳光学习、阳光生活。

　　学生跟唱着富有动感的"健康操"开始一天的学习生活，民族的音乐陪伴大家音乐午餐，"隐形的翅膀""阳光天堂"音乐伴随学生们的休闲时间，萨克斯管的"回家"提醒学生一天学习生活结束,由孩子们推选的"我最喜欢的音乐"每一天在不同的时间段呈现在师生面前。

校园美了,孩子自然就会喜欢。身处校园中,内心的阳光油然而生。学校的阳光校园建设也受到多方好评,进而被推荐为上海教育系统校园文化建设优秀项目、上海普教系统十大校园文化新景观、浦东新区精神文明建设创新项目等。

(三) 多层级推进阳光办公文化建设

教师的办公室是教师日日工作的环境,也是学生阳光成长的文化熏陶之处。如何推进阳光办公文化建设,就成为了学校教师共同思考的问题。在全体教师的共同商议下,学校将办公室建设的权利赋予教师,形成了"工会领行、室长智行、勇者先行、团队同行、人人乐行"的自主建设路径,具体到工会层面主要是拟订方案,室长层面是寻找突破,勇者层面是打造样板房,团队层面是共同参与,同行层面则是乐在其中相互学习,不同的层面都有截然不同的任务,但都有共同的使命和目标。

1. 工会领行,拟定方案

面对未知和困难,工会委员会的教师组织会议展开了研究和讨论,大家都认为教师办公室作为学校最常见的单元组织,是教师学习、研究、生活的主要场所,可以辐射到校园及校园生活的每一部分,让办公室内的阳光成为校园文化的缩影。所以,学校组织广大教师自主创建装修办公室可谓意义深远。大家明确分工,并拟订了自主创建办公室文化的书面方案,并通过校园网和工会组长传达到了每一位教师那里。

2. 室长智行,寻找突破

立足教师办公室文化建设方案的传达,教师当中已经议论纷纷:有的参与积极性很高跃跃欲试;有的认为好是好但不知怎样弄;还有的认为应该由学校统一设计建设来得省力……每个人对这件事情都有不同的想法,但有一点感到欣慰,没有一位教师反对办公室文化建设的。大家都意识到营造温馨阳光的办公室是有必要的,是有益的,既然都认同何乐而不为? 为了谋取突破口,学校立即召开了室长会议集思广益寻找实施方法。有一位室长提议"要是有样板房就好了"，于是，大家灵感一下子打开了，一致推荐将美术室和体育室作为试点，并同意形成团队共同参与样板房的建设和谋划。在会议上大家还认为办公室文化建设要有三个特点：第一点要围绕阳光校园的内涵；第二点要体现办公室学科特点展现文化内涵；第三点要积极向上发展个性，充分体现组室团队精神。共识既已达成，大家信心满满准备一试……

3. 勇者先行，打造样板房

激情和冲动本身就是一种阳光，在这种动力的驱使下，参与样板房打造的每一位教师都热情高涨，有负责设计效果图的，有负责采购的，有负责动手建设的……大家既有分工又有合作，可以说是不亦乐乎。在这期间，学校领导、工会委员和许多室长也经常光顾样板房给予肯定与建议，教师的积极性越来越高，办公室的文化效果也一天天地彰显出来了。享受成果和赞美创新是一种阳光，享受劳动过程更是一种阳光，在这个过程中办公室成员之间就像家庭中的一份子其乐融融，原来的一些小摩擦、一丝不愉悦在合作的过程中烟消云散，更加增进了友谊……

4. 团队同行，共同参与

一花独放不是春，万紫千红总是春。在样板房的建设过程中，有许多组室成员参观，并构思自己办公室的文化建设方案。教师们早已按耐不住冲动，也纷纷建设起来，大家团结合作出谋划策，一个个好建议、金点子应运而生，有的把突兀的消防铁管包装起来并挂上了绿色的叶子，像一根长满嫩叶的榕树根垂挂下来；有的设立了家长接待角，充分体现了教师们的人文理念；还有的写上墙面语"明志厉行"……教师的努力不断赋予校园精彩和惊喜，教师的智慧也不断给予校园激情和阳光！

5. 人人乐行，乐在其中

学校文化建设是否有成效，不仅要看它对教师的影响程度，更要看教师参与建设的程度。学校教师在办公室文化建设过程中完美地体现了积极参与、人人动手的局面，并且以高度的主人翁意识诠释了学校在建设办公室文化方案中"经济、实用、美观而富有文化内涵"的理念。现在教师们身处温馨和谐的办公室中心情愉悦,工作积极性也有了进一步的提高。效果是美好的,但建设的过程更美好,更让教师们难忘。

基于此,全体教师自主制定了《阳光办公室公约》,进一步丰富阳光校园的文化内涵;通过组内人人参与设计、讨论、建造,每个办公室都从"空白的四壁"变成阳光美好的办公室环境,教师进一步在实践中体验阳光校园文化。正如年级组长写下:"因为美丽的初衷,建设的结果是阳光的;因为合力的参与,建设的过程更加阳光,阳光校园自然而然就种植在每个人的心间。"全体教师的参与,不仅把阳光留在了办公室里,也让自己对阳光校园有了更深的认同、更深的领悟。

二、 阳光校园建设的实践成果

(一) 以景怡情,步步为观,让学生在阳光中成长

物质空间是学校给人留下的第一印象,也是师生每天生活的空间,它对师生具有直接性的影响。学校非常重视这些无声的伙伴,思考它们的育人价值,发挥无言教育的力量。通过外观的改造与建设,学校努力建成学生喜欢的、具有特色的学校校园,给师生以美的感受与体验。学校从入门开始打造阳光的物质空间,给人快乐、自信。

1. 阳光魔方

一走进学校的大门,大家就会被一个色彩斑斓的大魔方吸引住,师生把它称之为"阳光魔方",这个看似简单的六面体,给了我们更多的想象空间,那斑斓的色彩正是师生多彩生活的反映。魔方轻轻地转动,会带来无限的可能,学生们将来也有无限发展的空间。具体而言,魔是主旨,即"魔"而有趣,转而别样;"魔"而有术,变化无常,"魔"在手里;方是立意,即"方"而有略,胸有智慧;"方"而有能,学会担当,"方"在心中。

2. 阳光魔力墙

走进学校的门厅,左侧是阳光魔力墙,"自信、勇敢、爱、善良……"这些词汇布

满了整整一面墙,上面八个大字"拥有魔力,拥有阳光"揭示了这些词汇蕴含的主题,也暗示着学校的育人理念。这些词汇是从师生中征集而来的,也是学校对学生成长的殷切期望,即希望我们每一位同学都能具备善良与宽容、勇敢与坚韧的品性,学会学习,学会做人,做阳光的人,做有担当的人。

3. 阳光心情墙

一楼的通道中总是驻足着许多学生,因为这里是一整面的笑脸墙,这里的一张张笑脸都是身边最熟悉的人。学生们总忍不住要停下来看一看,认一认,找找这里有没有自己的笑脸,议论着第几排的那个是哪个班的同学。一张张灿烂的笑脸极具感染力,心情也会瞬间变得阳光灿烂起来。

4. 哈哈少儿阳光成长墙

二楼的通道处一溜摆放着五面哈哈镜,站上前去,一会成了个大胖墩,一会儿又似根瘦竹竿,一会儿眼睛眯成了一条缝,一会儿肚子大又圆,这就是"哈哈少儿阳光成长墙"。它是学生的快乐源泉,一到下课时间,学生们总是喜欢来到这里,看看自己,再看看边上的同学,站立在哈哈镜前,我已经不是原来的我——趣味无穷,感知凹凸镜的千变万化;离开了哈哈镜后,我仍然还是原来的我——幸福无比,盘点生活中的多姿多彩。

5. 阳光心语墙

在教学楼内,教室外、走廊里、楼梯旁,都充满着"阳光心语",这是师生对校园生活的感悟与美好期望。"阳光在哪里? 阳光在教室里,有时沙沙书写,有时书声琅琅,教师在生动形象地讲课,同学在认真听讲。"这是学生真实生动的校园生活,展现了学校生活的多样性,阳光融入到了学生的学习、生活中。"脸上拥有笑容,心里拥有阳光"这是教师对生活的感悟与对学生的期盼。阳光心语洒落在校园的每一个角落,让每个师生在轻轻诵读的时候,也能感受到生活的美好,感受到学习与工作的阳光。笑意挂在脸上:一瓣心香——常常笑笑,热爱每一个孩子,用阳光温暖心灵;爱意藏在心间:一往情深——天天开心,热爱孩子每一天,用生命感动生命。

6. 阳光游戏格

在教学楼之间的空地上,有许多色彩鲜艳的游戏格。下课时,午间休息时,学生们就会来到游戏格旁,蹦蹦跳跳。有些是学生小时候玩过的,有些游戏是没玩过的,在体育教师的指导下,学生们也会自创游戏,在游戏的过程中,他们既活跃了身心,也学会了伙伴之间的相处。

游,放松的是心情,每一声欢呼,都是童年的印记,能玩会玩,阳光的孩子;戏,增添的是快乐,每一步跨越,都是健身的体现,跳动跃动,健康的孩子。游戏也是学习的一种,它弥补了课堂学习未深度涉及到合作、竞争等品质的培养的缺点,成为课堂教学的有益补充。"在游戏中体验阳光,在阳光中健康成长,在成长中全面发展",也正是学校教育追求的目标。

阳光文化洒满校园整个环境,从学生进入校园开始,快乐伴随始终,让学生感受到多彩的生活。随着步入校园深处,各种景观形式让学生体验美,处处感受到阳光,阳光浸染着学生的每一处校园生活。外在形式的改变引导着学生心态的改变,以快乐的姿态拥抱每一天。

(二) 文化浸染,处处育人,让学生在文化中浸润

学校是育人的场所,教育空间的建设旨在满足学生多样化的需求。为此,学校进行空间布局,划分不同的活动区域,打造文化空间,学生可以根据自己的兴趣、特长、喜好,自主开展学习活动,增进自身的学习能力、探究能力。

1. 智之廊

计算机教室楼层打造成"智之廊",一面墙上一个硕大的计算机键盘给人留下深刻的印象。往前走,展示的是真实的计算机的构造,硬盘、内存、显卡、CPU,激发孩子的求知欲和探究兴趣。再往前走,展示的是计算机的演变过程,从1623年欧洲研制出的第一台"计算钟"开始,到现在卫星电脑的普及,不由得感叹科技发展的迅猛以及科技给人带来的便利,让这成为学生探究计算机发展的乐园。

智:上为知,拓宽视野,让学生的脚步跟上科技的进步,扩展好好学习的内存;智:下为日,久久为功,让学生的今天造就美好的明天,打造天天向上的实力。

2. 美之廊

美术教室楼层打造成"美之廊",一侧是中国画家及其作品的展示与介绍,《清

明上河图》《步辇图》《柳雀图》，让人感受到中国画的魅力；另一侧是外国画家及其作品的展示与介绍，梵高的《向日葵》、达芬奇的《蒙娜丽莎》、列宾的《伏尔加纤夫》，让人感叹西洋画的精致。展示的目的是让学生发现美、感悟美：提升自身的品味和情操，消除"成人本位"，增添美愉悦；体验美，探究美：树立美好的人生观和世界观，体现"孩子本位"，增加美熏陶。

3. 乐之廊

音乐教室楼层打造成"乐之廊"，还没走进教室，首先映入眼帘的就是"萨克斯、小提琴、圆号、二胡、琵琶、古筝"等中外乐器，对于大多数的孩子来说，或许没有机会去学习这些乐器，但是一次又一次面对面的接触，或许就激发了他们对音乐的兴趣与喜爱。长廊中有聂耳、贺绿汀、贝多芬、肖邦等中外音乐家及其作品的介绍，也让孩子们在一遍遍不经意的诵读中记住这些音乐大师与作品的名字。唱出来，抒发美的情感，此时此刻，"乐"——是一条舒缓流淌的河流；看见美，融合美的感觉，此情此景，"乐"——是一种妙不可言的魅力。

4. 中国文化角

为了加大学生对中国文化的理解，学校也打造了文化空间，利用每一楼层的角落，设置了"中国文化角"，介绍"中国十大城市""中国十大花卉""中国十大景点""中国传统节日"，通过文化角的设立，同学们知道了北京、上海、大连等城市的位置与特点；认识了万里长城、桂林山水、杭州西湖等著名的旅游景点；了解了荷花、梅花、杜鹃花等花卉的习性与特色。学校希望通过这一文化角的设置，为学生打开一扇认识中国，了解世界的窗户，开启他们的求知之门，激发他们对祖国的热爱之情。中国文化上下五千年，诗词歌赋，孔孟李杜，一书一天地，骄傲是中国人；文化中国横亘千万里，亭台楼阁，山水宫殿，一景一风情，自豪有中国心。

5. 中国饮食文化

在学生餐厅内，墙面上通过色彩鲜艳的画面向学生展示了"鲁菜、川菜、粤菜、闽菜、浙菜、湘菜、徽菜、苏菜"这闻名中华的八大菜系，用中英文对照介绍了常见蔬果的特点和妙用，让学生在就餐的同时，也增加了见识，了解了中国饮食文化的博大精深。在廊柱上，"别看用餐小事情，良好习惯要坚持，嘴巴干净才离座，倾倒剩菜守秩序。"一首首朗朗上口的小诗也在提醒这孩子们要时时处处讲文明,守礼仪。柴米油盐酱醋茶——开门七件事,日常的生活,缺一不可,小事中有幸福感;鲁川粤闽浙湘徽苏——知晓八菜系,丰富的生活,适时品味,美食中有大文化。

6. 中国百家姓

在花坛边、草坪上、大树旁,树立着一块块牌子,散落在校园的四处,经常会有三五个同学凑在一块,默默地端详,轻轻地诵读,小声地议论。"赵、王、钱、李……",在牌子上,同学们既可以看到这个姓氏的各种书法字体,还可以了解这一姓氏的来源,以及这一姓氏的名人。闲暇时,同学们会去找找自己的姓,也会去看看身边同学朋友的姓,还能自豪地告诉爸爸妈妈自己姓氏的来源。赵钱孙李,五百年前,可能是一个祖先,流淌着共同的血脉,兴旺走向四方;周吴郑王,天南海北,可能在一地相聚,述说着不同的方言,建设伟大中华。

7. 中国十二生肖

相对于百家姓,低年级的同学更喜欢的是十二生肖的雕塑,一个个栩栩如生,十分可爱。每个人都最爱自己的那个属相,走上前去,对它笑一笑,轻轻摸一摸,还能看到与这艺术雕塑有关的成语。既增加了知识,又不失趣味。鼠牛虎兔龙蛇,天上地下,不同的生肖,展示着相同的幸福,生肖中有中国文化;马羊猴鸡狗猪,大小不一,不同的年代,述说着一致的快乐,文化中有中国生肖。

多样性的文化空间为学校增添了新的色彩,也为学校提供了多彩的探究空间。在全校师生中开展"校园十佳景点"评选,让全校师生共同来诠释"阳光"的含义,不断深化对"阳光"的理解,从而让阳光的校园文化在师生心中扎根发芽。

(三)快乐公约,幸福办公,让教师在阳光中发展

1. 制定了办公室快乐公约

为了能够让阳光办公文化得以彰显,每个办公室的教师经过集体商讨,形成了独具一格的办公室快乐公约,比如有校长室的 7 条公约,一是把办公室建设得美好一些、整洁一些、绿意盎然一些;二是每学期进行一次全面的资料书籍整理,让办公室更加精简;三是与大家多沟通商议,团队的力量是无法估量的;四是认真

倾听办公室教师、学生的问题，尽力帮助他们；五是对来访的家长、社区人员或其他人员，都能平等、真诚地接待。六是有时间就反省一下工作，让自己保持清醒的头脑；七是始终保持阳光工作的心情，积极乐观面对一切问题。这一朴实无华的公约体现了学校的阳光管理理念，能让人看到校长的管理修养、人文情怀和服务精神。

也有学科教研组的公约，比如朗朗上口绽放活力的美术办公室公约，即轻轻一句"早上好"，阳光热血每一天；打开电脑敲敲键，所有资料全梳理；笑脸面对小朋友，艺术细胞任挥洒；面对困难共进退，团队精神广发扬；擦擦桌子拖拖地，室内整洁又美观；浇浇水来剪剪枝，绿化茂盛艳阳开；关闭所有电源闸，公共财物须爱护；温馨一声说"再见"，平平安安回到家。这一公约展现出教师的精神风貌，能让人看到教师们的热情洋溢、专业修养和团队精神。

2. 生成了办公室文化故事

（1）室长故事：办公室是我家，大家共同建设

教师办公室，是教师默默耕耘的地方，也是教师辛劳过后稍作休息的地方。为了让每个教师都能拥有一个如家的小天地，让每个教师做一名快乐的园丁，学校别出心裁，组织开展了教师自主创建办公室文化活动。

记得第一次校长宣读办公室文化建设活动的方案时，当时教师们一片茫然，不知所措。我们语数英教师整天忙忙碌碌的，一没时间，二缺乏装修方面的才能，还有我们办公室这么小，哪有空间？听到教师们的议论，作为办公室室长的我只能干着急。

学校领导也考虑到了教师们的忧虑，让美术和体育组领衔启动，作为样板房给我们参考。于是我利用中午休息时间，带领办公室的教师们去参观。教师们被他们别出心裁的布置震惊了。原来办公室可以布置成这样。他们太有才了，装修得如此漂亮，一点也不逊色于装修公司。参观完办公室样板房后，教师们得到了许多启发，但惊喜之余还是忧心忡忡，因为他们美术、体育办公室有着他们独有的特征，他们在艺术方面的才能往往也远远超过我们这些语数英教师。

突然有一天，教师们奔走相告，都说总务处和文印室布置得太漂亮了！都认

不出来了！我们有点不相信,因为这两个办公室是我们教师平时去的最多的办公室,也是东西摆放最杂乱的办公室。我们都想象不出他们能布置成什么样子。于是我们全体成员去参观了这两个办公室。想不到经过他们的精心布置后,办公室展现出的独特创意、文化内涵得到教师们的啧啧赞叹。教师们的兴趣一下子提高了,积极性也被充分调动起来了。我对办公室的教师们说,他们总务处和文印室都能装修成这么漂亮,我们一定不能比他们差。

回到办公室,大家都议论开了。大家一致认为,我们办公室要有我们特有的文化理念,要文雅,要有书香气,最后确定我们的风格为中国风。沈老师说,我们要充分利用有限空间、墙壁,不仅要发挥它们装饰的功能,还要让每堵墙体现说话的功能。蔡老师说,我们要在墙上贴教育格言,激励我们以身作则,教书育人。钱老师说,我把我的十字绣拿来挂在墙上吧。萍老师说,我们办公室还要体现教育的功能,我们设立一个与家长谈心的角落吧,这样我们就可以和家长促膝相谈了。大家马上行动起来,发挥各自的特长,亲自动手,把办公室装扮一新。蔡老师虽然已经 50 多岁,但他是办公室里唯一的男教师,在脏活、累活面前,他都"身先士卒"。看,办公室顶上的花边是他站在梯子上,仰着头足足贴了三个小时的杰作。墙壁上的隔板是办公室的教师利用双休日带着自己的家属来安装的。女教师们还利用休息时间上网选购,上花卉市场挑绿植,忙得不亦乐乎。常常下班时间过了,办公室里还忙得热火朝天。其他办公室的教师们也纷纷帮我们出谋划策,北面的两根柱子上本来我们想贴上立体墙贴,其他办公室的教师说,这跟你们办公室的风格不符,我们有多余的两根葡萄藤,你们拿去试试吧。瞧,效果果然不错。

当然,在一起布置的过程中,大家的观点有时也会出现一些摩擦,但很快就能磨合。蔡老师在网上选中了一幅书法作品:《兰亭序》,但其他教师认为这幅作品体积大,又要装裱,不安全,而且价钱也偏贵。蔡老师刚开始很坚持,但在大家的建议下,他欣然地接受了这幅墙贴"天道酬勤"。办公室的隔板一开始有的教师选了活泼的月亮隔板,但装下来的效果不符合办公室的格调,在换与不换的争论中,最后少数服从多数,换成了统一格调的黑红色。现在,每当大家走进自己布置的办公室,干净、整洁、美观,置身其中,温馨、快乐之感油然而生!通过办公室文化建设,教师之间的体谅多了,沟通多了,理解多了,合作多了,而且每个人都比以前更热爱这个集体,更热爱这个家了!

从迷茫到学习、实践,再到分享和创造,通过学校办公室文化建设活动的推进,大家越发感觉到:阳光和舒适不一定是别人给予的,更多是应该我们自己去发现和创造的。

(2) 教师故事：走过春天,走向阳光

春天细雨绵绵,但在教师的心中却是阳光明媚,因为一场创建办公室文化的活动点亮了整个校园,教师们一起忙碌着,一起欣喜着,一起收获着。在春天,我们用团队的力量描绘着一幅幅办公室文化建设的七彩画卷。

① 样板引领,明确方向

什么是办公室个性文化建设? 当其他教师们一筹莫展,毫无头绪之时,有两位教师已经忙得不亦乐乎,他们就是美术组的两位教师。作为美术教师,他们在专业上占有优势,于是,他们率先实践,现身说法。那段时间,他们几乎放弃了所有休息的时间,设计、布局、选材、购物……从墙面的粉刷,到配件的安装,再到各种饰品的摆设,最后到花卉盆栽的点缀,都是他们亲力亲为。当一间温馨、雅致、别具一格的办公室呈现在教师们眼前时,我们都不由得赞叹起来,打心底里佩服他们：真不愧是美术教师呀! 原先那件普通的办公室在他们的创意和打造下,一下子鲜亮起来:色彩鲜艳的墙面、错落有致的置物架、新颖别致的镜面贴、栩栩如生的仿真竹……最夺人眼球的是一幅幅生动逼真的美术作品,既有美术办公室的特色,又充满了艺术气息,看了这样的“样板房”,教师们心中很是羡慕,同时,对各自办公室的文化建设也有了方向,更有了自信。

② 各尽所能,团结合作

如果说美术办公室的文化建设体现了两位美术教师的专业水平,那么,体育组的教师们让我们感受到的是一种团结合作的精神。由于体育办公室处在底楼,加上地面和墙壁都是瓷砖,所以比较阴冷,为了营造温馨的氛围,他们决定铺上地毯,男教师勇挑重担,量尺寸,跑建材市场挑选购买和裁剪,最麻烦的就是要把办公室里所有的桌椅橱柜全部搬出去,待铺好地毯后再重新搬进去摆放整齐,单独这一项工程就着实费力。女教师也发挥她们的特长,用敏锐的时尚眼光,选购了各种新颖的摆件,连那些普通的球类、绳毽等体育用品都被她们摆设出文化的味道来,让我们大开眼界。走进现在的体育办公室,感觉刚中有柔,柔中有刚,井井有条的布局中透着点点温馨。

③ 互帮互助,感动常在

在整个校园文化建设活动中,教师们互帮互助的精神得到了最好的体现。有些办公室需要安装隔板,可是没人会使用钻孔工具,这个艰巨的任务都交给了体育组的教师,只要不是上课时间,他们随叫随到,而且非常热情,不厌其烦。教师们就是这样,用真诚和热情,温暖着周围的每一个人:谁找到购买材料的好网站,就会推荐到校园网上共享;哪个办公室买的材料有多余了,就会送给其他有需要的办公室;美术教师们拿起画笔,为其他办公室美化墙面;办公室里的盆栽怎么养护,教师们相互交流,温馨提示……办公室有文化气息了,我们的教师更有文化素养了,点点滴滴,感动绽放在每个师生的心间!

④ 创意无限,阳光相伴

因为感动常在,所以创意无限,我们的教师真真切切地用心投入到校园文化建设中。第五办公室的教师们为了能掩盖掉各种凌乱的电线,购买了一排鲜花小栅栏摆放在办公桌前;文印室的教师为了把纸张归类,方便教师们使用,设置了一排简易橱柜;第六办公室的温馨交流角,让学生、家长、教师之间的沟通更融洽、更愉悦。许多办公室墙上的书法作品不仅赏心悦目,而且有内涵,有创意:第五办公室的"阳光+爱=希望",总务处的"努力用心,为民服务",文印室的"请节约每一张纸",卫生室的"你的健康,我的心愿"……这些简短而富有哲理的语言表达了教师们对生活、对工作、对学生的热爱。

走过春天,校园变得更加阳光灿烂,看着一间间经过我们精心打造的整洁美观、舒适温馨、独具特色的办公室,我们的心情是舒畅的。在创建办公室文化的过程中,我们有过迷茫,付出了艰辛,但收获更多的是快乐,是自豪。整个活动过程凝聚了我们整个团队的心血和智慧,也让我们全体教师经受了一场阳光文化的洗礼。

第三节　走向内涵发展的教育空间设想

在阳光校园文化建设的过程中,学校形成了全员参与、顶层设计、循序渐进的建设理念,不急于一次性完成,而是分阶段有序开展,遵循全体成员"提出一个、讨论一个、成熟一个、实施一个"的思路,逐步让教育空间完善起来。事实上,阳光校园的建设永无止境,时代在变化、师生在成长,学校的教育空间也在不断优化与更新。

一、 立足教育空间建设的实践智慧

(一)凸显文化整合,发挥育人功能

过去,学校对于教育空间建设的重心是放在硬件建设和文化建设上面,在物质环境建设的基础上,不断深化文化内涵。然而,校园文化建设是一项系统工程,需要科学规划、统筹实施,既要注意外在的硬件文化建设,更要注重强化内在的软件文化建设。因此,校园文化建设的重点,应该注重挖掘它内在的深层次的元素,突出它的内涵,使校园文化建设走上内涵发展的道路,使学校成为师生"求知的学园、生活的花园、活动的乐园、温馨的家园"。学校将不断研究、逐步深挖,将校园文化内在的人本文化、精神文化、制度文化、课程文化、创新文化有机结合,走出校园文化建设的特色之路。

(二)倡导人人参与,营造合作氛围

当阳光校园的外在环境布置得越来越美时,学校清醒地认识到真正的阳光校园源于其内在的灵魂——课程的体现、课堂的体现、管理的体现,如何创设教育空间为课程建设、课堂教学和学校管理服务,需要全体教师的积极参与和智慧贡献。

1. 成立一系列阳光课程团队

学校组建了阳光节日组、阳光社团组、阳光社区资源组等,全体教师在团队合

作下规划、设计、推进这一系列的课程。其中阳光社区资源组的教师,展开"高科技"主题的探究课程,他们走访张江高科园区内的许多高新企业,如现代超级计算中心、集成电路科技馆,等等。学校试图与企业合作,不断挖掘、梳理可用的优质资源,编成各年级的教材,然后带领学生做课题实践研究。而阳光节日组的教师则是策划举办每月一节——我与春天有个约定的学科节、中小幼互动节、视界读书节、爱心义卖节,等等。

2. 打造一个个阳光教学团队

学校成立了紧密型主题性教研组团队、信息领衔团队、青年飞翔团队、互学共进校际结对团队等,让全体教师参与到阳光课堂的实践研究中。学校信息领衔团队在浦东新区位于领先地位,并在浦东教育专栏作了专门的介绍;青年飞翔团队每2周一次丰富多样的教学培训获得成效,在浦东新区作了全面展示;互学共进校级结对团队,开展了热火朝天的教学研究。一个个积极向上的教师团队在教育教学的实践研究中,把阳光校园的内涵挖掘得更深,真正形成了阳光、健康、向上的文化氛围。

3. 组建一支阳光管理团队

学校组建了师生爱心结对团队、阳光论坛团队、阳光生活团队,等等。其中爱心结对团队与孩子的结对深入在每一天;阳光论坛团队负责每一位教师上台进行阳光生活阳光工作的故事演讲活动;阳光生活团队中的羽毛球沙龙每周邀请专业教练进行专业培训,还特意邀请学校教师的家人来学校参观,了解学校的工作,为教师加油。

学校以各种形式凝聚阳光团队,以各种平台发展阳光团队,坚持走在阳光校园内涵发展的道路上。

二、 整合教育空间建设的海量资源

随着阳光校园建设的深入,我们对于教育空间的理解也更加深入,逐步从校内空间创设走向校外空间发掘,从线下空间拓展走向线上空间探索,这一突破打破了校园物理空间有限的问题，也打破了学习时空局限的问题，为学生成长提供了广阔的天地，为未来空间建设提供了更为广阔的资源。

未来，学校教育空间的发展将会更多元化，其中技术是拓展教育空间的关键途径，学校进一步加大信息化研究，挖掘和整合社区、家庭的优秀资源，将其作为学校教育资源的一部分，推动学生快乐学习、快乐生活，让阳光文化洒满学生的生活。

（一）挖掘区域优势资源，拓展教育空间

学校积极利用地域优势，结合两大国家级高新技术园区——张江高科技园区和孙桥现代农业园区的地理优势，利用信息技术，将校内外科技资源和社会资源进行整合，开发具有校本特色的科技课程。一方面是学生可赴孙桥现代农业园区、上海动漫博物馆、中医药博物馆、上海集成电路科技馆、中国航海博物馆等地进行实地参观考察。另一方面利用技术，收集和整理学生感兴趣的问题，编制成电子资源以及科普游戏，学生可随时随地查询，增加了学习的适应性和乐趣。今后将继续挖掘区域资源，开发更加多元的学习空间，让学生能够对区域有更多的了解，开拓其视野，也能够对区域的发展作出自己力所能及的贡献。

（二）积极运用线上资源，丰富教育空间

现代信息技术的发展，为教育发展带来了新的机遇和挑战，技术可以打破时空限制，将抽象的内容具体化，丰富学生的学习体验，也为学生提供多样的资源，支持学生自主学习。在打造物理空间和精神空间的基础上，学校进一步利用现代技术，融合资源、课程、教学，打造新的学习空间，为学生提供更多元化的选择，让家长和学生更全面地了解学校，形成育人共识，共同推进指向学生生长的教育空间打造。

首先，信息技术为师生互动建立了新的通道，学校以交互白板为主体的多种具有交互功能的信息工具来支持翻转课堂，充分发挥交互工具的交互功能，增强教师和学生之间以及学生与学生之间的交互，打造课堂新样态，实现学科知识内容的深层次意义建构。其次，信息技术改变了沟通方式，学校依托微信公众号，集聚图片、文字、音频、视频等鲜活元素，利用互动性强、覆盖率高、精准到达、推行方便的特点，及时向家长、社会推送学校动态，让家长参与学校活动，了解学生的学习状态、学校教育理念，同时发挥家长优势，推进家校共育。最后，信息技术的使用为教育发展注入新的动力，利用好现代化信息技术打破学校时空的隔阂，让外部海量丰富的资源转变为教育资源，走进学校、课堂，打破学习限制，扩展学生的学习深度和广度，成为学校教育空间建设的一大助力。

我们践行着——让生命因接受教育而精彩，让教育因尊重生命而深刻。我们追求着——有快乐梦想的阳光校园，具有深厚文化的精神乐园，拥有怡人温情的活力家园。共同去寻找阳光、共同去创造阳光、共同去体验阳光、共同去感恩阳光！伴随着阳光校园的深入实施，我们打造阳光校园的路径越加清晰，对促进人的发展越加有利，即谋定后动，改善心智，积蓄力量，一校一品。其中"谋"——清清楚楚：从计谋到智谋，从谋事到谋略，互动相长，创造活力；"改"——明明白白：从修改到添改，从改进到改革，相融悦纳，增强实力；"积"——踏踏实实：从蓄积到跨积，从积极到积淀，和谐共赢，引发动力；"一"——堂堂正正：从唯一到合一，从一意到一品，强师兴教，展示魅力。

在全校师生共同参与、共同努力下，教育空间的文化底蕴会更加深厚，会更好地发挥主动育人的功能，更有益于课程实施，加速推进课堂教学转型，促进师生的共同成长与共同发展。

第五章　五彩的课程：阳光校园的支撑点

导言

　　课程的改革与有效的实施是一项系统工程。课程改革既要有顶层的设计,也要有教学实践中的创新。不断深化改革,不断提升课程品质,使课程更好地为每一个学生的终身发展服务,是每一位"教育人"不懈的追求。

　　课程,是学生在校生活的全部经历;课程,关照着每个学生的生命成长。学校,是课程实施的基本单位,学校让多彩的课程充满活力,这就是:实践已知、更新旧知、开掘新知、探索未知。

　　课程实施,其实是一种特别的"播种"——种下快乐,未来能收获阳光的温暖;种下好奇,未来能收获探索的勇气;种下灵动,未来能收获改变的创造;种下智慧,未来能收获美好的人生。

　　"五彩课程"的主旨是:

　　五:是德智体美劳,五育并举,让课程的力量,遵循教育的规律,以"课"促"育";

　　彩:是红橙蓝紫绿,五彩缤纷,让行动的力量,荡起进取的双桨,以"动"导"行";

　　课:是课内和课外,双课融合,让发现的力量,培养思考的习惯,以"研"赋"能";

　　程:是启程和历程,双程贯通,让创新的力量,孕育智慧的阳光,以"人"为"本"。

新课程改革确立了三级课程管理政策，赋予了学校校本课程开发权力。每个学校都需要不断提升校长课程领导力和教师课程研发力，继而立足政策引领、学校实际、学生需求和区域资源，开发满足学生发展需求的特色校本课程，从而在最大化程度上实现学校的办学理念，实现学生个性化的全面发展。

第一节　阳光校园的五彩课程开发理念

校长对学校课程改革的领导，首先体现在观念的引领上，校长是否拥有引领课程改革的主体意识以及对国家课程方案和课程计划的准确理解是非常关键的，它将直接影响学校课程的建设与实施是否得力、管理是否到位、评价是否规范。校长自身必须不断提升课程领导力的责任感和使命感，才有可能强化自身的课程意识，增强对课程的准确理解力，促使课改向纵深发展；才有可能帮助广大教师强化课程意识，增强对课程的准确理解力。

一、关注学生的全面发展

课程改革作为基础教育改革的核心内容，也为推进素质教育提供了强有力的支撑。课程改革的目标是围绕人的培养目标来设计与确定的，"培养什么人"和"如何培养人""为谁培养人"的问题就成为了持续思考的教育根本问题，从三维目标到核心素养，再到学科核心素养的深入探究，彰显出对立德树人教育根本任务的贯彻落实，也为学校课程建设指明了方向。

学校一直秉承课程建设的主要目的就是为了促进学生的发展，不仅是知识层面的发展,还有作为鲜活生命的人的整体发展。这与《基础教育课程改革纲要(试行)》提出课程改革目标的理念相符合,即为了每一位学生的发展,这意味着课程建设要以培养学生健全的个性和完整的人格为目标,努力建构促进每个学生全面发展的课程体系,进而实现学生核心素养的培育。

课程是学校教育目标的实施载体,由学校的教育功能决定。作为校长要清晰地认识到,学校除了要把每个学生培养成合格的社会公民,更要为每个学生成长打好基础,拥有可持续发展的后劲,让孩子们学会关心、学会审美、学会生存、学会共处、学会做事、学会认知。当学校在架构素养导向下的五彩课程时,首先,课程是为了学生,因此就要了解学生的需求,比如了解学生的兴趣与爱好,了解学生的已有生活经验,了解学生对已有课程的体验与评价等。知道学生对课程的期待,调动学生参与课程建设的积极性,从而开发出契合学生发展需求的课程内容。其次,学校在课程内容设计上,秉承立足学生的生活经验和学习经验,贴近学生生活实际,让课程回归到学生的生活世界,这样就能够最大化程度地激发学生的学习兴趣,也能让学生通过课程的学习,把所学的内容应用到日常生活中,掌握解决真实情境中复杂问题的能力,获得有益于终生发展的能力,真正成为课程的受益者。复次,学校考虑到每个人的个体差异,每个学生都是不一样的独特个体,有不同的个性和爱好,这就意味着课程要考虑多元的需求,尽可能满足不同学生的发展需求,尝试把个性差异作为课程开发的珍贵资源,让每个学生都能获得个性化的全面发展,实现自身作为整体的人的发展。最后,学校非常清楚学生发展是教育工作的核心,但是这一切并非凭空产生,而需要教师、家长和社会的共同努力,只有多方主体的有益资源实现结构统整,才能够最大化程度地促进学生的发展,实现阳光少年的培育目标。

二、 关注教师的专业发展

教师是学校教育教学变革的主体,只有教师获得了发展,才能够推进教育改革朝着希冀的方向发展。教师在参与课程开发的过程中,意味着教师不再是课程开发的局外人,而变成了课程开发的参与者、课程开发的主体,从而能够更新教师对课程的理解,逐步增强教师的课程开发能力,开发出优质的校本课程;能够促进教育教学理念的转变,实现从关注"教师的教"走向关注"学生的学",更好地促进学生的健康成长。

　　学校一直鼓励每个教师都能够主动参与到课程开发进程中来,结合个人的学科特征、教育教学经验、兴趣爱好和学生需求等,进行课程开发与实施;其次,学校也会聘请课程领域的专家为全体教师进行课程方面的培训,让教师知道课程是什么,有哪些基础要素,以及如何去开发与实施课程等,做到从内心深处认同课程开发的价值,并且掌握一定的课程开发技能,同时还让成熟课程的教师在学校层面进行智慧分享,分享个人课程的主题从哪里来,自己是如何一步步开发课程的,以及又有哪些开发心得等。让教师知道同伴已开发出课程,并且已经做得越来越好,从而树立心中的榜样,有意愿去开发属于自己的课程;复次,学校会组建课程开发团队开展研讨与交流,定期组织教师一起研讨课程开发过程中遇到的问题,商讨如何去推进,让教师知道有挑战是正常的,重在解决问题挑战自我,实现专业发展等。当学校赋予了教师课程开发的广阔空间,并且为教师搭建课程开发的成长平台,提供多方面的保障,让教师持续参与到课程开发中时,教师、学生和学校就能获得长久发展。

三、 关注学校的特色课程

　　学校立足自身的办学理念和教育文化,整体架构课程体系,不仅关注时代发展需求,也会关注学校历史积淀,从而让课程具有文化性、时代性和综合性等特征。首先,学校一直以来都关注课程建设,已经从关注课程门类数量走向了关注课程内涵品质,旨在打造富有学校特色的优质课程,建设具有区域辐射功能的品质课程,提升课程质量,满足学生发展的需求;其次,学校理清了国家课程与学校课程的功能,国家课程关注的是统一性和基础性,以保障学生基本素养的培育,而学校课程则关注的是差异性和独特性,以满足学生个性素养的培育,并且特色课程的设计是与学校教师能力、家长期待、学生需求和区域资源等因素相匹配的。复次，学校在多年课程建设实践过程中，认识到课程建设是过程性的，是要在实践过程中不断优化和丰富的，这意味着课程开发并非一劳永逸，而是随着已有问题的解决与现有问题的呈现来逐渐完善、更新与深化，使已开发的课程富有时代性和时效性。同时确定面向核心素养建设学校课程的观念，重新审视已有学校课程是否符合培育学生核心素养的内在诉求，对课程体系进行整体更新迭代。

作为校长，在领会课程内涵的基础上，深知课程是在教师组织指导下，学校为学生提供的全部学习经验。因此校长需要秉承大课程观，课程即学生的全部学习经历，所有学校对学生施加的有目的有计划的活动都应纳入课程范畴。也知道每一个学校都有自己的学校课程，每一所学校课程应不一样。即使是相同类型的学校，课程也不一样；即使名称相同的课程，具体到各学校也不同。因此，学校要充分发掘校内外资源，利用学校已经积累的经验和社区的文化资源，整体优化学校的课程资源，设计符合本校的特色课程，使学校能更好地体现办学特色。

四、 关注课程的深度体验

在课程内容上，学校不仅要安排学生的文化科学知识学习，还要关注学生社会性人格的发展。文化学习与社会性发展十分关联，既相互影响又相互制约，不容忽视。尤其在小学阶段，社会性人格的培养是十分重要的，学校必须引领教师共同关注。学会学习、做人、交往、合作——教科文组织的四会中有三个指向社会性发展。重视社会性发展是从学校教育的基本功能出发，对现代学校办学功能的基本性认识。

因此，作为校长要看到活动性体验课程的重要价值，主动盘活各类教育资源，不断优化课程结构，真正开发出孩子有兴趣、对孩子有意义的课程，同时要倡导学习方式的变革，强调亲身体验，强调实践和创新，培养孩子的创新思维、问题解决能力和合作能力等，激发学生对新知识的渴望，对学习持久的兴趣。其次，作为校长要引导教师积极开发"纵向成序，横向成列"的活动体验性课程，除了我们所熟知的系列主题活动、社会实践、社团活动之外，还可以包括学生的人际关系、校园文化建设和学生的行规训练。进而让学生拥有丰富多彩的学校生活，让学生从中学会交往，学会合作，学会做人。

第二节　阳光校园的五彩课程整体构想

人们都有这样的常识：养在鱼缸中的热带金鱼，三寸来长，不管养多长时间，不见金鱼的生长；但是如果将这种金鱼放到水池中，两个月的时间，它们就可以长到一尺，这就是"鱼缸法则"。"鱼缸法则"的教育启示：要想孩子健康强壮地成长，一定要给孩子自由成长的空间。如果我们从课程的角度来思考"鱼缸法则"，就会发现它的课程意蕴在于：学校课程不能拘泥于局部的范围，而是要打破课堂的"鱼缸"，为每一个孩子提供丰富的课程资源和广阔的学习空间。

生命是阳光的、律动的，不是机械的与呆滞的。饱经润育后的生命犹如壮阔充盈的大海，蕴藏着丰富的生命力。学生生命的丰富性与成长的阳光性是一切课程教学的出发点与归宿，只有用阳光的课程来滋养学生的生命，才能让学生阳光地成长，让校园成为孩子们的乐园。随着国家、上海市《中长期教育改革和发展规划纲要（2010—2020 年）》的出台，"为了每一个学生的终身发展""为了每一个孩子阳光地成长"成为阳光教育工作的基本原则。

一、 明确阳光的课程目标：打造五彩课程的基石

（一）遵循阳光原则，打造五彩课程

"以人为本"是我国新一轮基础教育课程与教学改革的核心指导思想，而如何激发学生的学习兴趣以使之阳光地学习，使学生获得积极的情感体验，使学生的自主性、能动性和创造性被唤醒，已然成为了广大教育工作者不懈的追求。课堂与校园不仅仅是传授知识、开发智慧的阵地，也是学生阳光成长的场所、塑造灵魂

的舞台。因此，构建阳光校园特有的课程就成为了促进学生阳光成长、打造阳光校园的前提与基础。

以课程建设作为切入点打造阳光校园，那么课程建设的原则又是什么呢？在实践过程中，学校提出了"打造阳光下的快乐校园"作为学校办学和课程建设的目标，并提出了以"阳光原则"作为引领课程建设的基本取向。只有遵循阳光原则，建构丰富愉悦的课程，才能让课程更加多彩，让学生更加乐学，让学生更加阳光地成长。

（二）生成五彩课程，培育阳光少年

在课程建设过程中，我们常常遇到这样的问题：什么样的课程才是阳光的课程呢？怎样使课堂阳光起来？其实在阳光的课堂中，教师需要关心、爱护、信任和尊重学生，视学生为有个人价值的生命个体，把自己所掌握的知识与生命智慧毫无保留地教给学生，而同时学生的"亲其师、信其道、爱其智、乐其教"，又会激发教师的激情与智慧，使其体会到教学生命的个人价值，有助于教师教学智慧的培养与专业素质的养成。

以学生为中心作为课程的目标，以阳光为原则建设课程，它使得"阳光"拥有了更加广阔的课程内涵，阳光还意味着"成长"、"学习"与"发展"。学校在打造阳光校园过程中确定了培养目标，提出了要培养乐观、乐学、乐健、乐趣、乐创的学生。因此，学校从课程环节切入，准确把握阳光课程的方向，充分体现小学阶段学生的学习特点，增加学生的学习体验，关注学生的切身感受，丰富学生的学习经历。学校确定了"五彩童梦"的课程，让"五彩童梦"课程，映照出阳光的色彩："勇敢的小孩""自信的领巾""活力的十岁""担当的少年""飞翔的未来"等主题实践课程，筑就学生红色道德之梦；《弟子规》《千字文》、"浦江学堂"等国学课程，助力学生橙色智慧之梦；足球、跆拳道、击剑、篮球等体育特色课程，助力学生绿色生命之梦；民乐、管乐、书法、绘画等艺术课程，编织学生紫色艺术之梦；"OM"头脑奥林匹克、STEAM 课程、VR、乐高等科技课程和"我和世界""四大阳光之旅"等系列探究课程，畅想学生蓝色创造之梦。这一系列课程有助于丰富每一个学生成长的世界,开启学生阳光成长之门。

二、 整合丰富的课程资源: 构建五彩课程的路径

"学而时习之,不亦说乎?""知之者不如好之者,好之者不如乐之者",孔子曾这样看待人的学习;捷克著名的教育家夸美纽斯主张让教育像磁石一般吸引学生去主动学习,使教育成为学生的一种享受;美国教育家斯宾塞也认为,教育对学生来说应该是使之成为一种阳光的过程,使学生在阳光中度过。那么,如何通过课程让孩子获得这种学习的阳光呢? 其实,孔子等教育家的话中隐含了一种取向,即尊重学生兴趣的课程和教学,才能让孩子获得阳光与成功的体验。因此,落实阳光教育的核心就是围绕"阳光"理念,积极开发并合理利用校内外各种课程资源,丰富和深化学校的"五彩课程"。

(一)重建高效的基础课程,提升五彩品质

生动高效的课堂教学是阳光校园的着力点,阳光的校园学习生活核心是课堂的阳光。学生们只有真正体会到学习的乐趣,才能挖掘出最大的潜能。学校以龙头课题"打造快乐课堂"为核心,重建生动高效的基础课程,从研究如何"教好"转向如何"乐教",从研究如何"学好"转向如何"乐学",在各项基础课程中细化落实学校课题研究的内容,通过行动研究的方法,以课堂教学实践为途径,以"减负增效"为目标,逐步建立与完善"快乐课堂"机制,实现乐教促乐学,乐学促发展,不断形成生动高效的课堂教学,提升五彩的品质。

(二)建设丰富的拓展课程,创设五彩的平台

针对学校学生的特点,紧紧围绕"阳光"中心,构建体现以学生发展为本、具有时代特征、地方特点和学校特色的"五彩童梦"课程体系,着眼于培养、激发和发展学生的兴趣爱好,开发学生的潜能,促进学生的个性发展。让学生在五年中接受丰富的"五彩童梦"课程,拥有不一样的经历体验,走在"阳光少年"的道

路上。

1. 视野开阔的课程拓展成长的广度

在"打造阳光下的快乐家园"这一目标的引领下,学校用五种颜色编制课程体系,即红色道德课程、橙色智慧课程、绿色体育课程、紫色艺术课程、蓝色科技课程。诚然,随着时间的推移,情况的变化,需要根据实际做进一步思考、梳理、调整、完善。让原本的课程特色更加凸显,充分发挥其价值,形成真正让学生受益的课程品牌。

2. 多元多层的课程加大成长的深度

从最基础的校级基础型兴趣课,到有特长的教师开设的校级提高型兴趣课,再到利用社区资源引进的专业型兴趣课程,由课程研发教师和学生双向选择,内容涵盖音乐、美术、体育、科技等多个领域。同时,学校还充分利用家长资源,积极引进多元资源,不定期开设教育教学微型课程,丰富学生学习内容。

3. 体育特色的课程奠定成长的基础

好动、乐玩是小学阶段学生的特点,学校在一到五年级分别设置了学生喜欢的"跆拳道、足球、击剑、篮球、健康操"五项体育特色课程,融入课堂。同时,学校从"传统特色项目""拳操游戏项目""自主趣味活动"三方面入手,形成"1+2+6+10"的学校体育特色,即"人人会踢毽子,人人会跳长、短2种绳,人人会6种操(广播操、室内操、韵律操、武术操、手语操、兔子操等),人人会10个游戏(包括参加阳光游戏格)"等。这一切都是创设学生乐于参与的体育活动,促进学生良好身体素质的培育。

(三)推进生动的探究课程,提供五彩的体验

一方面,学校从学生本身出发,确定了"小眼睛看大世界"的五个系列探究主题活动——"我与自己""我与自然""我与学校""我与社会""我与未来"。这种探究性课程,让更多的学生置身于一种动态、开放、多元的学习环境中,更好地激发科技兴趣,培养科学素养。

另一方面,随着现代社会的发展,学校教育必须与整个社会融为一体,以"四

大阳光之旅"为主题构建系列化综合实践课程,积极主动与社会沟通,为学生创设丰富的活动,培养良好的科学素养。在课程设置中学校统一规划、细化每一个年级探究的科技主题,确立每一次活动的探究内容与探究任务,积极贯彻"给予学生更广阔的空间去学习发展"的原则,激励学生自主学习、主动探究、实践创新。

（四）打造乐趣的活动课程,深化五彩的内涵

学校以"阳光活动"为主线,搭建"阳光"的舞台,在"乐趣"的活动教育中,使学校成为学生健康成长的乐园。在实践过程中,学校通过精心选题、细心策划、用心实施,以一系列内容丰富、寓教于乐的特色活动为载体,打造阳光的主题活动课程。如形式多样的读书节、人人参与的一年两季体育节、火热的红领巾义卖会、趣味十足的科技节、艺术节、"我与春天有个约定"的学科节、每一次与众不同的阳光的开学典礼等,让学生尽情感受、体验阳光的校园生活。同时,学校充分利用教师节、国庆节等各种节日,以及重要人物和重大历史事件纪念日的教育资源,加强社区联动,开展主题鲜明、活泼生动的系列教育实践活动,为实践阳光育人搭建广阔的舞台。

（五）打造鲜明的环境课程,营造五彩的氛围

优秀而富有特色的校园文化,是学生健康成长的根,也是促进学生成长的"隐性课程"。学校以"打造阳光校园"为核心,努力创建品味独特、品质高尚、特色鲜明的校园文化,让充满阳光、文明、活泼、艺术、智慧的校园环境不断陶冶学生的情操。

让校园的每一处都成景、让校园内每一棵树都有情、让校园内每一堵墙都说话、让校园内每一角落都有灵气。校园的每一处,让学生参与设计,像阳光游戏格就是孩子们的作品;每一处,让学生参与管理,像阳光城堡报刊亭就是学生自我负责的天地;每一处,体现阳光校园文化的精神与文化,增强学生的认同感、凝聚力。

三、 规范课程的组织管理： 保证五彩课程的效能

课程的组织和管理，它是课程质量和实施效能的根本保障。学校在对"阳光课程"的组织与管理中，倡导合作的、互动的、和谐的、开放的、多元的、宽容的课程建设理念，非常注重和谐环境的塑造和相互作用过程的创立，注重发挥学校领导、教师、学生的积极性和能动性，在互相尊重、互相信任的合作关系中实施阳光课程。经过组建课程实施团队、常态性的课程过程管理以及后期的课程评价与改进，五彩课程得到了有效的实施。

（一）课程实施团队的建设

课改实施的关键是课程与教学，变革课程与教学的关键是教师。学校需要确立教师在课程改革中的主体地位，充分发挥他们的主观能动性，形成新的课程实施运行机制。

1. 组建课程实施团队

课程的组织和管理过程，是在组织和团队环境中进行的。营造好一个课程领导的团队，是实现有效课程领导的前提。五彩课程的决策、实施和开发，都需要团队的努力和创造力，需要校长和全体教师群策群力、精诚合作和智慧分享。因此，组建课程实施的团队是第一步，学校在课程领导的实践中，可以借助的力量很多，如课程专家、教师行政、社区与家长、教师与学生等，但最为关键的是充分发挥教师在创建学校高品质课程中的价值。无论是对现有课程的创造性使用，还是对校本课程的开发；无论是对学校课程的有效实施，还是构建基于现代技术的课程，从某种程度上都需要依靠教师在"课程"与"学生"之间建立有效衔接的通道，实现课程价值在学生身上的转换、生成与发展。

学校在实践过程中，一方面，积极鼓励和激发教师参与到课程中来，并且及时发现教师原生态的宝贵经验、隐性特色和创新优势，及时帮助教师对这些重要资源进行总结升华，以激励广大教师积极走到"教师即课程"的改革前沿。另一方

面,根据学校不同时期的发展需要、不同教师的专业特长与个性、教师不同的职业生涯发展特点,对学校教师推进课程改革的专业能力进行针对性地指导与培养,进而提升其课程开发意识与能力。

2. 提升团队的研究能力

学校要立足教师专业发展的需求,明晰学校核心价值,搭建各种课程开发平台,倡导上下平等的合作精神,营造良好学术氛围,建立伙伴式的团队文化,强化教师在课程实施中的研究意识,助力培养新课程领军人物。而学校教研组建设的优劣直接关系到新课程实施的成败,学校需要把教研组发展成为一个学习共同体,使教师可以在其中获得丰富的信息和资源,通过同伴之间的互助,引发自己对教育教学的反思,不断更新自己的专业知识,从而获得更宽泛、更完整意义上的成长。

具体到教研组建设上,需要重视教研组长的选拔和培养,作为团队的核心人物,须是本学科的一个“权威”,同时又要具备组织、策划教研活动的能力,能促进教研组集中精力聚焦课堂教学,针对实际问题开展教研活动,增强教研组的活力,使教研组内所有教师的整体素质和教学质量得以持续发展。其次,要关注教研组制度建设,在校级层面制定出教研组工作的目标和要求,健全并完善各科教研制度,制定符合本校实际的校本教研制度和切实可行的实施方案,实现教、研、训一体化,形成以“研”促“教”的氛围,并严格遵照执行。同时要关注教研组教研文化建设,促进教研组真正成为教师专业成长的学习共同体。最后,学校为教研组的活动时间、经费、制度执行情况等提供强有力的保障,并对学校的校本教研工作过程与质量进行监控与评价,定期检查制度运行情况,不断提高校本教研工作质量。

(二) 课程实施的过程性管理

课程实施的过程管理是相对于考试评价、分数评价的结果管理而言的。它关注的是课程的生成与完善过程,而不是所谓的课程实施结果。新课程背景下,实施课程的过程管理已成为了现代教育管理的应有之义。

通过课程的过程管理,它有效地保障了学校五彩课程实施的完整性。主要做法有学校成立课程开发指导小组，构建学校课程开发的体系框架；在每一门校本课程开发之前，认真分析学生的潜能、需求，适当征求学生对内容安排的建议，兼顾教师开发能力与学校资源的可行性；每一门学校课程的建立都应有明确的课程目标、要求、内容安排、课时、教育适宜对象分析及评估要求；校本课程实施分两类，有些作为学生必学的模块与科目，有些作为学生选学的内容；学校课程开发与教材编写，定期征求专家的意见；教师的学校课程开发绩效，则以学生满意率作为重要考核指标，以促进教师在教学中主动思考学生的需求。

（三）课程的后期评价与改进

在课程改革所有流程中，学校秉承多元化、多层面的发展性评价引领各项工作的持续推进。其一是评价采用多维模式；其二是于多维模式中进行分层；其三是每层中注重效能评价；其四是多用过程性评价。具体到课程评价上，其目的就是了解课程实施的现状，以便对课程进行改进，更有效地促进学生的发展。学校一直在思考一个问题：如何使阳光课程进一步优化，并使五彩课程越来越成熟，成为学校的精品课程。

学校从教师和学生的角度出发，了解教师课程实施过程中的顺利与失败之处，以及了解学生对于课程实施的感想与建议，从而为评估课程质量和优化课程内容提供依据；也从课程更新的角度，立足时代发展需求和学生发展需要，不断对课程本身进行评价，从而决定课程的舍弃与迭代。当充分发挥评价对课程建设的引领作用和促进作用时，课程品质就会越来越好，师生发展就会拥有保障。

第三节　阳光校园的五彩课程实施样例

学校一直坚持"以学生发展为本"的教育理念，注重学生创新精神和实践能力的培养，落实立德树人根本任务，改革传统的以学生知识接受为主的学习方式和单一的课程结构；同时坚持"五育并举"的思想，突出德育实效、提升智育水平、强化体育锻炼、增强美育熏陶、加强劳动教育,全面培养德智体美劳全面发展的社会主义建设者和接班人。学校将贯彻落实探究型课程的理念,结合学校的实际情况,大胆尝试,激发教师和学生的创造精神,努力引导学生在"探究型课程"活动中掌握和运用探究性学习方式,培养创新精神,提高智慧能力和生存能力,为每一位学生的可持续发展奠定基础。

一、"小眼睛看大世界"探究型课程的开发

在"阳光校园"办学理念的引领下,学校努力培养积极向上的阳光少年,打造阳光下的快乐家园。在多年开展探究型课程的基础上,学校对探究型课程的重视程度越来越高,教研组队伍建设也逐渐趋于稳定,教师对课程的实施已经有了较深刻的认识,从确立课题、过程研究和成果呈现等方面逐步得到完善。学校的探究型课程体系立足学生的年龄特点,结合各年级原有的学生实践活动确定了——"小眼睛看大世界"为主题的五大系列,分别是"我与自己""我与自然""我与学校""我与社会""我与未来"。

二、"小眼睛看大世界"探究型课程的目标

(一)基本目标

通过学生自主学习开展课题研究活动,培养上南特有的阳光少年,使其成为具有乐观、乐学、乐健、乐趣、乐创的五乐阳光少年,真正做到"五育并举"。在探究实践的过程中,着重培养学生发现问题,应用知识解决问题的能力,激发学生的创造能力,培养学生广泛的兴趣爱好;让学生通过实践活动和亲身体验,初步感知和学会科学研究的基本过程,掌握提出问题和研究课题的一般方法;初步培养学生的探究意识和实践能力,养成良好的科学态度、心理素质,培养学生的合作精神、公民意识和社会责任感。为学生的终身发展负责,为学生终身发展服务。

（二）分年级目标

1. 一年级目标

一年级的探究主题是我与自己。由于一年级的学生刚踏入小学校园，对他们来说一切都是未知的，所以学校希望通过有趣、贴近生活的探究课题，激发学生的好奇心和参与探究的兴趣。让学生学会从自己的学习生活和家庭生活中发现问题，经过思考对问题有一定的认识，初步形成问题意识，并对问题进行探究，能通过简单的观察、询问来解决自己的问题。在探究活动中能与同伴以小组的形式进行合作探究，体会合作的快乐，身体力行地去帮助别人，站在对方的角度去思考问题，进而能够和小伙伴一起完成小任务。另外整个一年级探究实践的过程，能让学生学会关注和了解自我，初步形成对自我的正确认识。

2. 二年级目标

二年级的探究主题是我与自然。大自然对于低年级的学生总是充满了神秘，在探究实践的过程中，能亲近、接触大自然，学会用简单的方法对自然事物的某些方面进行观察，知道保护自然环境人人有责。初步学会从报纸、电视、书籍和网络等媒体中获取信息，能对获得的信息进行简单的分类和整理，用来解决自己的问题，以及学会与他人合作开展实践活动的本领。学会用语言、文字、图片等方式表达探究活动的过程及成果。养成提问的习惯，能围绕探究主题提出问题，并养成提出不同问题的习惯。积极提出解决问题的办法，并努力投入到解决问题的实践之中。养成独立思考，敢于质疑，不盲从的思想品质。

3. 三年级目标

三年级的探究主题是我与学校。与这个美丽的校园相处的第三个年头，肯定对学校有了很多不同的认识。希望学生通过探究，发现校园里的美和温情，对校园产生强烈的好奇心，养成对校园事物和现象的好奇心和求知欲，乐于尝试，有主动探索的精神。成为一名能敢于大胆思考，又能认真实践的阳光少年。在探究活动中养成虚心好学、相互帮助、积极向上、团结合作的好品质，进而懂得热爱生活，热爱校园，爱护校园。

4. 四年级目标

四年级的探究主题是我与社会。整个探究过程可以培养学生求真求实、观察思考和发现问题的能力,形成关注社会与关注自身发展的探究学习态度。学会通过各类的参观、调查、访问等多种途径来获取信息,并能合理运用这些信息来解决自己的问题。提高自己分析、归纳、推理的能力,敢于发表见解,会用多媒体、实物模型等方式表达探究活动的过程及成果。在探究我与社会的过程中,我们的学生从自己生活的社区出发,走进身边的非遗,了解和传承中华民族的传统文化。通过了解时代的英雄,学生们对我们的社会多一份认识和关爱,立志成为一名有担当的少年。

5. 五年级目标

五年级的探究主题是我与未来。即将毕业的学生们,这既是他们对小学点滴生活的总结,同时也开启了他们新的征程。未来的生活是怎么样的,未来的国家、世界发展又是如何的,都值得探索。通过探究活动,让学生针对特定情境中的事物仔细观察,并发现问题,提出问题,根据问题收集信息,对收集的信息进行分析、综合,并做好记录。让学生会用简单的实验工具进行实验,以及进行简单的调查和研究,做简单的实物和模型。对观察、测量实验和调查的结果做记录,进行简单的分析。能和同伴进行合作研究,发表自己的看法,相互交流。将研究的结果用图画、实物、语言、文字或艺术等形式进行初步表达和展示。未来是属于他们的,希望小学五年的探究活动可以培养学生细致耐心、做事有始有终和勇于创新的精神品质。

三、"小眼睛看大世界"探究型课程的框架

学校根据各个年级学生不同的年龄特点,设置了五个不同的大主题,分别是:我与自己、我与自然、我与学校、我与社会、我与未来。每学期会围绕大主题设置 2 个小主题,并由此开设 4 个研究课题。

（一）一年级：我与自己

学期	主　题	课　题
第一学期	身体的秘密	我的五官
		我的身体
	独特的自己	这个人是我
		成长中的我
第二学期	亲爱的家人	我的父母
		我的亲属
	我爱我家	介绍我的家
		我为我家作贡献

（二）二年级：我与自然

学期	主　题	课　题
第一学期	秋	缤纷水果
		奇妙星空
	冬	动物冬眠
		陌生的雪
第二学期	春	树木森林
		山的世界
	夏	多彩花卉
		青青蔬菜

（三）三年级：我与学校

学　期	主　题	课　题
第一学期	爱在校园	我眼中的教师们
		同学个个都不同
	美在校园	教室里的小主人
		做个校园小导游
第二学期	学在校园	丰富课堂知识多
		校园安全记心间
	礼在校园	仪容仪表扬正气
		行为规范正德行

（四）四年级：我与社会

学　期	主　题	课　题
第一学期	丰富的社区生活	社区，我关心
		秩序，我遵守
	身边的文化探索	传统，我解密
		发展，我见证
第二学期	最美的时代楷模	志愿，我先行
		英雄，我致敬
	我们的社会担当	责任，我担当
		爱心，我接力

（五）五年级：我与未来

学期	主题	课题
第一学期	未来的国家	民族文化,我了解
		国际地位,我展望
	未来的世界	生态环境,我关心
		科技妙用,我知道
第二学期	未来的我	学业目标,我计划
		职业理想,我决定
	飞翔的未来	毕业典礼,我筹备
		毕业典礼,我参与

四、"小眼睛看大世界"探究型课程的实施

（一）实施方式

以班级为单位,学生自由组成探究小组,确定小组名称,明确组内成员的分工。每组围绕课题选择感兴趣的探究内容,开展探究活动。建议分为以下几个步骤。

第一阶段（第 1 节课）开题——确定研究主题,形成研究小组,完成开题研究单。确定 WHO 探究模式,即 W(What,研究什么内容?);H(How,准备怎样研究?);O(Obtain,获得什么?)

第二阶段（第 2—4 节课）研究过程——根据《上南实验小学探究型课程实施细化表》的建议,在教师的指导下以探究小组为单位,展开调查研究和实践、体验活动。

第三阶段（第 5 节课）结题——完成研究单,汇报研究成果。

（二）实施场地与课时安排

课程实施可利用学校现有的场地条件,如各种专用教室、机房、图书馆。校外

可延伸至校外公共图书馆、科技馆、社区等场所。

　　每周安排 1 课时,一般一个课题为 4 至 5 节课,教师根据活动需要也可灵活调整。在活动过程中,教师可以提供多个研究内容供学生参考。如果条件允许,鼓励提供体验与实践活动。值得强调的是体验与实践活动有的是学校统一安排,有的也可利用学生课余时间进行调查访问、资料搜集等活动。

　　(三)探究方法:调查、观察、查阅、测量、制作、实验等。

　　(四)成果表现:图画、录像、观察记录、照片、模型、实物、口头汇报、书面报告、标本报告、模型、节目、诗歌等。

　　(五)成果交流

　　通过班报、刊物、节目表演、研讨会、答辩会、演讲会、展览会等进行展示。尽可能地为学生的探究活动成果展示提供宽广的舞台,以激发学生主动参与的意识,并通过展示,集思广益,进一步完善、改进自己的设想,激励学生不断超越自我,使展示成为下一阶段探究的起点。每一次成果展示,都要引导学生以认真的态度、积极的行动去准备,但不必过分追求展示的效果。

　　(六)实施过程:

　　A 案例:

　　以一年级"我与自己"的研究板块、研究主题、研究小课题、研究方法为例

学期	研究板块	研究主题	研究小课题 1. 有顺序地罗列出四个最值得研究的小课题。也可以是学生自己的想法。 2. 每组学生研究时可以自由选择一个。	研究方法的推荐 (与研究小课题相对应)	实践活动、体验活动的推荐(一个板块一个实践活动)

（续表）

第一学期	身体的秘密	我的五官	1. 研究我的眼睛	1）观察：我的眼睛是什么颜色的？ 2）资料搜集：眼睛为什么会有不同的颜色？ 3）小组交流：如何保护眼睛？知道保护眼睛的重要性。	画一张自我介绍的画，内容包含：自我介绍的文字＋自我画像。
			2. 研究我的嘴巴	1）观察：观察我嘴巴的样子（唇色、大小等）。 2）资料搜集：嘴巴的结构是怎么样的？看嘴巴可以判断健康吗？ 3）小组交流：嘴巴的作用，以及我怎么保护自己的嘴巴？	
			3. 研究我的鼻子	1）观察：观察我的鼻子是怎么样的？ 2）资料收集：了解鼻子的作用、内部的结构和作用。 3）小组交流：如何保护好我们的鼻子？	
			4. 研究我的耳朵	1）观察：观察我的耳朵的样子？ 2）资料收集：了解耳朵的结构特点（内外部）和耳朵的作用。 3）小组交流：如何保护我的耳朵？	
			……		
		我的身体	1. 研究我的双手	1）观察：我们的手是什么样的？测量手掌的长度。 2）资料搜集：手各个部位的名称。 3）交流讨论：手有哪些作用（手语、手势等）？如何保护手？	

（续表）

		2. 研究我的双脚	1) 观察：我们的脚是什么样的？测量脚掌的长度。 2) 资料搜集：脚各个部位的名称。 3) 交流讨论：脚有哪些作用？如何保护脚？	
		3. 研究我的牙齿	1) 资料搜集：搜集牙齿的分类，各个牙齿的名称。 2) 调查访问：身边的人对牙齿的分类，名称等知识是否了解。牙齿的作用相同吗？ 3) 探索交流：我们在生活中可以从哪几个方面来保护牙齿？	
		4. 研究我的身高体重	1) 资料搜集：一年级学生身高体重的标准。 2) 交流讨论：什么影响我的身高和体重？ 3) 实践：学会计算 BMI 值，了解自己的健康状况。	
		……		
独特的自己	这个人是我	1. 研究我姓名的含义	1) 访问：了解自己姓名的组成，向父母询问自己名字的含义，为什么这样取名？ 2) 交流讨论：各自姓名的含义？	
		2. 研究我的外貌特点	1) 观察：我长什么样子？有什么特别之处吗？跟父母有什么相似之处吗？ 2) 搜集资料：了解外貌不同的原因。 3) 小组交流：说说自己的外貌特点。	

（续表）

		3. 研究我的性格特点	1) 资料搜集：搜集性格的分类，判定性格有哪些测试方法。 2) 动手实践：做一个简单的性格测试,写出符合自己性格的关键词。 3) 调查访问：询问他人眼中自己的性格是怎么样的。	
		4. 研究我的优缺点	1) 小组讨论：理解什么是优点缺点。 2) 交流问答：说说我的优点是什么? 我的缺点是什么? 3) 调查访问：访问别人眼中的我的优缺。	
		……		
	成长中的我	1. 研究我喜欢的运动	1) 交流讨论：说说我喜欢哪些运动? 它能给我们带来什么? 2) 资料搜集：在运动中如何保护好自己?	
		2. 研究我喜欢的人物	1) 交流讨论：说说自己喜欢哪个人物? （卡通或真人都可以)为什么喜欢? 2) 调查统计：统计同学们喜欢的人物都有什么样的特点? 他们身上什么特点吸引你,值得你学习?	
		3. 研究我喜欢的食物	1) 交流讨论：说说自己喜欢的食物? 为什么喜欢? 2) 资料收集：哪些食物是有益健康的? 小学生每天的营养搭配该如何?	

（续表）

第二学期	亲爱的家人	我的父母	4. 研究我的习惯变化	1）资料收集：了解什么是习惯？哪些可以称为习惯？ 2）交流讨论：说说自己都有哪些习惯？好习惯可以为我们带来什么？该如何改正自己的坏习惯？ ……	
			1. 了解我爸爸（妈妈）的样子	1）交流：我眼中的爸爸（妈妈）的样子。 2）调查：家人眼中，爸爸（妈妈）是什么样子的？ 3）访问：访问爸爸（妈妈）如何看待自己的样子？	做一张"我的家人"的小报。给他们做一张小名片或者一幅自画像。
			2. 了解我爸爸（妈妈）的性格	1）交流讨论：和爸爸（妈妈）相处时，他的性格是怎样的，理由？ 2）调查：家人眼中，爸爸（妈妈）的性格。 3）访问：访问爸爸（妈妈），说说自己的性格特点。	
			3. 了解我爸爸（妈妈）的喜好	1）调查：家里人对爸爸（妈妈）喜好的了解程度。 2）访问：访问爸爸（妈妈）的喜好？ 3）小组交流：向大家介绍我爸爸（妈妈）的喜好。	
			4. 了解我爸爸（妈妈）的工作	1）交流访问：了解爸爸（妈妈）的工作（单位/内容/时间）。他们是否喜欢自己的工作？ 2）实践交流：体验爸爸（妈妈）的工作，并说一说心得体会。 3）动手实践：制作一张爸爸（妈妈）工作的工作表。 ……	

（续表）

		1. 了解家庭里的其他成员	1) 调查访问：家中都有哪些成员，分别是谁？他们的称谓是什么？ 2) 资料收集：了解不同家庭成员的称谓，以及这些称谓的区别。 3) 动手实践：画一张家庭成员的关系图	
	我的亲属	2. 了解家庭成员的性格（选择一个）	1) 交流讨论：和他相处时，他的性格是怎样的，理由？ 2) 调查：家人眼中，他的性格。 3) 访问：访问他，说说自己的性格特点。	
		3. 了解家庭成员的喜好（选择一个）	1) 调查：家里人对他喜好的了解程度。 2) 访问：访问他的喜好？ 3) 小组交流：向大家介绍他的喜好。	
		4. 了解家庭成员的工作（选择一个）	1) 调查访问：了解他的工作（单位/内容/时间）。他是否喜欢自己的工作？ 2) 实践交流：体验他的工作，并说一说心得体会。 3) 动手实践：制作一张他工作的工作表。	
		……		
我爱我家	介绍我的家	1. 我的家庭住址	1) 资料收集：知道自己的家庭地址。了解家周围的配套设施。 2) 小组交流：说说自己的家庭位置，简单介绍自己的家。	

（续表）

			2. 我家的样子	1）观察：了解自己家的样子、格局等。 2）动手实践：画画家里的平面图或设计一下自己的家。 3）小组交流：介绍自己的家。	
			3. 我家的家风	1）访问：询问家中长辈家里的家风？为什么会制定这样的家风？（如果没有，可以跟家人一起制定一份） 2）小组交流：说说各自家里的家风。	
			4. 家里最受欢迎的地方	1）访问：询问家人最喜欢家里的什么地方，为什么？ 2）小组交流：说说自己或家人最喜欢家里什么地方？并向大家介绍一下它的样子，喜欢的理由。	
			……		
		我为我家作贡献	1. 家务活的种类	1）资料收集：通过询问了解家务活都有哪些？初步了解它们的难易程度。 2）小组交流：说说自己了解到的家务活有哪些。	
			2. 家庭垃圾分类	1）资料收集：上网查询垃圾分类的要求。 2）观察：观察家里通常会产生哪些垃圾？如何进行分类的？（如果家里的垃圾分类做得不好，可以想一些小妙招来更好地做到垃圾分类）。 3）动手实践：举办一次垃圾分类小比赛。	

（续表）

		3. 我能为家人分担什么	1) 观察访问：了解父母下班回家后还要做些什么？这些事情是否自己也可以学着去做？询问父母希望孩子可以分担一些什么？ 2) 小组交流：了解同龄人都能为家人分担些什么？ 3) 动手实践：跟父母一起做做家务或者其他事情。	
		4. 自己的事情自己做	1) 小组交流：同学们说说哪些事情是自己的事情，可以自己做。 2) 动手实践：自己的事情自己做	
		……		

B 案例：

四年级"我和社会"第二学期"我们的社会担当"中——以"寻'味'三钢里"项目探究学习设计为例

"寻'味'三钢里"探究项目注重学生创新精神和实践能力的培养，利用问题驱动模式，引导学生发现生活中的真问题并在此过程中着力培养学生创造性解决问题的能力。课程的研究以学生为主体，引导学生在主题式活动中，通过小组合作、调查、访问、查阅资料等方式，培养学生发现问题、解决问题的能力。

一、项目简介

学校新开办了昌里校区，它的地理位置紧邻三钢里美食街。身处繁华的闹市，自然也有烦恼随之而来。经调查，师生们每次在操场上活动时，总能看到和闻到仅一墙之隔的美食街后的黑色的排烟管里传来阵阵"香味"。学生正处于生长期，又在户外剧烈运动，呼吸量增大，长期吸入这样的气体肯定是不利于他们的成长发育的。

　　由此，站在学生的视角，学校以"如何改变三钢里美食街的油烟气体排放对校园环境的影响，使校园环境更干净、美好"为驱动性问题，通过寻找这些味道的来源，了解餐饮业的油烟排放标准以及要求，为这些店铺设计新的排放方式，促使我们本校的师生以及附近的居民都可以生活在一个更干净、美好的环境中。

　　探究性学习是需要设计真实、富有挑战性的问题，引导和指导学生在一段时间内持续探究，尝试创造性地解决问题，形成相关成果。"寻'味'三钢里"贴近学生的生活日常，又与他们的健康和学习密不可分。针对优化三钢里油烟排放问题的研究，需要学生们通过调查研究、实地勘探、排放物数据的简单测量等方式了解餐饮业的油烟排放标准以及要求、导致空气污染的因素、如何简单测量排放物的量等知识，并发现目前美食街存在的问题。最后根据发现问题、成因调查、设计优化方案等过程，从而制定有利于改善附近环境的排放方式。

　　"寻'味'三钢里"这个主题的价值，归根结底在于促进学生身心全面和谐发展，对于培养学生的创新精神与实践能力有着重要意义。

　　二、项目设计

　　（一）项目名称："寻'味'三钢里"

　　（二）学生年级：四年级

　　（三）项目时长：4周

　　（四）驱动性问题：如何改变三钢里美食街的油烟气体排放对校园环境的影响，使校园环境更干净、美好？

　　（五）核心知识

　　1. 主要知识点

　　（1）了解餐饮业的油烟排放标准以及要求。

　　（2）对比商场餐饮店和居民区餐饮店油烟排放标准的不同。

　　（3）了解简单的测量油烟气体的方法和工具。

　　（4）了解现下流行的餐饮油烟处理的方式。

　　2. 学科关键概念

（1）数学学科：借助简单的空气质量检测仪，利用条形统计图或折线统计图连续记录一个月内学校范围的空气质量并完成数据的统计和分析的能力。

（2）自然学科：分析油烟废气污染物的组成部分以及学习如何处理它们的能力。

（3）美术学科：设计与绘制图纸的能力与制作立体模型，美化室外排气装置的审美与动手能力。

（六）高阶认知

主要的高阶认知策略

问题解决（√）：通过项目化学习方式解决三钢里油烟废气排放问题。

决策（√）：以小组为单位，对于油烟废气排放的优化点及优化方式进行决策。

创见（√）：对于优化三钢里油烟废气排放时体现每个小组不同的创新点。

系统分析（√）：对于排放的油烟废气进行成分检测并分析其中哪些物质是危害健康的关键。

实验（√）：在油烟排放的设计模型上进行可行性实验。

调研（√）：调查研究三钢里油烟废气排放对学校师生以及附近居民的影响。

（七）成果预设

1. 个人成果

（1）掌握餐饮业的油烟排放标准以及要求。

（2）掌握简单的测量油烟气体的方法和工具。

（3）掌握现下流行的餐饮油烟处理的方式。

2. 团队成果

（1）现有的三钢里美食街油烟废气排放的标准。

（2）三钢里美食街油烟废气排放的优化方案。

（3）优化后的油烟废气排放标准和外观设计模型。

（八）实践过程

1. 学习实践

探究性实践(√)：根据驱动性问题,进行团队合作、自主探究。

社会性实践(√)：对于三钢里油烟废气排放这一社会性问题进行调研。

审美性实践(√)：制作优化油烟废气排放管道模型时的设计。

技术性实践(√)：用简单的检测仪检测排放的油烟废气中污染物的组成。

2. 项目过程

(1) 探究活动

① 发现问题

在操场上观察三钢里美食街的油烟排放装置,引导学生通过观察,发现这些油烟废气的排放可能会对人们的生活和健康产生一定的影响。

② 讨论驱动性问题

教师揭露驱动性问题：如何改善三钢里美食街的油烟废气排放方式和标准,使校园环境更干净、美好？为解决这个实际问题,学生需要进行成因分析。

③ 分组并讨论进程计划表

学生自愿分组,分组后自行讨论制定一个项目进程的时间表。通过这项活动,让学生初步感知项目化学习的基本过程。

(2) 知识与能力建构

① 思考为何商场里开设的餐饮店没有油烟废气排出,他们是如何做的。

② 学生们分小组用不同的方法去了解商场和居民区餐饮业的油烟排放标准以及方式。并对比不同餐饮店的油烟排放标准以及方式。

③ 学生自主利用简单的仪器(如：空气检测仪)测量油烟废气的主要组成,分析有哪些成分,分别都有什么危害,含量是多少等问题。

(3) 探索与形成成果

① 学生以项目小组为单位,借助简单的空气质量检测仪,利用条形统计图或折线统计图连续记录一个月内学校范围的空气质量并完成数据的统计,分析造成这种情况的原因,并交流。

② 分析油烟废气污染物的组成部分以及思考哪些是超标的,哪些是对人体有害的等问题。

③ 以项目小组为单位设计与绘制图纸，以及制作立体模型，美化室外排气装置，并做讨论修改。

（4）评论与修订

① 邀请环境方面研究的专家或相关人员来进行指导，对所采取的解决三钢里油烟废气排放问题的方法提出修订建议。

② 各项目小组根据意见修订自己的成果。

③ 形成最终可以参加展示的成果。

（5）公开成果

在公开成果展中，可以利用设计的油烟废气排放的模型或者 PPT 等工具做展示汇报，交流自己的心得体会。

（6）反思与迁移

① 撰写反思笔记。

② 运用同样的方法去发现身边其他的实际问题，做到用真方法去解决真问题。

（九）所需资源

1. 设备：电脑、空气检测仪。

2. 材料：海报以及构图用纸。

3. 本地资源：环境方面有研究的专家或相关人员。

三、评价机制

公开自主的评价方式：交流在"寻'味'三钢里"这个项目中的收获，如了解餐饮业的油烟排放标准以及要求、简单地测量油烟气体的方法和工具以及当下流行的餐饮油烟处理方式等，可以结合 PPT 等工具做展示汇报，由班中的学生展开评价和反馈。

寻"味"三钢里项目综合评价表

小组名称		班级	
研究小课题		时间	
活动实施过程			
分工情况	小组分工是否明确,任务被平均分配给小组的每一个成员 (明确：★★★　一般：★★　欠缺：★)		
参与程度	所有的小组成员都积极参加,小组成员有效地行使自己的角色 (优：★★★　一般：★★　欠缺：★)		
完成情况	能有效地利用课堂时间,在教师规定的期限内完成任务 (优：★★★　良好：★★　欠缺：★)		
合作情况	小组成员表现出极好的倾听能力和领导能力 (优：★★★　良好：★★　欠缺：★)		
	小组成员通过讨论的方式共享他人的观点和想法 (优：★★★　良好：★★　欠缺：★)		
收获创新	小组成员是否对该项目的研究有所收获 (优：★★★　一般：★★　欠缺：★)		
	小组成员的创新与发挥 (有新意：★★★　一般：★★　欠缺：★)		
反馈与分析			
小组得分	我们的得分是(　　　　)		
困难之处			
解决方法			
成功秘诀			
失败原因			
改进措施			

五、"小眼睛看大世界"探究型课程的评价

在探究型课程中，注重发挥学生在评价中的主体地位，评价方式趋于多元化，即强调过程性评价，坚持激励性评价，关注差异性评价，以及个性特色评价。

（一）评价内容

根据探究型课程的特点和学生的实际情况，对学生个体的学习主要从以下三方面进行评价，一是探究过程中的参与程度，包括探究的态度、兴趣和意志、情感等；二是探究过程中的合作精神，包括在讨论中能大胆表明自己的观点，虚心听取别人的意见，能主动地去协助他人，能服从分配并完成研究任务；三是探究过程中的多种能力，包括观察能力和思维能力，发现问题和提出问题的能力，收集信息和整理信息的能力，方案设计和成果表达的能力等。

（二）评价方式

1. 自评：由学生根据自己平时的记录，自行评判各项指标的达成度，并写出定性的描述评语。自评是评价的基础，有利于学生发现自身的问题，从而改进自己的学习。

2. 互评：互评范围可在课题小组内进行。根据评价指标与标准，对组内每个成员进行客观性评价、全面性评价和全程性评价。在评价中要求学生以鼓励为主，肯定成绩，提出改进意见。

3. 师评：在自评和互评的基础上，教师根据平时所了解的记录情况，对学生进行总结性评价。

六、"小眼睛看大世界"探究型课程的管理与保障

首先，根据小学阶段学生的年龄特点，从学生主体发展的需要及认知规律出

发，选择具有一定探索性、开放性、综合性和实践性特点的学习内容，以小课题（问题）及问题解决的形式开始，把学生原有的知识、经验作为新的生长点，让学生在探究的过程中获得新的知识与经验。

其次，健全教研制度，有序实施。制定整体规划，分年级落实，组织学生全员参加，确保探究型课程的总课时量和开设质量。还应制定课程管理的规章制度，如明确探究型课程指导教师工作职责；计算指导教师工作量制度；探究型课程开发管理制度；学生学习评价和考核制度；探究型课程学习的分管理制度；学生课题研究优秀成果奖励等。

最后，要充分发挥现代媒体在探究型课程中的作用，指导学生学会收集信息，上图书馆查询资料，自主进行社会调查，培养学生收集、分析、综合、应用信息的能力。

第六章　快乐的课堂：阳光校园的着力点

导言

　　快乐的课堂，悠然浸润着四季的情韵：春的温暖、夏的热烈、秋的硕果、冬的收藏……快乐的课堂，有着太多的"乐"：述说中的——津津乐道、活动中的——其乐无穷、研究中的——乐此不疲、伙伴中的——助人为乐、教学中的——寓教于乐、自学中的——怡然自乐、合作中的——乐成人美……

　　如果课堂是海洋，那奔腾的一定是"快乐"的浪花；汹涌不息，一周又一周；

　　如果课堂是天空，那飘荡的一定是"快乐"的云彩；变化无穷，一片又一片；

　　如果课堂是乐曲，那流传的一定是"快乐"的音符；温暖心田，一阵又一阵；

　　如果课堂是风景，那C位的一定是"快乐"的学生！赏心悦目，一幅又一幅。

　　教学中"快乐"的背后，一定有教师释疑解惑的精心单元设计，一篇又一篇；

　　学习中"快乐"的背后，一定有学生克服困难的坚持不懈努力，一个又一个；

　　体验中"快乐"的背后，一定有小组活动失败的互助刨根问底，一点又一点；

　　评价中"快乐"的背后，一定有全体师生多元的互学欣赏肯定，一次又一次。

　　"快乐"课堂，犹如肥沃的土壤，教师就是园丁，辛勤地耕耘、浇水、施肥；

　　"快乐"课堂，犹如宽广的舞台，学生就是主角，尽情地舞动、歌唱、展演；

　　"快乐"课堂，犹如叮咚的大鼓，学校就是擂者，骄傲地敲打、宣告、传播；

　　"快乐"课堂，教师将快乐献给学生；课堂"快乐"，学生将快乐在心中珍藏。

伴随着信息化社会和知识经济时代的到来，人类进入了学习型社会和终身学习时代，如何充分发挥自身潜能，提升学习品质，越来越受到重视。研究者对学习策略的研究越来越多，开始关注到学习策略重认知轻情感的现象。同时，也有研究表明情感会对学业成绩及更高的成功目标产生影响，如何去扭转长期以来教学实践中重知识轻情感的严重失衡情况，成为学校课堂教学变革中不得不思考的问题。因此改善课堂教学方法，促进学生健康快乐地成长成为我们学校教育的重中之重。基于此，学校一如既往秉承"阳光校园"的办学理念，推行"快乐课堂"，让每个教师都体验到教书育人的愉悦，让每个学生都感受到校园生活的快乐，特别是需要在课堂学习中通过师生双方的共同努力，使课堂呈现愉快学习的气氛，让学生获得快乐学习的体验，积极参与课堂学习，从而获得良好的学习效果，培养学生良好的学习情感。

第一节　快乐课堂的教育理解

"快乐课堂"的理念是希望学生在课堂里得到更多的快乐学习体验，培养良好的学习品质。具体而言"快乐课堂"具有和谐的师生关系、良好的主体意识、快乐的合作体验和有效的教学手段等特征。

一、和谐的师生关系

当师生关系处于一种平等、信任、理解的状态时，一方面教师将会营造出和谐、愉悦的教育氛围，通过教育教学实践活动，让每个学生感受到自主的尊严，感受到心灵成长的愉悦，显著改善教育教学品质；另一方面从学生素养培育的角度出发，学生能在良好的师生关系中全面发展自我,真正获得成就感和生命价值的体验,获得人际关系的积极实践,逐渐完善和发展自由个性及健康人格。为了建立和谐的师生关系,教师需要做到如下三点:真实地倾听学生、真心地宽容学生、真诚地鼓励学生。

（一）真实地倾听学生

在课堂教学中,教师要站在学生学习的角度来开展教学,当触及教学知识的重点、难点部分时,努力营造一种平等、民主、和谐、愉悦的教学氛围,用耐心的方式组织教学,使学生敢于参与、乐于参与到学习进程中来。尤为要重视教学中教师的激发作用、启迪作用和组织作用,用富有成效的方式,引导学生主动参与到学习过程中来。

在学生自主观察、开展实验或交流讨论时,教师要真实地倾听学生的想法,观察学生的行为,及时了解学生的学习状态,进而针对学生的学习困难开展教学。同时要给予学生心理上的支持和精神上的鼓励,鼓励学生敢于提出质疑和独立思考,激发学生的学习动机,促使学生的思维更加活跃,探索热情更加高涨,从而让他们积极投身到学习活动中去。

（二）真心地宽容学生

"教育不能没有爱,没有爱就没有教育"。只有教师热爱学生、关心学生和理解学生,才能正确看待学生成长的历程、宽容学生所犯的错误,耐心地去培育每一位学生。

教师自身拥有丰富的专业知识和强大的专业能力,是一种专业美;当面对学生时,能展现出一张张诚挚的笑脸,一句句温馨的叮咛,也是一种阳光美,更是最永恒的美。当教师脸上洋溢真诚的笑容时,就可以拉进学生与教师的距离;还有当面对课堂上违反纪律的学生时,能够以幽默风趣的语言去面对,有助于师生间建立良好关系。

（三）真诚地鼓励学生

和谐的教学评价是课堂教学中必不可少的一部分。当教师看到每个学生身上的闪光点时,采用温和的口头语言、称赞的目光、亲切的微笑等体态语言表达出来,学生就会感受到来自教师的肯定与支持,内心充满愉悦感和成就感,也会更有动力去改进存在的问题。因此,有效的评价既能指明优缺点,又能成为激励学生学习的力量。常常一个信任的眼神,一句鼓励的话语,一次次真诚的交流就会从心灵深处感染学生,激发学生的主体性,使教与学互相交融,师与生互相尊重,达到至高的教学境界。比如积极采用鼓励性的评价语言,给予学生积极的反馈。假如学生提出的问题有价值,教师应该马上肯定:"你的问题很有价值,老师很重视"或者"你的想法很独特,大家可以一起来讨论一下",等等。

当教师把每一个学生看成一个正在发展中的人,充分尊重他们的主观能动性和创造性,接纳他们的不完美和不成熟,就会有助于营造安全轻松的学习氛围,形成教师乐教、学生乐学的心理状态;当教师把自己视为一个学生时,站在学生的角度来思考问题,就会意识到学生喜欢某个教师,自然而然就会喜欢其所教的学科,可见教师的角色会潜移默化地影响学生的发展,这也对教师的教育使命提出新的要求,即良好的师生关系能唤醒学生对学科的热爱之情,焕发学生对生活的殷切期盼。

二、 良好的主体意识

课堂教学的核心要素是教师、学生和课程,教师和学生作为双主体,只有当学生的主体性得到充分彰显,积极主动参与到教学中来,课堂才有可能变成教师和学生双向沟通、互动生成的场域,彼此以学习内容为载体,不断探索教与学优化的可行性路径,进而实现师生的共同学习共同成长。

总而言之,学生的主体意识,体现在对学习全程的有意识参与。如有清晰明确的学习目标和自觉积极的学习态度,能在教师启发引导下独立学习和理解教材,能够对学习活动或过程进行自我调控与管理,能够积极尝试把所学知识应用于实践,也勇于向教师提出质疑并寻求解惑,从而实现个人所预期的学习目标。

尽管学生具有主体性,但不能忽视教师对学生学习的指引作用,倘若缺乏教师的正确引导,学生的学习品质就会降低;反之教师发挥了启发性、激励性的作用,就会让学生体验更多的成就感,获得更多的力量,同时也能培养学生应对问题和解决问题的能力,促使学生构建完整人格,实现个性化的全面发展。

三、 快乐的合作体验

随着新课程改革的日益深入,推进课堂教学转型的呼声也愈加高涨,"自主学习""合作学习""探究学习"开始受到更多教师的关注,认识到高品质的合作能够丰富和深化学生的理解,即可以从不同的观点与方法中获得启迪,从而不断改进自身的理解;组织合作学习能够培养学生的合作意识和能力,即掌握一定的合作技能,以及熟悉不同角色的任务,增强社会适应能力。

在课堂教学中,合作学习主要是学生与学生的合作,一方面学生在合作活动中学会合作,掌握相应的合作技能,提升合作能力;另一方面学生能够在互动中获得同伴们更多的启发,激发学习探究的兴趣,加深对问题的理解,同时能让学生在解决问题的同时,感受学习的乐趣所在,也更愿意投入到合作活动中去。而教师则要了解学生的学情,创设一些真实的学习情境,设计富有挑战性和趣味性的活动与任务,充分调动学生参与的积极性,让学生通过参与活动有所收获,也能够获得乐趣,逐步改善学生学习品质。

四、 有效的教学方法

伴随着信息化技术日新月异的发展,教育与信息化的融合程度也在加快,学生获得信息的途径变得更加多元,不再是教师单一传授的来源,意味着教师需转换其教育理念,在课堂教学中改变一言堂的局面,立足学生的学来组织自身的教。也意味着教师要利用现代化的教学手段,不断优化课堂教学环境,通过悦耳动听的音乐、逼真的音响效果,栩栩如生的影视画面,从而把学生置身于一个逼真的学习环境中,采用多感官的刺激,有效地激发学生们的求知欲,提升学习积极性。值得强调的是,教师使用教学手段,需要注意如下四个原则:直观性、科学性、实用性和启发性。

　　直观性,即通过各种形式的感知,丰富学生的直接经验和感性认识,使学生获得生动的表象,从而比较全面、比较深刻地把握知识,并使认识能力得到较好的发展。教学中为了展示事物和现象的内部结构、运动状况和变化过程,要尽量使用投影、录像、计算机模拟等现代教学手段,这些手段在突破难点、突出重点时起关键作用。运用直观手段时,教师要通过解释或提问,帮助学生认识事物的主要特征,获得清晰的表象。把具体和抽象结合起来,促进学生全面深刻地掌握知识,只有直观手段与教师讲解恰当结合,才能发挥直观展现的教学效果。科学性,即要求确保教师传授的知识和运用的方法都应当是科学的。运用电教媒体不能因一味追求运用媒体的"高""新""奇",而违背学科的基本原理和事实。实用性,即教师在运用电教媒体时必须广泛联系学生的生活经验,使学生有一定的感性认识,才能更好地理解和运用书本知识。教师充分发挥现代教学手段的优势,可以大大激发学生的学习兴趣,增强学生学习的动力。启发性,即要求教师在运用现代教学手段时能充分调动学生学习的主动性,启发他们经过自己的独立思考,融会贯通地掌握知识,提高分析问题和解决问题的能力。

第二节　快乐课堂的实施路径

一、学校层面的积极推动

(一)形塑共同的教育愿景

　　学校倡导"阳光校园"的办学理念,是希冀每一个学生能够在学校里度过童年时期最美好的时光,获得学校教师的积极认同与支持。为此,学校全面建设富有快乐学习生活的"生长的空间",开设丰富多彩的学习生活的"五彩课程",以及打造充满学习乐趣的"快乐的课堂",让学生在学校能拥有快乐愉悦的心情,快乐地去探索知识,愉悦地迎接挑战。

（二）组建专业的研究队伍

学校通过课题研究来开展快乐课堂研究,活动伊始就明确了"人人参与、共同成长"的活动宗旨,建立了"核心组—推进组—实践组"的三级课题实践组织,组建了全员参与的研究队伍,形成人员广泛的研究网络,为研究工作的推进提供保障。

首先,课题核心组是由校长担任组长,各学科教研组长、骨干教师为组员,主要职责是承担整个课题计划和方案的制定,即明确研究目标,研究方法;确立每学期研究主题;指导课题组开展研究活动;探索打造快乐课堂的途径和措施等。其次,课题推进组分别是语文、数学、英语、综合学科,各由两名核心组人员担任组长,各学科教师为组员,主要职责是承担研究课的实施和研究任务的落实,即按照核心组的要求,落实本学科组的研究任务,完成实践研究。最后,课题实践组,全体教师都是组员,不仅要求积极完成课题推进组安排的公开实践课,还要在自己平时的教学活动中,积极探索打造"快乐课堂",加强课题研究。教师要总结自己在探索研究中的案例,形成自己的经验或特色。

在多元主体共同推进课题研究的过程中,充分发挥学校行政、骨干教师的领衔作用,共同规划实施,并带领全体教师一起参与到课题研究的活动中来,在活动过程中提高认识,收获成长的快乐。

（三）开展扎实的实践研究

学校为了更加深入地推进快乐研究,设计了三个子研究课题,分别是"'快乐课堂'学生学习情感现状研究""打造快乐课堂,培养学生良好学习情感的案例研究""打造快乐课堂,培养学生良好学习情感的课堂教学评价研究"等,课题研究经历了准备阶段、实施阶段、总结阶段和展示阶段。

准备阶段主要工作是选择课题,组建课题小组,宣传课题思想;收集资料,学习相关理论,设计课题方案;专家论证,完善课题方案,进行课题调研。在实施阶段主要工作是着重开展"打造'快乐课堂',培养学生良好学习情感的案例研究",每学期在各学科中开展若干研究课,同时开展"打造'快乐课堂',培养学生良好学习情感的课堂教学评价"子课题的研究。在总结阶段主要工作是整理研究资料,进行理性思考;将案例和经验总结结集出版;撰写课题研究总报告。在展示阶段主要工作是学校在区级课题结题时,围绕快乐课堂在全区进行课题教学展示和课题成果汇报等活动,全面展现学校的研究成果和师生的成长风采。

二、 教师层面的课堂转型

教师和学生是创建"快乐课堂"的主体,也是"快乐课堂"的最终受益者。为了更好地培养学生良好学习情感,发挥教师在其中的引领和促进作用,具体可从两个维度八个途径来加以落实。

(一)教师快乐教学

1. 创设良好氛围

良好的教学氛围,有助于建立融洽的师生关系,促使师生双方以积极的心态、良好的情绪投入到学习过程中。而课堂上教师的激情、过程的美感、学生的兴趣和参与、有意识的引导等都影响着课堂氛围。

教师可以结合小学生的特点,创设良好的学习氛围。如考虑教师的教学过程有没有从学生的兴趣和需求出发组织教学活动;教师组织的活动有没有激发学生学习的热情;教师对学生的表现有没有及时恰当地回应并形成互动;教师有没有对学生进行激励性的评价,等等。具体而言,教师可根据教学内容和教学目标,采用不同的方法灵活地营造良好的课堂氛围,如使用猜谜语、讲故事、创设情境、做游戏、做魔术等方式,激发学生的学习热情和学习兴趣。以数学教师教学《面积》一课为例,在教学过程中设计了一个"小小设计师"的游戏,本来经过将近 30 分钟学习略显疲劳的学生,立刻又兴奋了起来,在小组合作中交流碰撞数学思维火花,设计出了很多富有创意的作品。英语教师则在开始学习前,全班一起吟唱歌曲 Good morning,通过歌曲创设良好的学习氛围;然后采用读儿歌,复习已学内容;最后引入本课情境:Kitty,Ben,Alice 和 Eddie 四人在学校宣传栏看到校园达人秀的海报,了解了报名方式后决定各自发邮件报名。这一设计为课堂重难点的学习营造了良好的学习氛围。

2. 丰富学习资源

通过对课程政策的学习，了解到"改革课程内容'难、繁、偏、旧'和过于注重书本知识的现状，要加强课程内容与学生生活以及现代社会科技发展的联系，关注学生的学习兴趣和经验，精选终身学习必备的基础知识和技能"以及"教材改革应有利于引导学生利用已有的知识与经验，主动探索知识的发生发展，同时也应有利于教师创造性地进行教学。教材内容的选择应符合课程标准的要求，体现学生身心发展特点，反映社会、经济、科技的发展需求"和"积极开发并合理利用校内外各种课程资源"，这就意味着教师精心设计教学内容，也要为学生学习提供适切的课程资源，这些资源可以是线下的教育活动场所，也可以是线上的学习空间。

当前海量的互联网资源，教师可以筛选后加以运用，使之能够更好地达成教学目标。具体到网络资源的选择上，需要考虑有无结合学生的生活实际创设情景开展教学活动，是否充分运用网络资源充实教学内容，是否发现和利用课堂生成的教学资源，教学资源能否有助于学习目标的达成，等等。如为了让学生理解"街上的行人、车辆来来往往，很热闹"，展示一段大街上热闹的视频以及大街上发出的声响，让学生们说说看到什么，听到什么，感受大街上嘈杂的景象。为了让学生理解"名山大川"，教师就带领学生开展云旅游活动，充分展现互联网资源优势。需要注意的就是教育资源必须有所筛选，有所选择，需要为教育教学服务，提升课堂教育教学质量。

3. 组织有效体验

有了愉快的体验，学生才会在课堂上兴高采烈、其乐融融，学习的态度会更加积极，信心也越来越强；有了深刻的体验，教学的教育功能才会更加凸显，触及学生的内心世界和灵魂深处；有了安全的体验，学生才能在问题情境、矛盾冲突和思维碰撞中，表达个人观点，共享个人智慧，获得发展；有了幸福的体验，课堂的知识与技巧、过程与方法、情感态度与价值观目标等才能更好地实现。

为了让学生拥有这些体验，教师在课堂上要组织学生进行独立学习、展开合作讨论、尝试角色扮演、参与学习游戏、提倡动手操作，切实转变学生的学习方式，促使学生能够主动学习、乐于探究和勤于动手，进而实现思维方式、生活方式和生存方式的转变。同时也要积极引导学生听讲与质疑、思考与调查、论理与探究,重视理论知识与实践经验的结果、书本知识与生活世界的联系、间接经验与直接体悟的统一,使学习成为在教师指导下主动的、富有个性的、鲜活的过程。

开展一系列活动,自然也会看体验成效,一般会看有没有足够的时间让学生进行思考与实践,有没有鼓励学生质疑问难和发表自己的见解,练习和提问是否引起学生的思考,有没有培养学生各种能力,等等。如教师在教学"海上气象员"后写到:在三次教学实践的比较中,可以看到,学生一次比一次体验得更多,一次比一次快乐,但学习的知识却没有弱化,反而内化、强化在了脑海中。最后,"海上气象员"这堂课形成了以体验为主线,以情景渲染和多媒体教学为手段,以落实"快乐课堂"目标为追求的鲜明特点,这次改进无疑是成功的。因此,体验是激发学生良好的学习情感的有效方法,学生通过"体验"获取知识,通过"体验"主动学习,通过"体验"获得发展。

4. 关注多方需求

教师要尊重学生的人格,关注个体差异,尽力满足不同学生的学习需求,创设能引导学生主动参与的教育环境,进而激发学生的学习积极性,培养学生掌握和运用知识的态度和能力,使每个学生都能得到充分的发展。

究竟如何把先进的教育教学理念落实到教学中来,转化成可操作的教学行为,关键在于设计好每一节课。基于教育理念的教学设计,不仅要立足学生的兴趣、已有知识和生活经验,还要关注学生对知识的需求、对学习方式的需求、学科情感的需求、可持续发展的要求,因为人的教育是一个以传授知识为载体,以发展能力为标志,以形成情感、态度、价值观为目的的过程。教师只有了解了学生的兴趣"重心"、已有的知识和经验,然后有机地整合学生的需求,再依据学生需求做好教学设计,才能提高教学的针对性、灵活性和多样性,最终使学生得到发展。

(二)学生快乐学习

1. 认真倾听

"倾听"是一种良好的学习习惯,是一种与人沟通的必备能力,也是获得优质学习效果的重要保障。学生要在学习过程中学习倾听，明晰什么是倾听，如何去倾听，以及怎么听更有效。对于学生而言，倾听就是安静地、耐心地和专注地去听他人的发言，观察他人的行为，同时进行思考和分析，形成自我见解的过程。对于教师而言，只有学生认真倾听师生的发言，积极主动地参与课堂的学习活动，才能够学习到相应的知识，提升相应的能力。为了培育学生的倾听能力，对学生提出如下要求：听清教师的提问和同学的发言；能分辨他人发言中的对错、优劣；能根据倾听的内容做出正确的回应等。

2. 积极思考

教师不仅要培养学生倾听的学习习惯，还要培养他们积极思考的习惯。俗话道："处处留心皆学问，慧眼岂不识真金？"要做生活的有心人，处处留心观察，对问题进行积极思考。学生对各种事物都充满好奇，喜欢天马行空的想象和幻想。教师要不断调动学生积极的思维性，鼓励他们勇于向权威挑战，提出质疑亮出观点，并且当学生提出问题时，教师要给予积极的反馈，呵护学生的好奇心和探求欲，保护敢于质疑勤于思考的积极性，这样才能让他们的创新思维和问题解决能力不断得到发展。为此学校对学生提出如下要求：能主动参与学习；能独立地思考，有独立的见解；合作学习时主动参与讨论，有补充完善；有发散性的思维和奇妙的想象；有质疑问难，等等。

3. 敢于表达

快乐、自由、探究的课堂，理应是学生敢于畅想、敢于表达的天地。因而，教师与学生是平等的主体，彼此在一起活动，一起交流，一起成长。教师在课堂上不要因为错误的回答而批评学生，要给予学生一个宽松的心理环境，民主的讨论氛围，同时还要把学生的错误回答作为一种极为可贵的学习资源，充分利用生成的资源，来促进学生的理解。此外，教师要成为每位学生的赏识者，既赏识学生对知识的掌握、能力的提高，又赏识学生在学习过程与应用方法上的优良行为，还要赏识学生在情感、态度、价值观方面的积极表现。只有这样才能逐步培养学生交流的胆量，促进学生个性张扬。

另外，由于学生的个性与思维都存在差异，在合作交流中常有能力强、爱分享的学生唱独角戏,而思维慢、不自信的学生做观众的现象。教师一方面要帮助学生克服怕出错的心理,鼓励他们大胆表达自己的想法,积极参与交流;另一方面要有意识地搭配伙伴,制定规则,使人人都有表达交流的任务与机会,获得合作成功的体验。为此,学校对学生提出如下要求:敢于表达自己的想法;积极参与讨论,争取发言机会;对他人的发言提出自己的疑问和想法等。

4. 乐于合作

新的课程理念强调改善学生的学习方式,积极倡导"主动、探索、合作"的学习方式,让学生在主动参与、乐于探究、合作交流中快乐成长。培养学生的合作意识,发挥学生的团队精神学会在交往中合作、在合作中双赢,培养学生养成乐于合作的学习习惯。"合作学习"为学生提供了一个交往的平台,也为培养学生的合作精神提供了沃土。因此,教师要充分发掘合作学习的道德教育资源,让小组学习成为学生学会合作与交流的基石,实现在交流中增强合作能力。为此,学校对学生提出如下要求:能愉快地与他人合作开展学习活动;懂得赞同或者发表不同的观点;能够友善恰当地评价别人等。

第三节　快乐课堂的评价体系

教学质量是学校的生命线,课堂则是提高教学质量的主阵地。"打造快乐课堂,培养学生良好学习情感的案例研究"的探索,初衷就是为了让教师能够在教学中研究,不断改进教与学的方式,提升自身教育教学能力,继而促进学生的全面发展。为此,要进行课堂教学评价,不断了解课堂教学质量,也了解优化课堂教学的突破点。

一、 评价理念的更新

学校关于课堂教学的评价并不是简单使用标准来评判一节课好不好,而是从学生学习质量的角度来反馈课堂教学质量；也不是单纯只看课堂教学结果，而是关注课堂教学的全过程，包括教学设计、教学过程和教学结果等；也不是只看教师的教学，而是同等关注教师的教和学生的学。因此，快乐课堂的评价是多元主体参与的评价，是将发展性评价与终结性评价相结合，从而探索课堂教学改进与学生学习改进的可能路径。

二、　评价指标的构建

（一）制定"快乐课堂"教学评价表（试行稿）

为了让教师知道快乐课堂是什么样，开展了课堂教学评价研究。在认真研习各类课堂教学评价表的基础上，初步制定了"快乐课堂"教学评价表（第一稿）（详见表 6.1），从教学过程、学生表现、教师表现和教学结果等维度确立了具体评价指标，并投入到课堂教学评价中。

表 6.1　"快乐课堂"教学评价表（第一稿）

姓名		学校			授课班级	
学科		时间			节次	
课题						
评价指标（每项 10 分）						得分
教学过程	能体现学科特点，注重学生学习情感的培养					
	实施现代教学理念，运用现代教学技术，有效地实施教学					
	教学氛围有序、互动、民主、和谐					
学生表现	精神饱满、学习兴趣浓郁、有旺盛的求知欲					
	学习主动、思维积极、快乐投入、敢于质疑					
	认真聆听、善于合作、勇于探索					

（续表）

评价指标(每项 10 分)		得分
教师表现	关注全体学生,善于激发学习兴趣,重视学法指导	
	注意教学生成,发挥教学机智	
	语言亲切、自然、快乐,善于培养良好的学习品质	
教学效果	知识、技能目标落实,学生有情感体验或提升,师生身心愉悦	
对本评价表的建议		
总分	等第	评议人
备注	累计得分 85 分以上为优,75—84 分为良,60—74 分为中,60 分以下为差。	

（二）了解"快乐课堂"教学评价表（第一稿）效果

为了了解教师使用"快乐课堂"教学评价表（第一稿）的真实感受,特向教师征求对"快乐课堂"的改进意见。具体包含 3 个问题,一是对"快乐课堂"教学评价表（第一稿）,您想说……二是对今后我们的"快乐课堂"改进,您想说……三是对我们的快乐课堂课题研究,您想说……通过调研,我们了解了教师的真实声音,并对此进行整理分析。

1. 对"快乐课堂"教学评价表（第一稿）,您想说

（1）评价表的价值

＊ 让我们可以针对评价表的内容,将其融入到课堂中,让学生在乐中学,乐中读,体现出"快乐课堂"的价值。

＊ 这张评价表能比较客观地评价教师的课堂教学质量及课堂教学效果,能让教师认识到课堂上存在哪些优点及不足,比较客观真实,希望能继续坚持并细化。

＊ 教学评价表形成了"以快乐课堂评价为基础,以促进师生双赢发展为目标,以三维评价为支撑"的多元评价体系。突出了以学生为主体地位,体现了教师与学生行为的互动关系。

＊ 符合学生的学习规律。有利于学生以后的发展,让学生学会合作,勇于交

流,主动地去探索。符合学生的求知欲,兴趣是最好的教师,有了快乐的体验,学生才能不断地主动学习。

（2）评价表的不足

＊　围绕快乐为主评价,紧扣主题,但是很多内容不知怎么评价,描述不清,或者所提要求与现实有所脱节。

2. 对今后我们的"快乐课堂"改进,您想说:

（1）理念认同

＊　在教学过程中,我们构建快乐课堂,让学生享受课堂,让学生在和谐、自然、轻松、愉快的课堂里去学习,让学生在快乐的气氛中学习知识,增长技能,形成个性,充分感受到学习中的那份快乐。

＊我觉得现在我们的学生课余生活已经比较丰富快乐了,因此课堂教学也应跟上。我们确实需要创造一个轻松活泼快乐的课堂,让学生们学得开心,学得快乐,爱上学习,"快乐课堂"的改进符合素质教育的要求,我们积极支持。

（2）实践感悟

＊　快乐课堂研究的阶段目标不能太高,最好针对某一点切入,这样教师负担不会太重,研究也能更深入。

＊　参与研究获得的启发,一是教室上课要有激情;二是教学环节的设计要遵循小学生的心理特点和认知规律;三是教学手段和教学方法要灵活多样。

＊　建立"快乐课堂"就必须积极创造条件,培养学生的学习兴趣,激发学生的强烈求知欲,让学生主动探索,发现问题,成为自主学习的践行者,从而享受学习的乐趣,获得成功的喜悦。

（3）改进方向

＊　认真钻研教材,挖掘其中的快乐因素;创设快乐学习氛围,让学生乐于学;让学生感受到虽然学习是痛苦的,但学到知识是快乐的事,让学生体验成功的快乐。

＊　切实加强三十五分钟的课堂效益,把功夫下在课前,认真备好课,把握好教学重点、难点,使学生学得轻松、快乐。

＊　教学中注重学生个体的差异,让每个学生在课堂学习中都有思考的过程,

有情感的体验,有能力的锻炼。

＊ 能围绕着"快乐课堂"评价表中的某个项目(某个点),在备课组、教研组内扎扎实实的开展"1,1+1,1＞1"的以问题探讨为核心的教研活动。每学期,每个教研组、每个备课组及教师个人都能有自己"快乐课堂"的成功课例,在体验感悟基础上有所提炼,使快乐课堂的研究真正成为教师提高教学的有力支撑和平台。

3. 对我们的课题研究,您想说:

(1) 关于目标

＊ "快乐课堂"研究,使教师认识到必须转变教育观念,摒弃传统的教学理念,使学生成为课堂教学的主角、教育的主体和获得知识的主动者,真正享受到学习的快乐。

＊ 希望通过课题研究,教师反思自己的课堂教学,让课堂成为学生的课堂,成为学生获取知识,体验成功的课堂。

＊ 很有前瞻性和研究价值,希望通过这一教学模式的实施进行和谐的师生互动,让学生主动参与到学习中,感受生活和学习的乐趣。

＊ 快乐课堂使师生积极参与、愉快高效地完成教学。和谐快乐的课堂一旦形成,师生就会在课堂中充满热情,从而使课堂积极向上,充满生命力,师生才能有轻松愉悦心情。很好!

(2) 关于方式

＊ 教师真诚的评价能激活学生的思维,教师充分利用评价语言的魅力,调动学生学习热情。

＊ 让游戏走进课堂,适当运用于课堂教学中,活跃课堂气氛,调动学生兴趣,感受到学习乐趣,提高教学效率。

(3) 关于团队

＊ 突出全员的特点,让每位教师都能参与到课题研究中来,并体验到自身的进步和成功。核心组的人员能更好地融入课堂实践改进的研讨,相互协作,分享智慧,总结提炼。

＊ 也许快乐课堂只是教育改革的前奏,但是我们要有所准备,在快乐课堂的

实施中总会遇到预想不到的困难和挫折，但只要我们坚持去坚守，去尝试，总会有改变，有收获。

（三）优化"快乐课堂"教学评价表（第一稿）

在实践过程中，课题组一致认为"快乐课堂"教学评价表（第一稿）只能反映课堂教学的基本理念，但并未充分反映出快乐课堂的理念，并在此基础上修订"快乐课堂"教学评价表（第二稿）（详见表6.2），它突出了教师和学生的主体性，从快乐课堂的教学目标、实施路径和教学结果出发，制定了相应的评价指标，并基于评价指标来反馈课堂表现，为改进课堂教学提供真实性的依据。

表6.2 "快乐课堂"教学评价表（第二稿）

姓名		时间		班级	
学科		课题			
评价	评价指标			课堂表现	得分
教学目标（10分）	1. 符合课程标准要求，切合学生实际，体现"三维"目标有机统一				
快乐教学（40分）	1. 创设氛围。教师要用自己良好的情感引导学生进行交流、合作、沟通；善于运用激励性评价语言，营造民主、平等、和谐、互动、开放的学习氛围，激发学习兴趣				
	2. 丰富资源。根据学科特点和教学内容，恰当运用多媒体或其他教学手段进行教学，开发、有效地利用教学资源，捕捉生成资源，发挥教学机智，提高教学效能				
	3. 引导体验。创设学习活动情景，积极引导学生思考、表达、观察、操作、实践、探究和练习等各种体验活动；尊重和鼓励学生的求异思维和创新思维				
	4. 培养能力。开拓学生的视野，培养学生良好的学习习惯、学习能力；尊重个体差异，重视非智力因素、元认知能力的培养与引导				

（续表）

评价	评价指标		课堂表现	得分
快乐学习 （40分）	1. 主动学习。在教师指导下主动地参与学习活动，认真倾听别人的意见，思维活跃，有克服困难的勇气			
	2. 勇于交流。师生之间交流形式多样、频率适当，能勇于表达自己的观点，分享彼此的思考、见解和知识			
	3. 善于合作。师生共同合作，平等交流共同实现任务分担与成果共享、相互交流与相互评价，体验被他人接受、信任和认同的情感			
	4. 乐于探究。在学习过程中主动探究，善于利用各种资源探究，拓宽知识面，提高分析问题、解决问题的能力			
教学效果 （10分）	1. 知识目标有效落实，能力目标得到有效训练或提高，情感态度目标得到培养或体验			
	2. 学生有愉悦的学习情绪和积极的情感体验，学习积极、主动、高效，享受学习成功的快乐			
总分		等第	评议人	

备注：累计得分85分以上为优，75—84分为良，60—74分为中，60分以下为差。

同时，课题组还制定了"精彩极了和糟糕透了"——教师快乐教学的自评诊断表（详见表6.3），设计了任课教师"快乐课堂"教学自评表（详见表6.4）、学生快乐学习的自评表（详见表6.5），从多个主体获得课堂教学的数据来源，从多个维度出发来探究课堂教学的真实样貌，从而为教师进行实践反思和自我诊断提供翔实的证据支撑，同时也能为深化快乐课堂研究提供丰富的实践素材。

表 6.3　"精彩极了"和"糟糕透了"

——"快乐课堂"之自我诊断

姓名		时间		班级	
学科		课题			
教学片段设计（某一部分教学环节的设计）：			实录片段（这一教学设计的生成或真实呈现）：		
自我诊断（由以上教学环节引出的反思或改进）：					

表 6.4　任课教师"快乐课堂"教学自评表

姓名		时间		班级	
学科		课题			
评价项目	评价指标		得分		
			好	较好	一般
教学目标	1. 符合课程标准要求,切合学生实际,体现"三维"目标有机统一				
快乐教学	1. 创设氛围。教师要用自己良好的情感引导学生进行交流、合作、沟通;善于运用激励性评价语言,营造民主、平等、和谐、互动、开放的学习氛围,激发学习兴趣				
	2. 丰富资源。根据学科特点和教学内容,恰当运用多媒体或其他教学手段进行教学,开发、有效地利用教学资源,捕捉生成资源,发挥教学机智,提高教学效能				
	3. 引导体验。创设学习活动情景,积极引导学生思考、表达、观察、操作、实践、探究和练习等各种体验活动;尊重和鼓励学生的求异思维和创新思维				

（续表）

评价项目	评价指标	得分		
		好	较好	一般
	4. 培养能力。开拓学生的视野,培养学生良好的学习习惯、学习能力;尊重个体差异,重视非智力因素、元认知能力的培养与引导			
快乐学习	1. 主动学习。在教师指导下主动地参与学习活动,认真倾听别人的意见,思维活跃,有克服困难的勇气			
	2. 勇于交流。师生之间交流形式多样、频率适当,能勇于表达自己的观点,分享彼此的思考、见解和知识			
	3. 善于合作。师生共同合作,平等交流共同实现任务分担与成果共享、相互交流与相互评价,体验被他人接受、信任和认同的情感			
	4. 乐于探究。在学习过程中主动探究,善于利用各种资源探究,拓宽知识面,提高分析问题、解决问题的能力			
教学效果	1. 知识目标有效落实,能力目标得到有效训练或提高,情感态度目标得到培养或体验			
	2. 学生有愉悦的学习情绪和积极的情感体验,学习积极、主动、高效,享受学习成功的快乐			
快乐感受				
总体评价	好（ ） 较好（ ） 一般（ ）			

表6.5 学生快乐学习的自评表

姓名		时间	月 日	
班级		学科		
课题		任课教师		
评价内容			评价等第	
1. 上课过程生动，有趣，我喜欢			☆☆☆☆☆	
2. 上完课我们学有所得，很快乐			☆☆☆☆☆	
3. 我认真听讲，喜欢学习			☆☆☆☆☆	
4. 我们主动思考、积极互动			☆☆☆☆☆	
5. 教师亲切、热情，经常鼓励表扬我们			☆☆☆☆☆	
6. 教师鼓励我们去发现、提出问题			☆☆☆☆☆	
我有话说：				

三、 评价方式的创新

为了发挥评价对快乐课堂课题研究的引领作用，学校教师对已有评价指标和量表进行反思与优化，旨在破除评价要求过高和评价内容过多带来的消极影响，即为了评价而评价，弱化评价的发展性作用，因此设计简单又可操作的评价指标和评价方式，将会有助于开展常态化评价，以及运用评价的数据来改进课堂教学，形成良性循环的状态。

鉴于"打造'快乐课堂'，培养学生良好学习情感的案例研究"是一种行动研究，采用课堂观察的方式去了解教学过程中的师生情感状态以及学生学习成效，是一种非常有效的方法，学校教师达成共识后，立即着手制定了"快乐课堂观察表"。我们在每一轮课堂实践中，选择其中一项作为重点加以落实，在课前围绕观察重点、思考教学设计、分工观察细目，在课中有针对地观察、有针对地记录、有针对性地评价，在课后开展有针对性的交流、有针对性的研讨、有针对性的反思，利用"快乐课堂观察表"这一量表，能真实反映课堂教学是否体现了课题研究的目标？使用了哪些方法、策略完成课题目标？以及这些方法、策略是否有效？为进一步有效地对课堂教学进行改进提供第一手资料,有利于在课堂教学实践活动中进行课题研究。

表 6.6　"快乐课堂"观察表

执教教师		学科		班级	
课题		课时		时间	

观察对象	观察项目 (带"★"为本阶段重点观察点)	观察结果			观察与评价
		明显	一般	偏低	
教师 (快乐教学)	创设良好氛围★ (有没有从学生的兴趣和需求出发组织教学活动?组织的活动有没有激发学生学习的热情?对学生的表现有没有及时恰当的回应形成互动?有没有激励性的评价?……)				
	丰富适切资源 (有没有结合学生的生活实际创设情景开展教学活动?有没有充分运用网络资源充实教学内容?有没有发现和利用课堂生成的教学资源?教学资源能否有助于学习目标的达成?……)				
	组织有效体验 (有没有足够的时间让学生进行思考与实践?有没有鼓励学生质疑问难和发表自己的见解?练习和提问是否引起学生的思考?有没有培养学生的各种能力?……)				
	关注多方需求 (有没有以学生的自主学习为基点来组织教学?能不能找准教学的起点和生成点,为学生搭设展现自我的舞台?有没有及时发现学生学习中的错误、困惑和差异,相机诱导和点拨?……)				
	教师教得快乐吗?				

（续表）

观察对象	观察项目 （带"★"为本阶段重点观察点）	观察结果			观察与评价
		明显	一般	偏低	
学生 （快乐 学习）	认真倾听★ （有没有听清教师的提问和同学的发言？能不能分辨他人发言中的对错、优劣？能不能根据倾听的内容作出正确的回应……）				
	积极思考 （有没有主动参与学习？有没有独立的思考，独立的见解？合作学习时有没有主动参与讨论，有没有补充完善？有没有发散性的思维和奇妙的想象？有没有质疑问难……）				
	敢于表达 （是不是能够敢于表达自己的想法？有没有积极参与讨论，争取发言机会？对他人的发言有没有提出自己的疑问和想法……）				
	乐于合作 （有没有愉快地与他人合作开展学习活动？有没有懂得赞同或者发表不同的观点？是否能够友善恰当地评价别人……）				
	学生学得快乐吗？				
综合评价	优秀	良好		合格	须改进

课堂观察人：　　　　　　　　日期：

四、评价手段的突破

为了让评价的结果更加直观地呈现，学校开发了网络评价平台（详见图6.1），教师可以按照评价指标进行评价和记录，当教师们完成评价后，可以立即生成评价统计的雷达图，同时可以查看具体的观察反馈以及教师们的评价意见，这样不仅让教师可以一目了然地知道课堂教学的改进点，也能够让所有教师就评价内容进行交流互动,从而形成积极的教学导向。

图 6.1　学校网络评价平台

　　评价是互动互学,扬人之长,为快乐课堂注入了新内容;评价是相融悦纳,解人之难,为等第评定打开了新思路;评价是共赢和谐,念人之功,为深度学习指明了新方向;评价是促进成长,补人之短,为持续发展增添了新动力。

第四节　快乐课堂的实践现场

　　如何打造快乐课堂,让学生在课堂学习中获取快乐的体验,如何在教学活动中唤起学生良好的情感,这需要教师进行有目的的思考和探索,设计相应的学习活动和运用适宜的教学方式。

一、触摸课堂背后的快乐密码

　　这是一堂实践研究课,美术课"剪出来的画",选自小学美术书画版第四册第四单元走进名作。马蒂斯的剪纸是以色块为主,造型简洁夸张,比较容易被儿童接受。二年级学生已经有过多种剪纸的体验,如剪窗花、剪对称图形、剪贴画等,在此基础上,学生进行剪剪贴贴与创意组合,感受大师作品与色彩美的特点,感受纸造型的美。

（一）教学目标

1. 知识与技能：了解马蒂斯剪纸人物造型和色彩明快的特点,学会剪出简洁夸张的人物动态,尝试选择运用对比强烈的色彩组合画面。

2. 过程与方法：欣赏学习马蒂斯的剪纸作品,用简洁的图形表现出动态的人物形象；想象并剪贴背景,组合完成"舞之剪影"的剪纸作品。

3. 情感态度与价值观：学习大师热爱生命、热爱艺术的精神。体验和感悟简约的艺术美。

（二）教学重点和难点

1. 重点：剪出夸张简洁的人物动态。

2. 难点：进行夸张的表现,创作出有个性的童趣作品。

（三）第一堂课的反思

由于课前精心准备了学习用具、教具、范作,所以教师信心满满地站上了讲台,让学生欣赏了马蒂斯的剪纸作品,引导学生观察、讨论,学生很快就发现了马蒂斯剪纸人物形象的特点。这一环节教师再出示范画,想尽办法引导学生发现剪出夸张简洁的人物动态的方法。面对着教师持续不断的知识输出,学生的学习热情始终没有高涨,学生作业中的人物动态不够夸张有新意,构图的形式过于单一。在《美术课程标准》中,对美术课程的价值和基本理念的表述反复强调：要激发学生学习美术的兴趣；形成学生的创新精神和技术意识；在广泛的文化情境中培养学生自主、探究的学习能力。于是,教师开始反思：怎样才能更好地激发学生学习的兴趣？怎样在课堂中培养学生自主学习、探究的能力？怎样更好地发展学生的想像力？于是,教师重新设计了课堂教学。

（四）第二次实践的课堂模式的颠覆

教师把课堂分成了课前自主探究学习和课堂教学两大板块,设计了一张学习任务单,任务单上有学习目标、学习方法建议、学习素材库和学习任务等四个部分的内容。学生在课前通过自主探究,了解马蒂斯剪纸作品的特征,学习马蒂斯的剪纸人物表现方法。虽然,在自主学习的过程中,每个学生的学习能力是有差距的,但是,学生通过自主学习的过程,去发现问题,甚至解决问题,效果要比教师的教授要好得多,学习的积极性也更加高涨了。

课堂上,师生交流学习经验和遇到的困惑。在交流的过程中,发现学生通过自主学习,了解了关于马蒂斯的生平和相关知识,在针对个别有问题的作业讲评时,学生都能积极发表自己的建议去帮助同学。由于学生先前对马蒂斯剪纸作品有所了解,在设计作业背景时,教师只需稍加引导,学生就能得心应手大胆地创作起来,使整个课堂充满快乐活力。

【片段一】

在课的开始,即分享收获、提出困惑、互助答疑阶段。许多学生都滔滔不绝,说着自己的收获。突然,有位学生站了起来,手指着展示在黑板上的作业(任务单上的任务之一——尝试剪一个具有马蒂斯风格的人物剪纸),哭丧着脸说:"人家说我剪的这个是海星。"教师急忙指出嘲笑别人是不对的,同时请同学想办法帮助他。只见一位同学上台,轻松三两刀,原先的"海星"大变身,一个活脱脱的跳舞的人出现了。教师趁机忙问:"看你剪得这么得心应手,肯定有什么好方法吧?""我在剪之前会用手指甲刻一个火柴人,这样就可以设计出动作,而且不会把人剪得很小。"

那时,学生的回答让教师无比兴奋与感动。因为,在他们的身上看到了学生的学习潜能,相信只要教师多给学生一些时间去观察、思考,大胆让学生尝试,学生的能力就会像小宇宙一样爆发的。

【片段二】

当教师提议大家一起制作一副"舞之剪影"的作品时,教师让全体学生一起跟着"小苹果"的音乐舞动起来,并要求定格在一个舞蹈动作上,再让学生剪下自己的舞姿形象。

美妙的音乐、优美的舞姿、欢快的笑脸,让课堂无比欢乐,更重要的是在学生的作品中,看到人物动态的夸张与千姿百态,有独舞的,也有双人舞的,学生思维在瞬间被打开了,创作欲望更强了。

【片段三】

在作品展示环节,教师让学生围绕"剪纸人物形象简洁、夸张""画面色彩对比强烈""画面整洁、饱满"等三方面展开互评。其中有位学生认为自己小组的作品最棒,但教师觉得她们的评价是最棒的:"这张作品中,不但人物形象简洁夸张,而且它的背景中的房子、马路和树都很简洁,颜色也很鲜艳。"

从学生的作业、评价中,教师又一次体会到了成功的喜悦,课堂也是学生的课堂,学生真正成为了学习的主人,教师只是一个引导者,陪伴着学生成长。

在这堂课中,看到了小朋友们无穷的能力,这些正是快乐课堂给予孩子们的收获与成长。

二、 探索技术融合的快乐路径

语文课"海上气象员"内容浅显,情节简单。学习这篇课文时,要知道通过观察海鸥不同的飞行方式,了解海上气象是非常容易的,但其背后还有深层原因,也就是海鸥飞行的方式与不同天气下食物的情况密切相关,要自己理顺其中的关系,还要区分三次飞行的不同点。这对于二年级学生来说,还是有些困难的,但这同时也是这篇课文理解层次上的重点,所以需要教师的引导。同时,二年级的朗读要求开始强调有感情朗读,所以要指导学生根据提示语和前后文读出相应的语气和感情。

在教学过程中,教师对如何运用多媒体技术,特别是对电子白板的教育技术进行了积极的探索,通过电子白板的运用来创造和谐的课堂气氛,创设轻松的教学情境,把学生带入故事中,在体验中,获得知识,发展能力,得到愉快的课堂体验。

（一）以"电子白板"的运用为主

1. 学习贴着海面飞

师：看看这只海鸥妈妈在海面上这样飞（电子白板拖动海鸥在海面上飞），再这样飞（拖动海鸥贴着海面），你觉得哪种是贴着海面飞？

生齐：第二种。

师：为什么？

生：因为是贴着海面。

生：离海面比较近。

师：哦，贴着海面飞就是紧紧地挨着海面飞。

······

2. 学习沿着海岸转几圈

师请一个学生上前在电子白板上拖着海鸥妈妈演示沿着海岸飞。

师：就在这一块地方绕圈吗？不是，这里的转圈应该是来回飞几圈。能不能再进去？

生齐：不能。

师：所以沿着海岸飞就是顺着海岸的边缘飞。

3. 学习在半空里盘旋

师请一个学生上来在电子白板上拖着海鸥妈妈演示在半空里盘旋。

师：哦，这是在半空中，海鸥妈妈绕着圈子飞。

师：这就是——

生齐：（看着板书）半空盘旋

4. 接下来，引导学生发现并归纳不同飞行方式和不同天气下食物的情况密切相关。

第一次实践的教学效果：教师教学中充分利用了先进的教学技术——电子白板，但只是调动了学生对电子白板的好奇心，对海鸥妈妈能被拖动很感兴趣。其中教学方法本质上还是教师教学生学，学生处于被动接受的状态，并且实际操作的学生只有一个。因此，海鸥妈妈三个飞行方式到底是怎样的？有什么区别？学生还是不太了解，或者有点模糊。

（二）"动作体验"和"电子白板"互相结合

1. 学习贴着海面飞

师：我们可以这样用手当海鸥妈妈（指导手势），用桌面当海面，来模仿海鸥妈妈贴着海面飞，自己试一试。

生集体在自己桌子上模仿飞。

师请一个同学上来演示。

师：飞的时候要离桌子比较——

生：近。

师：所以贴着海面飞就是紧紧地挨着海面飞。

2. 学习沿着海岸转几圈

师请一个同学上来做海鸥妈妈演示沿着桌沿模仿沿着海岸飞。

师：只飞一遍？她转了几圈呀？

师：（带着学生在讲台桌沿来回飞几次）要这样来回飞。一起在自己桌沿试一试。

学生集体模仿飞。

师：所以沿着海岸飞就是顺着海岸的边缘飞。

3. 学习在半空里盘旋

与之前的教学一样，以电子白板为主。

4. 接下来，教授不同飞行方式和不同天气情况下食物的情况密切相关。

第二次教学效果：这次教学不完全用电子白板，加上了动作强化教学，因为能动起来，学生能体验海鸥妈妈的具体动作，好比自己就是海鸥妈妈一样，学生的积极性得到大幅提高，对海鸥三次飞行方式有了直观深刻的了解。

（三）"动作体验""学习道具"与"电子白板"有机整合

1. 学习贴着海面飞

师：第一天是个——

生齐：好天气。

师：（拿出小鱼道具，在讲台桌面上游来游去。生"哇"轻声惊叹，纷纷探出头来想看个仔细。）你看，鱼虾都游到海面上来——

生齐：玩耍。

师：请一只海鸥妈妈来捉捉海面上的鱼虾。（指导如何用手模仿海鸥妈妈）你可以用大拇指把小鱼夹起来。（鱼在桌面上，模仿海鸥妈妈的手只能贴着海面才能夹到鱼。）

（每个学生都兴奋得举起了手，很多学生将手举过头顶，伸得笔直。）

一个学生上来用拇指夹小鱼。

师：我来采访一下这只海鸥妈妈，你要捉到鱼虾就要飞得离海面——

（下面学生听得非常仔细。）

生：近。

师：也就是——

生齐：贴着海面。

师：（对上来表演的学生说）把小鱼衔回去给你的小海鸥吃吧。

（生惊喜，下面的学生眼神透露出极度羡慕。）

师：再请一只海鸥妈妈来贴着海面捉鱼虾。

（学生更兴奋了，甚至很多学生站起来举手，生怕教师看不见。）

一个学生上来用拇指夹小鱼。

师：我也来采访一下这只海鸥妈妈。你逮住鱼虾了，高兴吗？

生：高兴。

师：高兴了就要笑，笑一个灿烂的给大家看！

生笑。（大家看得津津有味）

师：这条小鱼也去给你的小海鸥吃吧。（生齐羡慕）

师：哪只海鸥妈妈能带上你灿烂的笑容读出高兴来？

指名两个。

师评价：这只海鸥妈妈的笑容真灿烂。这只海鸥妈妈的语气很轻松，也很高兴。海鸥妈妈们一起带上灿烂的笑容读一读。

生一起带着笑容读起来。

2. 学习沿着海岸转几圈

师：这次妈妈找到的食物是——

生：一点儿小海贝。

师：看到只有小海贝，(拿出海贝道具，走到学生身边，随机问三个学生。)小海鸥，这次只有海贝，你什么感受？

(看到真实的海贝，被问到的学生感到很新奇，其他学生很好奇，所以仔细听着。)

生：上次有活蹦乱跳的鱼虾，这次只有海贝，我觉得不高兴。

师：这只小海鸥什么感受？

生：上次是鱼虾，这次只有海贝，我觉得很失望。

师：你什么感受？

生：怎么只有海贝，我觉得很生气。

师：哦，甚至还有点儿责怪妈妈了。是呀，你看！小海鸥嘴巴都嘟起来了。你们也嘟嘟嘴。

生齐嘟嘴。(所有人都把嘴撅得很高，有些人眉毛也皱起来了。)

师：这只小海鸥嘟得特别好，上来嘟给大家看。

生上来示范嘟嘴。

师：哦，嘟嘴就是把嘴巴撅起来，表示不高兴了，很失望。教师想来扮演这只失望的小海鸥。(师范读)谁来挑战？(听到挑战教师，学生很兴奋。)

师：(引读)今天只有小海贝，你会说——

指名两个后齐读。

……

师：假如这边桌沿就是海岸边，海岸边有一些海贝，(师在桌沿贴上海贝，学生新奇地探出头来观看，还有人轻声说：哇，海贝贴上去了。)请一只海鸥妈妈来捉海贝。

（生很兴奋地举手）

生上来沿着桌演示用大拇指夹海贝。

师：我再来采访一下，离海岸的边缘很远能捉到海贝吗？

生：不能。

师：所以要顺着边缘飞。只飞一遍？海鸥妈妈还转了几圈呢，所以要这样来回飞。（带着学生在讲台桌沿来回飞几次）小海贝衔回去给小海鸥吃吧。（生羡慕）

师：谁再来？（又一次出现了小手的丛林。）

生上来沿着桌演示用大拇指夹海贝。

师：这只海鸥妈妈飞得对不对？海贝送给你。（生羡慕）

师：我们一起做沿着海岸飞的动作。

生齐做动作。

师：所以，沿着海岸飞就是顺着海岸的边缘飞。

师请两人小组根据屏幕出示的内容，配合演一演，并指明两对到前面来表演。（因为表演海鸥妈妈的可以做动作，小海鸥可以撅着嘴读，所以没有出现由于争抢角色造成积极性不高的情况。）

上来一个两人小组。

师：海鸥妈妈的动作我说，你做，好吗？

"海鸥妈妈"随着教师朗读做动作。

师：注意要转几圈。

再一次跟着教师朗读做动作。

"海鸥妈妈"飞到小海鸥面前。

师：海鸥妈妈，小海鸥吃的海贝忘了。（生齐笑）

"海鸥妈妈"去桌沿夹住海贝，然后递到"小海鸥"面前。

"小海鸥"和"海鸥妈妈"读出了正确语气。

再请两个小组表演后男女生表演读。

第三次实践的教学效果：这次改进，教师将海鸥妈妈的飞行方式和原因组合在一起教学，学生学得更明白。在教师用语言和活动等方式营造的氛围下，每个学生都觉得自己是海鸥妈妈或者小海鸥，自己是这堂课的主人。学生能上来亲身体验捉鱼虾和海贝，更深刻地理解了海鸥妈妈的动作和其背后的深层原因。听到教师总称呼他们为"海鸥妈妈"和"小海鸥"，加上"采访"环节和小鱼海贝道具的刺激，所有学生精神高度集中，积极地参与了每个活动环节，听得也非常认真，课堂上欢声笑语，学生学得轻松，教学收到了非常好的效果。

这堂课，教师前后试教了三次，对三次所用的方法进行对比分析。第一次教学，教师单纯地以"教"为主，利用新技术电子白板帮助学生体验，也只有几个同学感受到了，其他学生还只是被动接受，而且由于屏幕是二维呈现的，所以学生对"贴着海面"和"沿着海岸"的理解还不够直观。第二次教学，教师让所有学生参与了动作体验环节，所有学生对海鸥妈妈的飞行方式有了直观的了解。但这两次教学，学生对于海鸥妈妈为何如此飞行背后的深层原因，还是以教师教为主，没有内化为自己的理解。第三次教学，教师通过语言的引导，道具的展现，再加上动作表演，引导学生以海鸥的角度去理解课文内容，先体验，再体会，学习更主动、更快乐。在这三次教学的比较中，可以看到，学生一次比一次体验得更多，一次比一次快乐，而对于课文内容有了更进一步的理解。这堂课形成了以体验为主线，以情景渲染和多媒体教学为手段，以落实"快乐课堂"目标为追求的鲜明特点，教学无疑是成功的。

三、 培育合作精神的快乐活动

三年级数学"几分之一"主要是让学生初步认识分数单位，借助实物和图形，直观认识几分之一，并且能正确读写分数。"平均分"活动是分数的基础，三年级的学生初次接触分数，他们只注意到一个整体被分割成几块，而没有注意每一块是否相等。因此，在教学时，经常引导学生先判断是否一个整体被平均分，使学生养成在使用分数前首先判断其是否平均分的习惯，以逐渐把握分数"整体—部分"的意义。

（一）教学目标设计

1. 借助实物、图形,直观认识几分之一,会读、写几分之一的分数,初步建立分数概念。

2. 通过等分(平均分)活动,初步体会数的发展源于生活、生产实际的需要。

3. 在动手操作、观察比较中,获得运用知识解决问题的成功体验。

二、教学过程实录

（一）情境导入

师：教师说一些问题,你们用掌声告诉大家答案,好吗? 比如,答案是1,你们就拍一下手。有4个桃子,平均分给2个人,每人得几个?

师：有2个桃子,平均分给2个人,每人得到几个?

师：只有1个桃子,平均分给2个人,每个得到几个?(半个)

师：对,半个。半个该怎么写呢? 小朋友们,能用你喜欢的方法来表示一个桃子的一半吗?(学生可以到黑板上用符号写出自己的表示方法)

> 设计意图:首先用拍手游戏导入,引出"平均分"概念,利用"半个桃子"这个问题让学生小组讨论,激发学习兴趣。所选的情境是学生在生活中最常见的生活经验,快速、自然地引入新知的探索,真正做到有效的情境为有效的课堂服务。

师：请介绍一下你写的符号的意思吧?(学生介绍)

(不同的介绍,估计其中会有1/2,2/1等)

师：这是什么意思?(教师停在了"1/2""2/1"前)

(参考:生:这是1/2,表示把一个桃子平均分成2份,每份是相等的。)

师：你在哪里见过1/2?

师：(假如有学生写出2/1,类似自己创造的表示方法)挺好嘛,自己创造的。(没有就直接小结)小朋友们,你们用自己喜欢的方式表示出桃子的一半,说明你们很有办法。不过,教师向大家介绍一种更科学、更简便的表示方法。把一个桃子平均分成2份,表示一份时,可以像这位同学一样,用这个数"1/2"来表示。(教师边说边走到黑板前,用红粉笔框住了"1/2")

> 设计意图:让学生用自己喜欢的方法来表示一个桃子的一半,鼓励学生敢说敢想,充分展示学生的真实想法。

(二) 创设情境,导入新课

1. 认识 1/2

师:这里有一只大蛋糕,请一个同学来帮忙分一下吧。(学生上台分蛋糕)这个同学是怎么分的蛋糕?

师:把一个蛋糕平均分成两份,每份就是这个蛋糕的 1/2(边说边比画)。请跟你的小伙伴,说说自己对 1/2 的理解吧。(学生交流)

师:你还能在这只蛋糕中找到另外一个 1/2 吗?(可以借助白板拖曳功能拖动另外一个 1/2),引导学生掌握 1/2 的读法、写法。

师:那么二分之一怎么写呢?

师:我们写 1/2 的时候,先划一横,表示平均分;再从下往上,先写"2",表示分成 2 份;最后写"1",表示其中的 1 份。请同学们用右手,照着教师的样子,在桌子上写一写 1/2。

2. 知识迁移,认识 1/4

师:小巧、小亚也来了。现在,一个蛋糕 4 个人平均分,这样切,对吗? 为什么?

(不对,因为这样切就不是平均分了)

师:现在,怎么表示每个人分到了多少蛋糕呢?(四分之一个蛋糕)

师:谁来把分蛋糕的过程来说一说?

填空:把一个蛋糕平均分成(　　)份,每一份都是蛋糕的(　　),也就是(　　)个蛋糕。(强调:平均分)

师:所以,他们每个人都分到了多少蛋糕?

师:四分之一怎么写?

三人小组合作,利用正方形纸片,动手折一折,找出它的 1/4,并涂上颜色。

师：谁来把折正方形纸片的过程来说一说？（理解分数的意义）

设计意图：小组合作动手折正方形纸片的四分之一，找到三种不同的折法。鼓励学生敢说敢想，创造机会，充分展示了学生的真实想法，培养了学生的合作意识，探索精神，提高了学生解决问题的能力，学生学得快乐。

3. 认识几分之一

师：现在我们已经认识了 1/2 和 1/4 两个数，你们还想不想认识其他的几分之一呢？借助你手中的纸带试一试、涂一涂，把你找到的几分之一写在纸带上。

师：今天，我们研究的就是几分之一的问题。

师：把一个长方形平均分成 2 份，每一份就是这个长方形的 1/2

把一个蛋糕平均分成 4 份，每一份就是这个蛋糕的 1/4

把一条纸带平均分成 8 份，每一份就是这条纸带的 1/8

……

（生先总结师再补充）师小结：所以，我们说，把一个整体平均分成几份，每一份就是整体的几分之一。

揭示课题：几分之一。

师：像 1/2，1/4……这样的数我们叫做分数。（板书：分数）

设计意图：最后利用知识的迁移，通过平均分蛋糕、分纸带、分正方形、长方形纸片的过程让学生归纳为"平均分一个整体"，将 1/2、1/4、1/8、1/16、1/32……等分数归纳为"几分之一"，让学生自己总结出"把一个整体平均分成几份，每一份就是整体的几分之一"。教师再作补充，培养他们归纳总结的能力。

三、练习巩固（平板上完成交流）

（一）选择题

1. 把一个 2 米长的绳子平均分成 3 份，每一份是这根绳子的（　　　）

A. 1/2　　　　　　　　　　　　　B. 1/3

2. 把一个西瓜切成 4 份，每一份是这个西瓜的 1/4（　　　）

A. 正确　　　　　　　　　　B. 错误

3. 一瓶可乐平均分成 5 杯,每一杯是这瓶可乐的(　　　)

A. 1/5　　　　　　　　　　B. 1/10

4. 把全班学生平均分成 4 组,每组学生人数是四分之一(　　　)

A. 正确　　　　　　　　　　B. 错误

5. 正三角形被分成相同的 5 份,每一份是原来正三角形的(　　　)

A. 1/5　　　　　　　　　　B. 1/3

（二）连线题

设计意图:网络作业平台是现代教学兴起的教学方式,将其运用到课堂中,作业形式更新颖有趣,提升了学习兴趣;作业反馈更加及时,提高了学习效率。网络作业的教学方法不仅让学生在练习中巩固深化新知,发展学生综合实践能力,而且提高了学习兴趣和学习效率。

四、拓展练习

（一）1/2、1/3 哪根更长?

师:教师这里有两根被部分遮挡的线段,一根露出 1/2、一根露出 1/3,请你们猜一猜哪一根线段更长呢? 说说理由?

（二）分数的由来（观看微视频）

> 　　设计意图:延伸学生的知识面,通过拓展,锻炼他们独自思考的能力以及思维能力。学生在这一部分中能积极表达自己的想法,做到"知其然,并知其所以然"。

　　这堂课,首先,教师非常注重引发学生的兴趣,通过创设生活情景,引导学生很快地参与到课堂学习活动中来;其次,有效组织学生开展合作学习,让每个学生都积极参与讨论,课堂充满激情、充满生命、充满精彩。

　　"快乐课堂"始于将"问中学"与"做中学"相契合,会学是根,拥有一种生命力;善于将"学中思"与"学后说"相融合,理解是苗,拥有一种表现力;基于将"课堂学"与"生活学"相统合,行动是花,拥有一种渗透力;重于将"巩固联"与"拓展辨"相化合,运用是果,拥有一种发展力。

第五节　快乐课堂的实践成效

一、 助力教师的专业成长

　　教师如何理解课堂教学,就会生成相应的课堂教学行为,当教师能够以一种积极的心态去探索课堂教学,不断在学习和实践中更新其自身教育教学理念时,就会呈现出一个全新的课堂面貌。为此,学校在开展快乐课堂课题研究时,就重点推进教师理念更新、教师能力培育和教研方式改进。

(一)深化教师对课堂教学的理解

　　在课题开始的早期,学校通过对"快乐课堂"的理论学习和交流研讨活动,让教师们对"快乐课堂"有了初步感知,同时也设计了一系列评价量表和观察量表,提倡在课堂教学中加以实践运用,这个过程让教师对"快乐课堂"的理解从认知走向了实践,迈出了关键的一步。教师在实践中基于快乐课堂的基本理念,不断反思和改进课堂教学，不断创新和深化快乐课堂教学的研究。伴随着研究的推进，教师的认识和实践就发生了变化，随之而来收获了更多的成就感和幸福感。比如有教师在总结里写到："快乐是每个人都追求的，而学生的快乐就是我们教师的追求。作为一名英语教师，伴随着实践活动一起成长，收获到快乐和自信，我的学生也在活动中感受到学习英语的无限快乐。"

（二）提高教师课堂教学的能力

学校以课题作为抓手，主张让教师在教学实践中展开研究，通过研究更新自身课堂教学的理念，以及不断改进自身课堂教学的问题。与此同时，学校提供很多课堂教学展示和课题汇报交流的舞台，鼓励全体教师积极参与其中，教师在磨课、教学和教研的过程中，教学实践能力显著提高，由内而外的自信和快乐就会显现出来。

具体到课堂教学能力，教师的进步体现在多个维度，比如课堂语言的恰当运用，课堂教学过程的动态把握，媒体的合理使用，等等。然而，这些进步都离不开教师个人的努力，也离不开同伴的支持与帮助，更离不开学校搭建的专业发展平台。恰如一位数学教师说的："从备课、制作课件到最后一轮又一轮的试教，让我真切地体会到一堂'好课'真的是来之不易！教学设计写了有七八份，为了设计好每一个教学环节，我写了改，改了写，一晚上坐在书桌前反复思考，经常加班。这里面的苦与乐，只有自己知道。虽然过程是漫长的、艰辛的，但它将成为我教学生涯中一份珍贵的记忆。"一位语文教师也说到："打开我备课的文件夹，满满的，都是我的成长轨迹，教学设计文本文件有七稿，每一稿都是截然不同的，整个推进过程中小修小补更是不计其数。点开课件文件夹，里面有几十个或下载的、或自己修改的、或自己制作的图片和音视频文件，电子白板课件也有四份。"

（三）探索富有成效的教研方式

当课题研究启动后，学校让全体教师都参与到整个课题研究的全过程，课前一起参与备课研讨，出谋划策；课中会认真听课，做好观察记录；课后会积极发言，交流看法,指出教学过程中的精彩之处以及需要改进的地方,同时也对课题研究提出自己的看法,推动课题不断发展。正是有了全体教师的共同参与,才得以保障课题的顺利推进。

通过几轮的课题实践活动,逐渐形成了有效且可操作的"快乐课堂"教研方式。即在确定教学内容后,形成课前教师独立备课、课中观察记录和课后研讨交流的模式。尽管课前有过研讨,但全体教师依旧要参与过程,分享个人观点,实现智慧共享,教师在了解集体反馈后,继续改进个人课堂教学,从而使媒体的使用精准又实在,语言精练又精彩,学生表现好学又快乐。一位英语教师在课堂实践的过程中,充分感受到了团队互助的力量,他说:"正是英语组学科团队的帮助,完善了原有的不足之处,打开了最初的困惑之处。尽管付出了很多的辛劳,但是收获了成长的快乐。"

(四)提升课堂评价的能力

随着课题研究的推进,教师们对课堂教学评价的理解也愈加到位。教师们从单纯地为课堂打一个分数,到运用评价指标对观摩的课堂进行简单反馈,再到运用观察表,细致观察课堂教学,然后详细记录下相对应的一系列有针对性的评价,提出不足的地方,以及有建设性的改进的措施。不断实践的过程,让教师的课堂评价能力得到锤炼而提升。

在实践后的调研中,教师对于课堂教学的满意程度是高的,认为快乐课堂的教学是有效果的,是有利于学生个性发展的,也是快乐的、有生命力的。同时,我们还邀请了学科专家走进课堂进行课堂观摩与指导,专家充分肯定了学校在课堂教学中的改进成效,师生快乐合作享受课堂的积极氛围,以及快乐课堂课题研究的方向。

二、 培育学生的积极品质

教师们在"快乐课堂"中通过"创设良好氛围"和"提供丰富适切资源"等多种

手段,组织开展高质量的教学活动,激发学生的学习兴趣,培育学生的合作精神和良好情感,为学生的个性发展提供有益支持。

通过实践之后的调研,了解到学生与同伴间的相处更加融洽,与教师间的关系更加和谐良好,这就表明快乐课堂的理念已经开始落地了,恰如三年级的同学说:"我们每个小朋友都喜欢自己的教师,也喜欢自己的课堂。在我们的课堂上,教师详细地讲解着问题,同学们听得可仔细了。教师有声有色地讲课,让我自然而然地参与互动了。"正是教师精彩的讲课,让学生聚精会神地聆听,精心设计的合作互动,让学生具有了团队意识,学会了欣赏他人。四年级的同学说:"我非常喜欢自己的教师,也喜欢自己的课堂。课堂上,同学回答错了,教师不但不批评,还鼓励他们积极发言。"这一切都离不开教师们的共同努力,正是由于教师的宽容和鼓励,才能使学生积极参与到课堂的学习中,不仅从教师那里学会了宽容,也懂得了不怕困难,勇于挑战。五年级的同学说:"我喜欢我的教师,喜欢我的课堂,更喜欢我们班级中安静的环境。语文课上,王教师经常用课本剧的形式来让我们体会怎么读好人物的话,记忆深刻。"正是教师智慧的教学,让学生感受到了学习的快乐,而他们的自信、上进,也同样感染了教师,鼓舞着教师更好地去准备。

三、 打造"快乐课堂"的特色

(一)注重挖掘快乐元素,激发学生快乐情感

学校教师积极把快乐元素融入到课堂教学中去,让学生在课堂中感受到快乐的氛围,经历愉快的学习体验,达成预期的学习结果。在美术课上选用"剪出来的画",采用直观的方式激发出学生对剪纸的热情,萌生创新的欲望,在课堂上看到学生们都兴致勃勃,踊跃参与到课堂活动中;在作品展示阶段也积极展示,进行分享交流,并且对同伴的作品以欣赏的眼光进行评价。在英语课上选用孩子喜爱的小熊维尼和他的好友作为教学素材,通过他们一起去野餐的故事逐步引出新授内容,将单元的核心内容与学生已有经验进行有机整合,充分调动学生学习积极性,课堂上学生都很投入专注,或认真思考,或合作讨论,展现出全新的课堂景观。

（二）注重融合信息技术，有效开展教学活动

教师充分运用自己的信息技术特长，将白板、微视频、微课程等技术，适切地运用到自己的教学实践中，使演示的过程更清晰更连贯；使学生对知识的学习更明了，更透彻；使学生的自学更方便，更容易。数学教师在运用"翻转课堂"的教学方式后，表示"反思整个教学过程，翻转课堂的教学模式颠覆了以往的传统教学，充分展现了学生的主体地位，轻松的学习氛围让每一位学生都能够敢想、敢做、敢说，让学生在自主独立探索与小组合作交流的过程中加深了对基础知识的理解，并能熟练地运用不同的方法解决学习中遇到的问题。"每一次课堂教学的转型和教学方式的变革，都是对所熟悉的习惯的方式重新建构的过程，因此学校要积极鼓励学校教师走出舒适圈，不断进行新的尝试，运用新技术去改进教学，对做出探索行为的教师给予积极肯定与支持。恰如有教师所言："每一次的试教对我来而言都是一个披荆斩棘的过程。每一个环节的调整，每一句话的斟酌，每一次互动，每一个评价……都在一次次的试教中反复推敲修改，随之又是备课和课件的修改，这样周而复始，才让我的课不断完善。毛毛虫不也是咬破了虫茧才破茧而出，一步步蜕变成蝶的吗？"

值得强调的是，信息技术项目组开展了"白板技术与学科教学的有效整合，提高教学的有效性"研究，采用一课多上的实践对比，研究如何发挥好白板技术的交互功能，创设更多对话与交流的环境。又进行了"基于交互白板的小学数学翻转课堂模式的探索"的研究，探索翻转课堂与课堂教学融合的实践路径。在研究的过程中，多位教师运用白板技术和翻转课堂教学方式开设区级公开课，并在市区级层面获得奖项，为学校全面推进信息技术与学科整合提供了良好的示范作用。

（三）注重培育积极品质，促进非认知发展

在快乐课堂的教学过程中，自主学习、合作学习和探究学习已成为学生学习的主要形式，一方面为学生创设成功的机会，让学生在学习活动中，通过解决困难，成功地完成学习任务来检验和认识自己的能力，提升自我效能感。另一方面在教学中教师注意与学生进行感情交流，及时沟通，建立相互信任、相互尊重的良

好师生关系，以欣赏的眼光看待学生的成长，培养学生积极的思想情感。面对暂时表现后进的学生，教师不仅在学习上帮助，更在生活上关心，让他们感受到教师的关怀和殷切期望，也让教师都能够认为"快乐课堂"应该是师生和谐、合作共享的课堂。学生尊重教师的劳动，认真听取教师的讲解、提问。教师则尊重、呵护学生在学习中闪现的智慧火花，赋予学生自由学习的时空。

同时，教师的精神饱满、乐观豁达、热情幽默、以身作则等品质，都在潜移默化地感染学生，形成正向积极的榜样示范，引导学生形成正确的价值观。并且教师还注重培养学生的学习习惯和学习方法，不断在教与学的过程中，引导学生运用正确的学习方法，提升学生的学习能力。

四、 形成"快乐课堂"系列研究成果

在全体教师的共同参与下，学校完成了"学校学生学习情感的现状研究"，撰写了分析报告，为推进快乐课堂研究提供了实证数据；也开展了"征集师生快乐课堂——我的理解、我的思考"活动，明晰了快乐课堂研究的发展方向。

其次，在教师集体讨论和实践探究的基础上，形成了"快乐课堂"教学评价表、"精彩极了和糟糕透了"——教师快乐教学的自评诊断表、学生快乐学习的自评表及"快乐课堂"观察表等系列评价量表，为师生参与快乐课堂研究提供了抓手，也为优化改进课堂教学指出了更加清晰的实践路径。

最后，开设了五轮十次的快乐课堂实践活动，这些研究充分展现了快乐课堂的特征，在实践研究的过程中也积累了大量的案例研究素材。基于此，完成了《"精彩极了和糟糕透了"案例集》《快乐课堂教学设计集》《快乐课堂论文案例集》，为后续课堂研究提供实践参照。

五、 反思"快乐课堂"实践研究路径

不登高山，不知天之高也；不临深溪，不知地之厚也。伴随着研究的不断深

入，教师对"快乐课堂"有了新的认识，对"快乐课堂"也有了更深的思考。为了提升快乐课堂研究的品质，最为关键的就是教师的改变与成长，能接受新的教育理念，并在教学实践中加以探索研究，不断改进课堂教学方法；能以平等尊重的心态面对学生，把学生作为学习的主体，充分发挥学生的主体性，激发学生主动参与的意识，促进学生的全面发展；同时能够以发展的眼光看待学生，善于激励学生，善于发现学生长处，学会赞美学生。每一名学生都有希望得到赞美的心理，当教师把目光从寻找学生身上的缺点改为寻找他们的优点时，会看到学生的可爱之处，也会看到学生的成长可能。

另外，还需要处理快乐课堂的几个关系，第一是教学内容和教学手段之间的关系。积极挖掘教学内容和教学手段两者之间的快乐元素，彼此相辅相成，达到最优效果。第二是知识学习和情感培养之间的关系。在知识教学的同时，注意培养学生良好的学习情感。情感的培养不可能单独完成，必定是在学习过程中培育的。第三是《快乐课堂评价表》和《快乐课堂观察表》之间的关系，评价表是我们快乐课堂的综合评价，是快乐课堂的目标。观察表则是对快乐课堂的细化，是快乐课堂的落实。只有平衡好上述关系，才能够让快乐课堂的实践研究更有价值，也更富有生命力，促使课堂转型为基于情景的高阶学习、基于问题的行动学习、基于群体的合作学习、基于经验的反思学习和基于探究的创造性学习；而教师群体也能够在研究真问题的基础上，不断增强自身发现问题、解决问题的能力，以及加强团队合作、交流的能力，实现共同成长、共同发展。

第七章　活力的技术：阳光校园的助力点

导言

"活"字，是一个很奇妙的字眼，可以有丰富的字词组合：人们的性情——要活泼；学习的氛围——要活跃；掌握的知识——要活用；健康的身体——要活动。对于学校的教育教学来说，要充满活力，让全体师生都享受"活力的技术"！在这个信息化的时代，需要去激活智能、盘活方法、搞活"教"与"学"……于是，信息化的技术音符在校园里演奏出华彩乐章。

这是一个"信息"——铺天盖地的时代，拥有许许多多，有时却难以取舍；

这是一个"网络"——覆盖所有的空间，一切都在眼前，带来太多的便利；

这是一个"交互"——成为导向的一派，将我变成我们，你的智和我的慧；

这是一个"翻转"——带动颠覆的节拍，不可能变可能，一加一能大于二；

这是一个"平台"——展现别样的精彩，人人都成主角，我的精彩我做主。

上面呈现的五个关键词："信息""网络""交互""翻转""平台"，就像五颗种子，在教育的园地里生根、发芽、开花、结果，我们在过程中——见证了它的枝繁叶茂，在行动后——享受着它的硕果芬芳。

技术的发展极大地丰富和拓展了教育的形式，促进教育内涵发展，成为推动教育发展不可或缺的助力，也成为学校发展的重要手段。因此，学校基于技术打造了教师网络研修平台和学生学习平台，让信息化技术真正成为学校飞速发展的助力。几年来，学校荣获上海市首届网络教研优秀集体二等奖、浦东新区教育信息化工作先进集体、浦东新区"信息技术环境下教师专业发展"项目优秀领衔学校、浦东新区信息化督导评价优秀等荣誉。几十篇信息化论文、案例在全国、市、区级刊物发表或获奖，学校在多次信息科技与学科整合教学评比中获得佳绩。信息技术的应用为学校发展增添了活力，引发了学校课程、教学、教研的转型，成为推动阳光校园建设的一大助力。

第一节　活力技术的学校推动

教育与技术的融合是发展的趋势，如何运用好技术助力学校发展，是学校一直在思考的问题。学校深知教育技术的应用能深化阳光校园的空间建设，拓展学生的学习空间，丰富学生的学习方式，促进学生学习。为此，学校结合信息化发展问题，开展课题研究，积极探索适合学校自身的信息化发展之路，引领阳光校园发展。

一、课题研究——领路

教育与信息化融合不仅仅是一个简单的技术问题，还涉及到复杂的教学、学习等方面，外部、机械式的融合反而会成为师生学习的阻碍，如何推进技术与学校教育工作深度融合是学校发展面临的真实问题。要推进技术融合，必须清楚技术在学习中的作用，了解师生学习特点，以及技术融合已有途径等问题。为此，学校组织开展了课题研究，立足研究发展适切自己学校的信息化使用技术，推进教育信息化发展进程。

学校关于教育信息化的研究从全国教育"十一五"规划重点子课题"基于知识管理的网络校本教研的研究"，到区级课题"网络环境下创建学校教研文化的实践研究"，都是凝聚全校之力，形成学校、教研组、学科组和教师等多个层面的研究架构，共同推进课题研究，加速教育信息化发展进程。

具体而言，学校课题聚焦于"基于网络环境下的校本研修"这一研究（详见图7.1），在国家课题和区级课题的引领下，基于学校发展的需求，着力打造网络教师研修平台，提供技术支持；各教研组或学科组选择适合自己学科的研究子课题；教师依据教学实践选择个人研究课题。整个课题研究上下贯穿，具有共同的研究聚焦点，但不同层次的课题各有侧重，相互补充。学校课题研究具有引领性作用，教研组或学科组、教师层面的课题都是教师在平时教学中产生的问题，经过提升、提炼又回到了教师的教学中，具有实践性的价值，二者在研究中产生的成果或问题进一步丰富学校课题研究，从而形成一个螺旋式的教育信息化研究系统，实现教育信息技术在学校教育中迭代改进的作用。以课题研究为中心，教师成为专业的

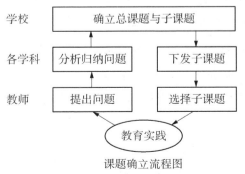

课题确立流程图

图 7.1　教育信息化课题引领图

研究者,以平等的身份参与到课题研究中,教师因共同目标而相聚,以实践举措形成行动合力,教师间紧密相连,构成专业共同体,共同推进研究开展、课题管理,让教师成为课题的研究者、管理者、引领者、学习者,带动学校整个教育信息化工作的推进,引领全体教师协同发展。

学校始终坚持在课题支持下进行学校信息化工作,课题研究在前,在研修实践中,以智慧工作和科学工作引领全体教师进行研究。事实证明,课题研究的引领,让学校的信息技术展现出蓬勃的活力,教师获得了丰厚的研究成果,信息化也成为师生发展的强有力支撑。

二、 实践研修——领先

学校各个层级的课题研究为技术推进打下了坚实的基础,学校积极将研究成果转化为教师研修的内容,利用网络教师研修平台,为教师架构一系列的实践与探索的平台,也为资源共享提供了载体。为此,学校形成了"1""1+1+1""1>1"的教研方式,形成以"问题研究——实践反思——改进再实践"的行动研究的校本研修模式,推动课堂教学实践的改变。

(一)"1"——一份教学问题主攻单,创新网络教研主题

"1"即教研团队通过协商找出"1"个团队教学中最急迫解决的、具有共性的"教学问题主攻点"作为共同的教学研究方向,以问题为起点,形塑教研团队共同愿景,以教研团队共同行为塑造合力,增强教研的针对性、实践性,保障教研效果。

每学期,教研团队成员在网络教师研修平台上提出自己的教学困惑,大家各抒己见,分享经验,某些问题就会当场解决。而有些问题则是教师们的共性问题,这样的问题可能成为研究重点,是否能够研究还需进一步确定。团队成员会根据共性问题查阅相关研究,依据实际情况,选择最迫切、可解决的问题作为研究点,明确研究主题,撰写研究计划,积极有序地开展研究,以教研组为团队共同研究、集体改进。

（二）"1＋1＋1"——教研共同体，深入网络教研实践

"1＋1＋1"即通过"集体备一节课加集体听一节课再加集体评一节课"，以团体的智慧对"问题主攻点"进行研究，既是研究的过程，又是问题解决的过程。

首先是网络环境下的团队备课。教师团队先是在专业发展平台上一起开展学情分析和教材分析，根据主攻问题，团队探讨可解决问题的途径，初步形成一份问题解决方案，先行实践的教师据此修订完善教学设计，并上传至网络平台。团队再针对班级、学生和教师个人教学实际，对网上已有的教案进行讨论、提出建议，执教教师进行再次优化。在一次次修改、研讨反思的过程中，通过智慧共享、群策群力使备课形成最佳方案。

其次是网络环境下的团队观课。课堂实践是检验问题解决方案实效性的标准，教育信息技术实现了课堂教学录像，可以对课堂进行详细、深入的分析。教师依据原有方案设计开展课堂教学，团队教师参与听课，信息组的教师则完成课堂拍摄及切片，随后将教学录像及教学设计课件等上传到校本研修网。教师不仅能当堂听课，还可以通过网络反复观摩某一片段细节，更加深入讨论原有教学设计的可行性，进一步优化问题解决方案。

最后是网络环境下的团队评课。课后，教师随时可以通过研修平台观课进行评课，通过录像的定格、播放、回放，对整个教学过程的若干个教学情境，或教学中具有某些代表性的一个或几个情境进行逐一研讨。评课活动也可以实现同步研修，教师们在此过程中，相互切磋，共同进步。

（三）"1＞1"——汇智聚力，提升网络教研效果

"1＞1"即教研团队的"一课多上"，第一课后，可在网络平台上进行教学研讨，对教学设计进行再次反思与优化，开展课堂教学。

教师借助研修平台浏览自己的视频课例和其他教师的评课意见，在个人反思的基础上，教研组、备课组教师共同进行交流和研讨，对教学现象或问题进行比较深入的分析和思考，然后把教学设计、反思、课件及时上传，形成基本课例。而第二次实践的教师则根据网络平台上所有的资料再进行第二次的实践，又一次在大

家研讨和集体反思的基础上,进一步有效解决"问题主攻点",以此类推,一次次的实践最终形成教学案例和经验总结。

"一课多上"是教师基于课堂教学不断改进的过程,展现的是教师教学水平的提升。通过教师相互切磋、相互学习,在对比研究中提高课堂教学水平。课堂没有完美,我们都在追求完美的路上。正是借助网络教师研修平台,执教教师不断发现自己的改进点,优化课堂教学,努力实现教育的完美。

三、 规范管理——保航

在信息化研究和实践过程中,形成了一系列保障制度,规范信息化使用。其一是学校成立了上海市教育信息化应用推进项目工作小组,由校长亲自担任组长,覆盖到各部门、各学科。其二是学校制定了《学校信息化管理条例》,为学校教育信息化管理提供了依据。其三是根据学校发展、教师教学需求,每学期制定教育信息化工作计划,使工作落到实处,同时,回顾学期工作,撰写工作总结,依据教育信息化工作考核制度进行学期考核,有力保障学校教育信息化工作推进,促进学校内涵发展。

利用好信息的基础是管理好信息,因此,学校主要采取了两大举措:一是扭转管理本位,推进教师自我管理,成立教师个人工作室,教师管理自我上传的信息,实现教师个人知识信息的整理与分享,发扬教师主体意识;二是信息分栏,将所有的信息分类,形成一定的栏目,在研修平台上建立了"教学设计""教学资源""教学反思""教学课例""评课记录""学习心得""计划小结"等栏目,其中"教学设计"栏目主要发布"一课多上"活动中开展的教材分析、学情分析,以及多次修改的教学设计,教师可依据自己的需求到相应栏目中查找自己所需的信息,实现资源统整与共享。

四、 项目推广——领衔

（一）组建专项研究团队，推进项目深入发展

学校将电子白板应用作为一个专项研究，成立了交互电子白板应用推进小组，项目组成员涉及语文、数学、英语、美术等各学科。经过各项目小组的积极研究，形成了比较成熟的电子白板应用方法，多次荣获浦东新区信息技术与课程整合教学竞赛优秀奖项。

基于此，将全校教师的白板应用教学成果公开展示，通过展示活动让更多的教师看到电子白板的教学效果，激发教师的学习欲望，并开发电子白板使用的教师研修课程，指导教师如何使用电子白板，从而推进电子白板校内应用。在项目推进的过程中，团队成员相互探讨、共同研究、互相支持，形成了个人成长和团队进步的双赢局面，也使研究成果在全校范围内得以推广与辐射。

（二）组建校际教研联合体，探究团队研修策略

学校坚持校内互动、校级联动、区域推进的原则，积极推进教研联合体的发展。学校领衔周边多校形成教研联合体，利用网络技术进行同伴互助，共同切磋、合作、支持与分享教研的成果，打通校际隔阂，及时化解教师在教学中的困惑、激发教学的灵感，实现知识共享、教师共长。

在网络校际教研团队比赛中，依靠教育信息化多地同时推行，共由三个环节组成：网络环境下基于协作的教学设计与信息化备课；网络环境下基于同伴互助的评价、反思与完善教学方案；基于协作与反思的陈述与答辩。在整个比赛过程中所有参赛团队利用网络，打破时空，彼此分工明确，各展所长，进行资源统整，紧密配合，通力合作，每一个环节无不体现网络的力量、团结协作的力量，以及被实践验证的教师智慧。

经过实践探索，学校已经形成了以下六种网络团队教研策略：骨干引领——于成功经验中汲取专业养料；课例研修——借助精心组织思维教学过程开展行为

干预；课后访谈——学生也是教师专业成长的重要资源；同伴互助——在互助建构中生成教学实践知识；"校内校外"——发挥专业服务的辐射带动作用；资源建设——增强对于实践过程的理性认识。

（三）依托长三角网络教研，实现资源共建共享

教育信息技术打破了地域限制，借助技术推动学校走出去，扩大影响力。学校在上海市电教馆的推荐下和江苏省、浙江省学校进行网络长三角结对，努力实现数字教育资源的共建共享，推动数字教育资源建设和应用的跨地区战略性协作，探索数字教育资源的区域性共建、共享、共赢机制，推动长三角教育的联动发展。

学校教育信息化工作是一项长期而艰巨的任务，要实现教育现代化，需要持续推进学校教育信息化，寻找学校新的增长点，坚持以课堂教学为主阵地，以校本研修为载体，以快乐课堂作为课题研究的方向，让学生学习更快乐，让课堂更有效。学校从素质教育的高度，从优质教育的深度，从阳光教育的维度，推进学校信息化渐进发展，让教育信息化为阳光校园的发展一路领航。

第二节　基于技术的课程设计

传统校本课程的开发受制于教师知识结构、学校空间等因素的限制，技术扩展了学校课程的想象空间。首先，技术具有融合性的特点，虚拟空间拓展了学校物理空间的不足，让校外优质资源成为学生学习、探究的素材，教师通过有机整合各种优质资源，形成适合学生实际的课程内容，突破学校自身的限制。其次，技术丰富了课程的实施方式，实现了循环学习，为学生个性学习、自主学习、合作学习提供了条件，学生可以根据自己的学习需要随时学习，反复学习，自主决定学习进程，线下的实践操作深化线上学习，极大地丰富了学生的学习体验。技术充实了课程的评价内容，实现了实时记录，可以全程记录学生的学习过程，海量翔实的学

习数据，能够为教师了解学生学习进展，发现学生学习困难，促进学生学习提供证据支撑。

一、 技术支撑课程内容重构，满足个性学习需求

传统纸质教材内容，大多是文字和图片的组合形式，是静态存在的，需要学生自主阅读、理解、转化、建构教材内容，而这些内容往往比较抽象，学生难以直接理解。技术可以实现多样化的内容呈现，如采用视频、声音、flash 动画等多种动态形式，引起学生的学习兴趣。同时，课程内容按照一定的逻辑，利用技术形成课程内容结构，学生根据自己的学习情况，可以从任何一节开始学习、反复学习、跳跃学习，更加满足多样化的学习需求。

（一）整合优质资源，拓展学习空间

在"金融与理财"校本课程中，学校积极利用校外资源，对课程内容进行补充，弥补了学校自身的不足。此外，学校进一步组织课程内容，按照从浅入深、从易到难的顺序分模块将课程内容结构化，利用技术重新架构章节，课程结构中每一个节标题的子链接都是具体的节内容。学生的学习路径是：课程名称→章节结构→具体学习内容，采用三级链接的形式。课程的结构和内容一目了然，学生可以根据自己的学习定位，自主点播，如同真实教材一样，结构美观，整体看上去脉络清晰，减少学习的盲目性。

（二）丰富内容形式，增加学习乐趣

技术不仅仅是实现课程内容的整合，更重要的是课程内容形式的多样化，以文本、图片、视频、动画等方式组织课程内容，更容易吸引学生的注意力，将比较抽象的内容具体化，更便于学生的理解。在"阳光科技之旅"校本主题系列课程之中，学校考虑到小学生的学习特点，将课程内容设计成浅显易懂的小故事和益智的趣味小游戏等多种形式，贴近学生的认知特点和学习特点，吸引学生的注意力，

丰富学生的学习感受。

以"冬天里的大西瓜——温室种植"为例,首先,教师设计了生活化的情境作为课程的导入:果果一家刚吃完晚饭,爸爸抱出一个大西瓜放到餐桌上。接着以爸爸和果果的对话展开,爸爸:果果,你知道一般是在哪个季节吃西瓜吗?果果:啊?不是什么季节都可以吃吗?爸爸:其实西瓜是夏季的水果,也就是说西瓜是夏季的时令水果。继而引出学习内容——时令果蔬,以孩子的视角看待问题,用他们的口吻来问问题,能够使较为复杂的问题浅显易懂,更具有代入感,让学生迅速进入学习的情境。其次,由于现代农业科技的快速发展,当代的孩子对于很多瓜果蔬菜到底属于哪个季节非常陌生,教师设计了互动小游戏,让学生自己尝试将每个季节对应的果蔬拖到四季树上对应的位置。这个过程采用了人机互动的方式,增强了学生的学习参与性,在拖动的过程中学生自然而然地知道了果蔬对应的是哪个季节。最后,结合了现代农业园区里的一些视频资料,让学生在观看的过程中了解温室种植的原理。将复杂的原理以技术的手段生动形象地展示在学生的面前,犹如亲临其境。技术活化了课程内容,以一种"平易近人"的样态展现在学生面前,更容易被学生接受和理解,降低了学生的认知负担,增加了学习的乐趣。

二、 技术推动课程实施创新,提升深度学习品质

课堂教学时间是有限的,技术则突破了课堂时间限制,让学生利用碎片化时间进行自主学习,掌握必要的基本知识和技能,并在生活实际中加以运用。具体而言,技术拓展了课程实施方式,改变了学生的学习形态,比如技术可以调动视觉、听觉、触觉等多感官通道,让学生能够对课程内容有更形象的感知,更深刻的理解;也可以为线下课堂学习提供更多的时间,为师生共同解决学习的重难点问题提供平台,或者学生合作开展实践探究活动,为促进学生深度学习提供了可能。

（一）多感官参与，激发学习动力

在课程实施中，合理运用多种学习方式，整合讲授式学习和活动性学习，能够激发学生学习动力，提高学习参与度。在"阳光科技之旅"课程学习中，课程的主人公果果是和学生一样年纪的孩子，果果会向学生介绍学习内容，学生跟随着果果的步伐沉浸在学习中，同时，线上学习设置了"互动小游戏"和"动手小实验"等环节，学生的学习热情再一次被点燃，通过游戏互动，再现学生的学习成果，收获成就感。在线学习就像玩游戏一样，充满着乐趣，孩子们在"玩中学，学中悟"，提高了学习积极性。

（二）多维度融合，培育探究能力

线上学习拓展了学生的视野，线下为学生提供实践场地。在"阳光科技之旅"校本课程学习中，学生以小组为单位，每个人利用网络查阅蔬菜栽培方面的资料，以及通过校园网、红领巾广播、宣传栏等形式进行知识分享，让更多学生知晓基本的栽培知识；在线下学习，教师提供各地不同蔬菜无土栽培的资料，或者同一种蔬菜各地不同的栽培方法，让学生体验自己栽培蔬菜，通过亲身种植、观察，开展合作探究。

值得强调的是整个线下学习是学科融合的，信息教师指导学生进行拍照，将不同时期的蔬菜记录下来，形成蔬菜阶段成长档案；英语教师把英文介绍的资料翻译成中文，提供中英文对照版的资料，为学生提供更丰富的学习材料；美术教师指导学生自编宣传资料；自然教师带领学生编写不同栽培蔬菜的身份证。各科教师的整合，共同指向学生的学习，即在线上习得知识、线下应用技能，实现理论学习和实践操作的统一，辅之各门学科教师的共同参与，从而让课程学习变得有探究价值，也更有乐趣。

三、 技术深化课程评价内涵，全面展现学习过程

技术支持下的课程丰富和拓展了学生的学习生活，与之相对应的课程评价也

会更加有助于教师评估学生的学习品质,了解整体学生和个体学生的学习状态,进而发挥评价的导向与引领作用,促进学生的学习。学生能力的提升体现在日常的点滴之中,技术为记录学生的学习提供了条件支撑,详实地记录了学生的全面学习过程,使得学生的过程性学习得以保存,在课程结束时可以再次回顾学生的学习历程,为后续客观且全面的评价学生提供了翔实的依据。

学校的校本课程是基于学生自主学习平台开发的,该平台具有测试评价、交流互动等作用,学生每一次的学习都会在后台生成记录,并保存下来。为了使数据更加条理化,教师在每一个课程模块结束之后都为学生提供了学生实践活动记录表(表 7.1)和学生活动评价表(表 7.2)。

表 7.1　学生实践活动记录表

时间	我想做什么	我是怎么做的	我看到的变化	我有什么感悟

表 7.2　学生活动评价表

主题:				
主题探究	活动过程	学习评价		
		自我评价	同学评价	教师评价
学习表现	对学习感兴趣,能参与探究活动	☆☆☆☆☆	☆☆☆☆☆	☆☆☆☆☆
	乐意与同伴一起学习,能互相合作	☆☆☆☆☆	☆☆☆☆☆	
学习能力	能正确表达自己的想法	☆☆☆☆☆	☆☆☆☆☆	☆☆☆☆☆
	能提出问题,进行简单探究	☆☆☆☆☆	☆☆☆☆☆	
实践能力	能参加兴趣活动	☆☆☆☆☆	☆☆☆☆☆	☆☆☆☆☆
	能加工或制作简单作品	☆☆☆☆☆	☆☆☆☆☆	

教师可以通过后台实时查看学生这两个表格的情况,从实践活动的记录上可以对学生进行过程性评价,从学生活动评价表的记录上可以对学生在课程学习之后的总体情况有一个较为清楚的了解,对学生进行总结性评价。评价方法的多元化不仅能促进学生更好的发展,也同样锻炼了教师的即时评价能力。教师可以对每一位学生的实践活动记录情况作整理,比如发掘学生对课程的兴趣点在哪里,小实验对学生而言是否具有探究性,为课程内容更完善的建设提出针对性的建议。网络拓展课程让教师更多地关注学生兴趣和潜能的发展,促进学生创新思维和实践能力的培养。

第三节　基于技术的课堂教学

现代信息技术正在走进课堂,改变着课堂教学模式,技术颠覆了知识内容获取渠道、交互方式、学习方式等,让课堂中的互动不仅体现在交互行为上,更重要的是创建互动环境。教师可以借助交互白板、平板电脑、智能手机实现与学生的交流,让学生的学习行为通过交互工具得以展现,实现师生、生生之间的互动。学校开展了基于交互白板的小学翻转课堂模式的探索,积极推进课堂互动方式的转变,希冀通过师生间与生生间的互动,实现对知识更高层次的意义建构。

一、 基于交互白板的翻转课堂理论学习

"互联网＋教育"的到来,重新布局教育的"新征程"。技术与课堂教学的整合是教育发展的必然趋势,当下关于交互白板、平板电脑、智能手机等在中小学课堂教学中的实践研究,取得了丰富的研究成果。而翻转课堂通过技术手段打破了课堂教学与学习模式,让课堂教学开始从师生互动的平面模式走向人机互动的立体化模式,充分发挥了学生的学习自主性。因此,交互白板的互动性,翻转课堂教学中学生的主体性,都是破解传统教学的利器。因此,学校积极开展相关研究,秉持

"实践"的理念,通过"翻转课堂"和交互白板工具整合,探索新型的教学新模式来打造未来课堂。

首先,新的课程改革越来越强调育人方式的转型,中共中央、国务院《关于深化教育教学改革全面提高义务教育质量的意见》中指出,融合运用传统与现代技术手段,教师课前要指导学生做好预习,课上要讲清重点难点、知识体系,引导学生主动思考、积极提问、自主探究。交互白板、平板电脑等作为新型的信息技术工具,其最大的特征就是交互性,而交互则是一堂课的灵魂,连接教师与学生、学生与学习内容,引导学生积极开展探究,促进核心素养的培育。

其次,交互白板对中小学课堂教学起到重要的作用,能够增加师生间的互动,活跃课堂氛围,提高学习效率。交互白板最大的功能就是它的交互性,学习本身也是一种交互,学生在与教师、同伴、教材以及自身的对话中建构与内化学科内容,随着互动渠道的增加,能进一步推动学生深层次理解。技术为这种互动又搭建了一条新路径,即基于交互白板的互动,课前学生可以通过课程视频、人机互动等形式学习一些基础知识、基础技能,在此平台上学生可以多次学习、反复学习,适应不同层次学生的学习需求;课上通过师生、生生、生机、师机等多种方式的互动开展合作探究,推动知识的理解与运用。因此,交互白板凭借其特有的功能助力翻转课堂的实施,提升学习的效果。

最后,根据学校前期对交互白板、平板电脑和小组移动学习的研究发现,翻转课堂课前预习可以帮助学生掌握一部分基础内容,更深层次的学习内容在课堂上利用交互白板,可以实现实时交流,教师可以随时了解每一个学生的学习困难点,并提供相应的学习支持,辅助学生高效学习。交互白板可以实现学习过程全纪录,便于教师课后开展教学反思,根据学生的学习情况有侧重地选择作业,增强学习的针对性、实效性。

二、 基于交互白板的翻转课堂教学实践

在传统的课堂,学生学习发生在课上,解决问题发生在课下。翻转课堂刚好相

反,学生的学习发生在课下,学生通过自主学习任务单和微视频进行自主学习,在观看微视频的同时记录遇到的问题。问题解决发生在课上,教师根据学生课前的学习情况及时调整教学策略,组织学生解决在课前出现的问题,可以看出翻转学习颠覆了传统的学习方式。经过理论研究、实践探索,逐步形成了基于交互白板的翻转课堂教学模式(详见图 7.2)。教师利用自主互动学习平台录制、上传微课视频,发布学习单,学生通过自学、人机互动完成一些简单学习任务,掌握学科基本知识,课中学习利用交互白板开展深层次研讨,通过互动促进学科内容深层次建构。利用技术推动课堂教学转型,发挥学生的主体性,构建以学为中心的课堂教学模式。

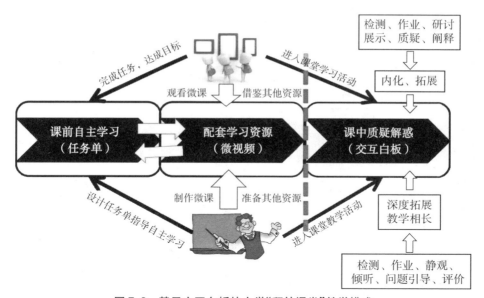

图 7.2　基于交互白板的小学"翻转课堂"教学模式

(一)平台为基,架构新课堂教学

基于交互白板的小学翻转课堂作为一种全新的教学新模式,必须借助自主互动学习,将知识的传授通过自主学习平台来完成。学校搭建的自主互动学习平台是基于 Web 的集课程管理、学生管理、在线交互、测试评价等于一体的自主学习系统(详见图7.3),在平台上教师可以创建自己的课程、上传微视频、发布消息、建立资源库、布置作业等,学生可以利用微视频等教学资源在课前进行自主学习,在课前、课中就与课程学习相关的一系列问题与教师、同学共同探究,并利用平台中自主练习、互动讨论等方式进行交流、学习。平台用"课前时间"最大化来完成"课堂时间"的高效化,实现学生的个性化学习,让学生真正参与到课堂,成为知识的主动研究者。

基于此,依托自主互动学习平台创建在线课程,将教师讲课为主的"课上"活动和学生作业为主的"课下"活动进行互换,同时通过借助不同具有混合式交互功能的信息技术工具去实现个性化、多元化、自主协作式翻转课堂教学新模式。

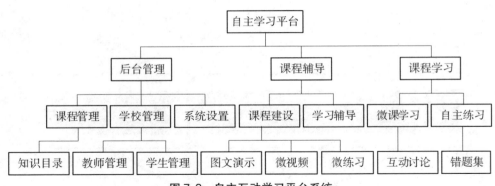

图7.3　自主互动学习平台系统

(二) 交互为主,创新课堂教学

基于交互白板的小学翻转课堂课中就是要解决学生在课前学习时碰到的困惑,有些可以通过学生自主学习任务单和平台的反馈,教师及时在课前做好预设,但更多的困惑是随时生成的。在翻转课堂中的交流收获和协作研究环节,对于交互系统的需要是最大的,交互工具的直观展示及交互性、生成性,对此教学环节的作用是重大的,是其他新技术无法替代的。在交互工具技术支持下,学生依据问题的难易程度进行独立探索、协作探究或小组合作,完成知识的内化。

比如,在"计算比赛场次"一课中,课前通过微课的推送,设计与众不同的课前学习,借鉴翻转课堂的理念和技术,以快乐课堂为主,以交互技术为辅,以游戏化学习、互动的活动、即时评价为策,努力构建"基于交互环境下的翻转课堂模式"。在课堂中教师开展测验及游戏比赛活动,提出问答题或者选择题,让学生可以通过平板移动终端回答或者选择,在自主学习平台及时汇总学生的回答情况,教师快速诊断学生的学习情况,及时分析结果并进行针对性教学;同时,教师在电子白板上的上课内容也实时呈现在学生的移动终端上,学生可以通过移动终端与教师端的电子白板进行交互操作,而教师手持平板电脑,通过网络终端链接前后两块电子白板及学生的触摸显示器,较好实现课堂教学的深度交互。

(三)合作共享,生成学科意义

翻转课堂这种教学理念和具有交互功能信息技术工具的结合,改变了传统课堂的教学形式。学习的过程即为建构的过程,学生是在互动中建构起对学科知识的理解。翻转的重点就是课中如何释疑?在课中质疑的过程中,采用2人或3人一组共用一台平板,以小组合作的方式进行学习,学生在质疑的过程中可以利用平板的便捷性,互动学习平台的即时性,小组讨论时的互动性等特点开展小组合作学习,从而构建"多重交互、同步互动"的小组合作学习模式,实现课堂教学的深度交互,带来课堂教学方式的变革。

首先,小组合作具有合群性和倾听性的特征。在合作学习中,学生学会了把自我融于群体之中,小组的成员成了他或她的好朋友,一起学习,一起活动,从而培养了他们的合群性。同时还培养了学生善于听取别人意见的好品质,使学生感到要在学习上有所收获,就必须做到小组之间的每一个成员相互帮助,取长补短,虚心听取别人的意见。

其次,小组合作有利于培养学生的自主性和独立性。小组成员能够在课中质疑的过程中进行充分的语言、思维及胆量的训练。通过小组成员之间的交流,他们能够大胆地将自己的见解通过语言表达出来。在交流中逐步培养学生主动与他人交往的能力,形成自己的独立见解。

最后,小组合作有利于提高学习的成效率和积极性。小组合作学习,可使思考结果不正确的学生及时得到纠正；让不愿思考的学生在小组学习的氛围中不得不去思考与讨论，进而找到问题的答案，激发学习兴趣，使组内的每一个学生都树立起集体意识，增强为捍卫集体荣誉而学习的强烈动机。

三、 基于交互白板的翻转课堂教学反思

"基于交互白板的翻转课堂教学"是学校在信息技术与教学整合方面的一种实验、一次尝试，这个过程是有收获的，但是也有很多值得进一步思考的。

（一）"翻转课堂"是否增加学习时间

翻转课堂把传统意义上的课堂教学过程前置了，课后学习练习过程转变成了课中探讨解惑，意味着学生要在课前付出相应的时间进行学习，从而让学生在课中能够有更多的时间进行挑战性学习，所以学生的学习时间是被增加的，如何能够在不增加学生学习负担的基础上，充分发挥翻转课堂的价值，是需要进一步深入探讨的问题。

（二）"翻转课堂"是否提高课堂效能

"翻转课堂"的教学模式与传统教学模式不存在知识掌握的差异，只是把传统回家做作业的时间，翻转成学生回家自主学习的时间。所以说"翻转课堂"带来的不是知识的深化，而是为学生的学习方式带来了颠覆性的改变。但它是否真的使学生的自主学习能力、学习动机、策略以及素养的发展得到了提高，是否真正提高了课堂的效能，是需要进一步进行实践研究的。

（三）"翻转课堂"是否值得普及推广

从教学模式的理论基础上看，翻转课堂是值得普及与推广的，但从现实条件来看，当前只适宜进行教育改革试点，其原因在于"翻转课堂"对硬件设备有一定的依赖，一定要有电子设备和相关的平台支撑。离开了硬件的支撑，"翻转课堂"

的开展就会举步维艰。同时开展翻转课堂使用到的微视频并不是每一位教师都会制作，一个好的微视频需要教师花费一些精力去设计、去录制。虽然互联网上也有丰富的资源，但是真正的精品或者可以直接拿来使用的少之又少。而且很多教师制作的微视频都是新授课知识的讲解，缺少了原来课中新知识的探究。这些问题对翻转课堂教学的开展都是不小的挑战，是需要一步步去解决的问题。

基于交互白板的小学翻转课堂模式证明了这是学校推进课堂教学变革和教师专业发展的一种极为有效的载体，加之目前的研究成果趋于精致和完善，项目研究的内容也是符合"互联网＋教育"时代的潮流，相信如果有机会推广，一定能对课堂教学改革和教师专业发展产生积极的影响。

第四节　基于技术的教师研修

教育改革的根本目的是为了育人，没有教师的发展，没有教师专业上的成长，素质教育就难以扎扎实实地展开、推进。互联网时代，积极推动网络环境下学校教研建设，赋予教师教研工作全新的途径和方式。教师可利用互联网开展网上专题学习、网上教学研究、网上教学实验创新、网上考核等方式，促进自身专业发展。

一、　网络教研的团队建设

网络教研是教师利用碎片化时间对具体教学问题或教学片段各抒己见，相互学习。这就要求学校创设合作共享的网络教研文化，让教师拥有自觉学习和合作学习的意识，让教师感受到网络教研的优越性，体会到网络教研对自身发展的价值。学校为了提升同伴互助的效果，组建了一支有共同愿景、共同任务、共同价值取向的教研团队。

其一是学科教研团队，学校建立层级清楚，责任分明的体系，进行高度合作，高度统一。通过网络进行主题讨论，开展"一课多上"的磨课、磨人活动，从而加强教师之间的合作互动,让教师们在交流与碰撞中聚焦观点,提升思想,实现共享共进;其二是校际教研团队,积极开展多层面教学研讨,经常性开展校际间的教研活动,并在上级的支持下,重点促成处在同一层面的多所学校间的教研共同体,以"问题主攻"为切入点,依托网络平台广泛开展"一课多上"教研活动,交流研究信息和动态,分享研究体验,共同探讨问题,寻找改进对策;其三是更广区域参与的学科联合体,它是学校在开展校本研修基础上构建的一种新型教研模式。它提倡在自愿的基础上组建,因此每所学校都主动参与到这个教学研究共同体中,让研修富有生命力;它重在发挥每个学校研修的独特优势,让每个学校的优势充分展现,因此,每所学校借助这个平台,在发挥各自优势的基础上,积极学习他人的长处,形成优质研修资源的强大合力。

二、 网络教研的实施方式

网络环境下的教研平台是为在不同时间、不同空间、不同地域的教师们提供"同伴互助"网上交流、互助的空间,提高教研的质量和效益,从而让更多的人能参与到研修中来,也能从研修中获得成长与发展。

(一)多元平台推进网络教研

信息时代的到来让研修有了更为广阔的天地,网络教研是提升校本研修有效性的一个有力的"助推器"。不管是大家熟悉的 Blog 平台,正在推广的充满魔力的"魔灯"平台,还是现在大量浮现的 QQ、MSN 等,都为 Web2.0 时代的教师专业发展增添了新的生机。学校在原来利用免费平台建立教师专业发展平台的基础上,又重新开发了新的教师专业发展平台,使参与网络教研的教师既有共同交流的平台,也拥有个性发展的自我空间。

如学校建立了"互学共进"的"教师专业发展"网络平台,并向校际教研团队、教研联合体开放,以教师反思教学中最为困惑的问题作为研究活动的主题,以课例为载体,以集体研讨为抓手,将教学与研究有机结合。课前各校相关教师分别在专网上传教案，然后开展教案设计讨论，随后执教教师根据大家的意见加以改进。课后大家再一起展开讨论，总结经验、提出建议。当前，外区、外省的许多学校也申请加入，研修的资源更加丰富。可以说，校际网络教研有力促进了教师的专业发展，实现了校本研修新的突破，它跨越了学科、校际和时空，既便利又高效。恰如一位专家在这个平台上评价：学校之间依托网络，实现教研活动的过程记录，教研互动的交流，优质资源的整合，的确是校本研修的一种新尝试。

（二）精心架构网络教研平台

学校依托"教师专业发展"网络平台，发挥网络优势，以网络化创新促进课改，为教师成长搭建了一系列实践与探索的平台。

1. 网上备课，资源共享

现在学校实行了电子备课，学校对教师的电子备课提出新的要求，在原来的电子教案上注明改进之处，并由备课组长审核后上传至网络平台，这样让教师们有更多的时间去钻研，获得更多的信息，从而相互学习、取长补短，实行四校"集体研课、分工备课、资源共享"的备课方法。

2. 网上互评，问题交流

有人说网络研修就是加强教师、学校之间以及在课程实施等教学活动上专业切磋、协调合作、共同分享、互相学习、彼此支持、共同成长的过程。也有人说网络研修是集体学习、集体反思的一种形式，是让所有的教师都参与集体交流，共同解决疑难，共同分享果实的一种学习方式。因此，网上互评可以说是集这两种方式于一身的最适宜的校际研修模式之一。即对共性问题，教研组提出一个研讨专题，教师回帖参与，从而集思广益，共同为解决问题贡献智慧。

3. 网上视频，案例剖析

为使教师把教育观念转化为行动，学校通过网络这个庞大的教育资源库，把教师上课的教案、录像上传到"教学案例库"，教师可以在自己需要的时候或者是在集体备课、教学研究的时间进行观看，取长补短，应用于自己的教育教学中，丰富自身的教学经验。

4. 网上评课，共同提高

学校将收集到的优秀课例和各自教师的示范课、研讨课视频上传到网上，供所有教师进行品评。这样的评课活动随时进行也可以实现同步研修，教师们能在此过程中，相互切磋，共同进步。从而营造严谨、务实、民主、宽松的研修氛围，将研究活动和教师日常的教育教学活动相结合，扎扎实实抓好研修活动，让研修活动成为切实有助于促进教师专业发展的平台。

5. 学科共通，交流分享

常态化的教研多以学科为界限，尽管教学中的很多问题，在不同学科表现得不尽相同，但其本质上的问题是一样的，是可以相互借鉴、相互吸收的。因此学校校本研修的平台是全部开放的，让资源在校内校外进行共享。可能原本这些资源之间是独立平行的，但只要加以整合，资源就会产生全新的研修力量。比如校内各个教研组活动的质量有差异，就开展了学科联动的教研活动，在一些教研质量较弱的教研组参加一些优秀教研组的活动之后，就会受到很大的触动，感受到彼此的差距，有助于后期改进成长。这种不同学科教研的交流与分享，让教师们共享了优质的研修资源。

三、 网络教研的文化特征

（一）合作性

网络环境下学校教研文化的形成，需要学校全体教师的集体参与。大家在学校倡导的教育教学活动中，利用网络通过人机对话，教师与教师之间的交流，以及备课组之间合作、交流、研讨等多种协同形式共同完成工作任务，从而在活动中形成网络环境下学校的教研文化之一，即团队合作精神。

网络环境下学校教研文化的合作精神不仅可以贯穿教学全过程，还体现在教研活动的研讨过程中，大家各尽其能地开展合作。例如，有的教师擅长制作课件，有的教师擅长寻找网络资料，有的教师对于教学中的细节处理有特长，可以加强指导。总之，群策群力，合作共赢，取得良好的研修效果。

（二）开放性

网络环境的属性决定了网络环境下的校本教研文化必定是开放的，因而我们开展的校本研修必须具有开放精神。我们必须走向"开放型教研"，拓展教师的视野，给教师更大、更广的专业发展空间，真正形成研修资源的强大合力，提升校本研修的有效性。

学校要充分利用各种有助于校本研修的网络开放资源，建立支持性环境，借助各种方式建立平台推进教师发展，协助教师提升专业能力。在线邀请多方专家指导评价、外校优秀教师引领，指导教师主动利用网络参加各级高质量的视频培训，发挥学生、家长、社区的能力，把他们作为开展教学改革的合作伙伴，共同促进教师的发展，形成更完整的研修资源合力。

搭建整合网络优质资源的平台，形成资源的合力。让教师专注于自身专业发展的同时，将校本学校的教研文化加以推广，使网络平台的力量更加强大。

（三）互动性

现代网络技术为教研活动提供了一个全新的教研环境。网络环境下的校本教研文化与传统教研文化都具有很多优势。具体而言，网络技术突破了时间和空间的限制，教师可以根据自己的计划或安排，随时随地地参加教研活动，了解相关的教学理论和资讯，与组内教师互动交流。在网络环境下，教师可以实现自主开展教研活动，不再只是一个参与者，也可以是一个组织者。教师结合自己平常教学中的经验和困惑，发起教研话题或提出问题，也可以从别人的研讨主题中选择自己所需要学习或是参与的内容，开展个性化的教研活动。通过网络平台，实现校区之间的互动，教研组之间的互动，不同学科教师间的互动，这些互动带来教师教学的互融互通，加深对教育的更深理解。

网络环境下的校本教研文化必须继承或者包容传统的教研文化，毕竟传统的教研文化也具有自己的优势，包括一些行之有效的工作理念，集中交流研讨、释疑答惑、教学研讨课等工作方式。这两种不同环境的教研文化的互动，是需要在实践过程中进行传承与融合的。

第八章　温暖的管理：阳光校园的立足点

导言

春暖花开，惠风和畅，是成语中对"温暖"的表述。自然界中的"温暖"，是视觉中花蕾的含苞欲放，是味觉中的扑鼻芬芳，也让整个地球充满了生命的活力源泉……"温暖"给人们带来了无穷的生活情趣、不尽的美妙享受。

而人们更加离不开的是心灵上的"温暖"，这一份"温暖"每时每刻都在影响着人们的生活、工作。人们会在"温暖"这一元素的推动下产生满满的幸福感，从而产生不竭的力量。

阳光的校园里，应该充满温暖的气息。日常教育中的"温暖管理"，不仅是一种管理学上的方法，更蕴含着人性的关怀，饱含着教育的智慧。

"温暖管理"中有温言：从身入——到深入，既有实践性又有操作性，立足本原；

"温暖管理"中有温婉：从转化——到强化，既有批判性又有发展性，立足增能；

"温暖管理"中有温雅：从遇见——到预见，既有针对性又有可行性，立足强化；

"温暖管理"中有温情：从教者——到育者，既有思辨性又有发展性，立足高远。

"温暖管理"其实就是一首吟唱在阳光校园里饱含真情、饱含深情的歌……

为了让学校的师生"脸上拥有笑容，心中拥有阳光"，学校不仅从营造校园环境和校园文化着手，还从创设温暖的管理文化着手。当学校不同层面的管理者都能够以爱作为管理的底色，真诚地关心、理解与支持每个人的成长，就会让学校里面的每名师生都能感受到"家"的阳光与温暖，获得来自"家"的支持与力量，从而拥有自信去做更好的自己。与之交相辉映的，每名师生对学校产生深厚的情感，竭力守护学校的累累硕果，愿意来到学校进行学习生活，也期待学校发展得越来越好，共同去创造美好的阳光校园，让阳光校园绽放出璀璨光芒，成为真正阳光下的快乐家园。

第一节　学校管理者的发展方向

一、指向温暖管理的实践

（一）做有温度的管理者，营造充满爱意的校园

爱是教育的灵魂，没有爱就没有教育。教育的秘诀是让学生感受到爱，而学校管理的秘诀则是让教师感受到温暖。作为学校管理者，清晰地认识到管理对于一所学校长期、稳步的发展起到至关重要的作用，只有管理落到实处，深入人心，才能赢得教师的信任和支持。这一切源于对制度化管理的反思，如果只是试图通过各种"制度"和"规范"来约束教师，从而保障各项工作的有序推进，反而导致管理者与教师的分离，同时也失去了管理者作为教师群体中的一员，与教师并肩作战、共同进退的身份纽带，因此作为管理者需要通过持续学习，更新管理理念，推行人性化的管理方式，与所有教师团结在一起，共同为实现学校的发展目标而努力。

（二）做善于聆听的管理者，释放教师的智慧与活力

当管理者心怀爱意走入校园时，会让教师感受到希望，消解教师对"管理"固有的敌对心理，在彼此心中建立安全感和信任感。对于学校管理者来说，善于聆听教师的声音，尊重教师的想法，从而达到与教师的有效沟通，将极大释放教师参与教、学、研以及学校管理的活力。通过聆听，管理者能够及时了解教师对学校各项政策、举措的态度和意见，从而灵活调整管理方向和策略；同时，教师通过与同侪平等开放的交流与沟通，以及向学校管理者建言献策的方式加入到对学校的管理中来，更能够激发教师的主人翁意识，变"他人的学校"为"我们的学校"，从而凝聚力量，共谋发展；再次，教师是学校发展的土壤，在扎根一线、扎根课堂的过程中，对学校的文化、发展历史和现状有着清晰的认识和切身的体悟，善于聆听，有助于释放智慧和活力，从而有效助力学校整体的良性生态发展。

二、 探索文化管理的路径

（一）构筑校园文化，坚持文化引领

从"制度管理"到"文化管理"是现代学校管理转型的关键之一。就学校管理而言，制度从硬性方面保障了管理的规范性和标准化，对学校的稳定发展起到了重要作用。然而，要想激发学校发展的创造力和活力，仅仅依赖制度管理是不够的，还必须坚持文化管理的"柔性"力量。通过对教师的内心引领、精神激励，培养教师对学校文化、价值观以及规则制度等的认同感。通过对国家教育政策法规以及学校文化历史的分析，结合对学校未来发展方向的思考，在继承此前学校文化的历史上，立足时代背景，进一步提炼出独具特色的"阳光校园"作为学校文化的核心，重新构筑校园文化。

（二）践行"阳光"宗旨，注重文化育人

构筑校园文化的目的是通过文化育人。然而校园文化的打造与通过文化实

现育人都是一项长期的工作,需要合理的规划、长期的坚持以及全方位的熏陶与渗透。因此,在践行"阳光"宗旨时,我们通过校园环境建设、学科教学渗透以及主题活动引领等三条途径,来促成校园文化的生成、传递与滋养。通过校园环境建设,让每一面墙壁"发声",让每一步台阶"诲人",让每一块景色"怡人",共同诉说"阳光校园"的故事;通过学科教学渗透,让"阳光"文化融入各门学科之中,润物细无声般地深入每一位师生的心灵,培养师生情操;通过主题活动引领,让师生在活动中发挥主动性,自主探寻"阳光"精神与"阳光"文化,富有创造性地传承与生发学校文化。

(三)携手家—校—社区,全面文化立行

家—校—社区正在逐步成为紧密联系的共同体。学校文化的构筑不仅涉及在学校内的文化资源利用,家庭与社区的文化同样也对学校文化的建设以及文化育人、文化立行的效果产生重要影响。因此,作为学校管理者,认识到学校需要在家庭和社区充分发挥文化纽带的作用。通过建立"家长学校",举办社区讲座等一系列活动,宣传、渗透学校的阳光理念,统一学校、家庭和社区的文化观念和价值认同,全方位地实现文化立行。

三、 培育理念管理的眼光

(一)"以人为本",建构和谐美好校园

"以人为本"的教育理念是现代教育发展的必然要求。面对学校管理也同样如此。对于学校管理者来说,"以人为本"就是要坚持把教师的发展当做学校建设的核心,尊重并合理采纳教师的意见和建议,给予教师自主发展的广阔空间与坚定支持。其次,"以人为本"的管理理念还要求学校管理者能够关心教师的工作与生活,营造良好的校园环境和工作氛围,寻找适当的方式,例如开展沙龙、读书会、心理讲座等活动,帮助教师缓解教育教学上的压力,以轻松愉悦的心情参与到工作中去,实现教师状态与学校工作的最佳配合。

（二）"五育并举"，形成全面育人格局

"五育并举"，全面发展素质教育一直是我国教育的主旋律。"五育并举"要求全面地、整体地、平衡地、联系地看待"德智体美劳"的培育，形成全面育人的培养格局。同时，"五育并举"的教育理念也呼唤学校管理者在管理中的理念升华与方式革新。首先，校长需要关注价值领导，真正理解五育并举的内涵与要求，关注实践探索背后的思想指导，做教师思想上的引领者；其次，校长需要从管理思维走向治理思维，通过采用民主协商的方式，营造平等、和谐、公平、友好的校园文化，实现多方参与、多元治理，联合全体教师的智慧与力量，共同促进学校教育的生态化发展。

第二节　学校管理者的情感融入

一、融入学校大家庭的故事

（一）故事的背景

32 岁，我从一所城区学校的副校长转到一所农村学校担任校长。在整个学校教职员工中，我的年龄排名是倒数几位；在 15 位行政人员中，我的年龄排名最小。当年我从师范毕业后，直接到城区的一所新学校工作，接受的都是比较正规系统的锻炼。在我到学校担任正职时，就想着用规范去引导大家，规避陋习带来的问题。所以，当正式上岗的时候，我就立足规范管理，希望学校教师都能按照规范操作，按照要求做事情，然后各项工作都能顺利推进。因此，每一步，我都尽力做得很谨慎、很规范、很公正，想着即使会有一些声音，也都能慢慢适应，然而冲突终究还是发生了……

（二）故事的摘录

1. 拒签"他们"的报销单

当看到一张未曾同意过的出租车报销单，心里就想到"他们——怎么可以这样不规范啊?"转念一想"他们——是不是故意测试我? 看看刚来的年轻校长是否懂不懂财务规范? 他们——越是这样,我越是要执行得清清楚楚,做好规矩。"最终,我没有签字,把这张单子还给了财务,说"我不能签。"财务尴尬地看着我,"校长,这……",我打断了他的话:"他们——这是不规范的,谁规定他们可以乘出租车的? 用车标准是有规定的。以后,这种一律不得报销。""可校长,以前是这样……""以前的事我不管,我管的是现在的事,你们就得按照现在的要求做。"我又一次快速打断了财务的话。

2. 直面"你们"的不规范

当拒签了这张报销单后,隐约听见"凭什么? 为什么? 以后要不要叫人干活啦!"的声音,心想规范的过程总归是一个摩擦的过程,你们——总要过这一关的,你们——挑战校长的权威,我就要坚持住。在行政会上,我严肃地强调了关于用车的问题,"我是一个规范的人,因此从现在开始,你们——必须习惯很多事情规范起来。"听着我的话,C老师满脸通红,其他人面面相觑,行政会在沉默中解散了,走廊中却传来了质问声、牢骚声、发泄声。我想我的威信、我的权威就是要这样建立起来,没有一点魄力怎么建立自己的威信?

渐渐地,我发觉了一些变化,但这种变化并不是我所期望的变化。行政会上没有人再热烈地反映问题,讨论问题时再没有人主动发表自己的想法,布置任务时也再没有人提出什么异议。原本我与大家就比较客气,现在就更加疏远了。其中我还感觉到了他们那一丝丝"对抗""敌意"的存在。我暗暗给自己鼓劲,我要坚持住,改变不可能是很顺利的。

3. 走进"我们"的大家庭

恰逢学校要举行一个大型活动,方案上存在许多问题,"你们再思考思考!""你们必须想出解决这一些问题的策略,否则怎么能够顺利进行?""你们……"但大家都没有什么反应,最终会议结束。我心想:"他们怎么这样? 不仅做很多事都不规范,做很多事情还很不积极。这个方案连讨论都不讨论。他们怎么这样? 他们太不像话了,他们……"

"他们,他们……"一瞬间,我突然惊醒了,"哪里不对啊,怎么叫他们、你们呢?

我现在已经是属于这个团队的了，整个团队也是属于我的了。没有'他们''你们'了，而应该是'我们'，我们是一起的啊。"我陷入了沉思，一直想着要树立威信，试图改变不规范的现象，从开始就站到大家的对立面，遇到事情并没有了解大家的想法，而是断然地按照自己的想法去行动了，结果就是我和他们越来越远，工作越来越难开展了。

随即，我就向财务了解那张发票的来龙去脉，原来是双休日带学生外出参加比赛的车费，符合学校前期的规定。同时我找到 C 老师向他道歉，希望得到谅解。C 老师连忙说："校长，其实无所谓什么规定，只要你与大家多沟通就可以了，大家都能理解。"又一次行政会，教职工大会，我微笑着开场："让我们彼此多沟通、多了解，一起努力！"

"我们——"在以后的每一次开会时，我都会这样开头。在心里，每一件事情我也都是这样想的——"我们"。我与我们的班子、我们的教师合作得越来越愉快，"我为能够在我们学校工作而感到幸运。"这是我一年后的总结感言，也是一句发自内心的话。

二、 融入学校大家庭的思考

他们、你们、我们——仅仅是一个词的改变，但又不单单是一个词的改变。改变的是校长的定位，改变的是大家的感受，改变的是所有人工作的一种状态。

年轻的新校长到一个新的环境，肯定会看到很多与原先自己所处环境不一样的地方，同时，年轻的新校长，很想做一点事情，特别想马上建立自己的威信。这都是一些共性问题，但是解决问题之前，校长需要明确好自身角色，不仅要人到学校，更要在情感上融入团队，懂得尊重与理解，积极沟通与融入，才能够更好地开展工作。

（一）懂得尊重与理解

到一个新的学校去担任校长，应尊重和理解每个同事，不要用贴标签的方式去看待新的环境、新的下属、新的群体，更不要站到新环境的对立面。要多花一点时间去听、去看和去了解，站在他们的角度多考虑，去发现他们的闪光点，要体会他们的难处，从而能够让彼此走近，为更好地融入新环境和新同事，以及与教师建立良好的信任关系，打下坚实的基础。

（二）积极沟通与融入

任何一个个体的工作环境发生了变化，都会经历不同文化之间冲击和融合的过程，关键是校长要以什么样的态度去面对这种冲击。作为一个学校的校长，需要用积极的心态去应对，快速调整自我适应环境，其中沟通是一个重要的途径，只有去真诚沟通，才能获得相应的信息，发现已有文化的优劣所在，找到传承与创新的突破点，与大家建立好的关系，为融入新的环境和新的团队做好心理准备。

（三）饱含情感与温暖

一个人看待对方的方式，会影响彼此的关系发展状态，也会影响彼此的合作程度。以"他们""你们"的心态去面对，彼此之间有距离感，是很难深入合作的；而以"我们"的心态去面对，彼此之间的距离就拉近了，内心感受到温暖和安全，继而可以一起去为学校发展和学生发展做出努力，可以一起去解决彼此遇到的困难，相互扶持与帮助。

换言之，"我们"就是不分彼此，份内的事认真干、交叉的事主动干、额外的事愉快干！正如有一首歌曲《我们》中所唱：在风里飞翔不怕雨露风霜，拥抱着太阳和月亮，寻找白云的故乡。我们相遇相知细细珍藏，我们结伴同行！这是"激发管理"的基础，"我们"才能共同为教育事业做出努力！

第三节　学校管理者的规划能力

一个学校制定了科学合理的规划，有助于学校实现长久、稳定、可持续发展。学校发展规划是学校治理水平的综合体现，作为学校管理者需要拥有主动制定规划的意识,需要熟悉国家和市区教育发展规划,需要熟悉学校发展的过去与现状,需要通过学习和研究提升学校发展规划的科学性,更需要激发学校教师的参与意愿,让更多的人参与到规划中来,增加学校发展规划的可行性。于校长而言,每一次学校发展规划的制定,也是一次对自己灵魂的追问、智慧的打磨、勇毅的考量。

一、 更新对规划的认知

刚开始,我对规划的认识只停留在纸上画画、墙上挂挂的阶段,也曾质疑过规划的意义所在。担任校长满一年后,恰逢全区制定发展规划,而我对学校未来的发展没有清晰的想法,第一次制定了规划,在原有规划的基础上进行了一些优化,但对办学理念、发展目标、培养目标的定位都没有实质进展。规划完稿了,但没有起到任何作用。当校长的第 5 年,积累了一些经验,心中想过办什么样的学校。在新一轮发展规划启动的时候,从心态和行动开始重视学校发展规划的制订,认认真真根据学校的情况规划学校的发展方向,这一份规划不够精致完美,但是因为是真正切合学校实际出发而制定的,执行阶段很好地引领了学校的发展。当校长的第 11 年,又到一个学校,第一件事情就是非常主动、认真地学习学校原有的规划,理清学校发展的整体脉络。然后在了解熟悉学校之后,集合全体教师的智慧一起开始积极地思考学校新的发展点。在新一轮的规划启动之日,把所有的思考融入在新规划里,引领学校新一轮的发展。可以说学校进一步质的飞跃就是依靠规划的引领。

学校随性的发展,在一段时间里,可能会走得快,但不一定走得远;遇事再想的发展,在一个阶段内,可能会做得好,但不一定好得久;只有提早的思考、全面的思考、前瞻性的思考,才能让学校走得更快更好、走得更远更久。规划与随机的区别,其实结果就是要看能否"走得远"与"好得久"。

二、 加强对规划的研究

如何做好学校发展规划，要在理论中学习，也要在制定规划的过程中学习。首先，聆听关于学校发展规划的专题讲座，探讨如何用好规划来管理学校，以及规划中如何设计"大小适中、软硬兼施"的项目等，逐渐找到自己心目中理想的办学愿景。其次，阅读关于学校发展规划的书籍。在《中小学校长专业标准》一书中，指出校长的 6 大核心工作领域，即规划学校发展、营造育人文化、领导课程教学、引领教师成长、优化内部管理、调适外部环境。而规划学校发展是第一项工作，其重点是要形成共同愿景，引导学校发展；重视群体智慧，实施群体决策；立足发展传统，突出学校特色；把握规划内涵，注重执行操作。学习的过程，不断开阔自己的眼界，思考自己做的情况，找到努力的空间。

同时，从对规划的研究中，学习到学校发展的规划需要由校长和教师"自己"制定"基于学校、为了学校、发展学校"的规划，也意味着学校规划的活力在于其"基因"是"我的""我们的""当下的""未来的"，这样才会更富有生命力。因此在实践中，校长和教师要坚持自己写学校的规划，没有人比自己更了解学校的情况，也没有人比自己更关心学校的未来。规划是写给自己学校的，就写自己能够做的事情。上面一系列的"我们"，无疑成为了规划撰写的精神动力。

当有了"规划文本"，关键在于实施，强调执行"过程"，立足实践反思，持续优化调整，当学校提出"阳光校园"办学理念，随即努力在实践中探索总结，不断明晰理念背后的内涵。

三、 深化对规划的思考

在学习《中小学校长专业标准》的过程中，在聆听专家对规划的解读的过程中，清晰知道自己未来可以朝着什么方向去努力。通过学习如何制定规划到在实践中多次制定规划，对规划有了更加深入的思考。

（一）参与人员越广泛，执行力量就越强大

学校应把发展规划的制定视为学校最重要的任务，需要分析上一轮学校规划得失、学习其他学校规划的优点、组织全体教师参与规划、组织全体成员进行研讨交流、探讨对规划的优化改进。当全体教师参与到规划中来，教师对学校办学理念的知晓率、认同度和参与度都得到显著提升。

（二）学习研究越深入，执行的可行性越大

在规划制定后，学校开展了五年发展规划学习和解读的系列活动，让全体教师明晰学校未来发展的方向。教师们都结合学科教学和日常工作，表达自己对阳光校园的理解、撰写教师个人新一轮发展规划、撰写自身教育生涯的阳光小故事、撰写阳光心语、交流分享领悟阳光工作生活的感受。在一系列活动中教师知道学校要打造阳光校园，有很多的事情要做，也知道做了这些事情，学生才能够阳光健康地成长。

（三）坚持付诸行动，办学愿景越可能实现

从学校发展规划到年度计划，一切都变得有整体性、有条不紊，每一项工作的达成度越来越高，学校的发展也会渐入佳境。所以，好的学校并不是办学理念有多好、有多独特，其内涵和本质都是一致的，关键在于坚持按照规划开展办学实践，找到一个比较适切的抓手去开展各项工作，最终获得教育的成功。把握发展规划，创造美好未来，成为学校共同的信念，致使学校发展的每一步都是有规划的有策划的，朝着更好的方向前进。

在规划的过程中也有了新的认识，即谋在做前，干在做中，思在做后，成在做精；小事做实，凡事做好，难事做通，大事做强，从而为推进"阳光教育"的蓬勃发展奠定基础。

第四节　学校管理者的倾听艺术

什么是管理？如何进行管理？这是校长经常会思考的问题，"管理"要求学校管理者应该先"理"后"管"，而不是先"管"后"理"。"理清"则"管行"，而倾听，则是"理清"的关键环节。因此学校管理者要做到愿倾听、能倾听、善倾听、会倾听。

中华民族灿烂文化源远流长，留下了许多关于"倾听"的成语，从侧耳细听到听微决疑；从内视反听到公听并观，而兼听则明，偏信则暗更是耳熟能详饱含智慧。这说明倾听是从古到今，人们都引以为重的。而偏听偏信、妄言妄听则成为人们生活中的一种警示。古人云："信人者，人亦信之"，《史记殷本记》中说道"言能听，道乃进"。善于倾听是领导者明察实情，纠偏正向的一种重要途径。怎样在"管理"中善于"倾听"？怎样在"倾听"中促进"管理"？其实是一门大学问，"倾听"不仅是"管理学"，也是一种"心理学"，更是一种"美学"，因为，"倾听"是一种心灵与心灵之间的碰撞与融合，能培育出世间最美的"心灵之花"！

随着"温暖管理"的理念逐渐深入人心，教师参与学校事务性管理的意识和积极性日益增强，一个校长有没有"想倾听"的欲望和"会倾听"的能力就显得尤为关键。因为在管理的过程总会有矛盾冲突及不同的意见和声音相伴，如果不倾听不了解，就会让问题的负面效应释放；如果能认真倾听全面了解，沟通就会变得顺畅，问题就会迎刃而解。由此可见，作为校长，"倾听"是一种内涵，是一项能力，更是促进学校管理良性循环的一剂妙方。

一、秉承倾听的态度——勇于倾听

在沟通中，校长首先需要确立愿意倾听的态度——勇于倾听。要勇于倾听来自不同地方的不同声音，这既体现了一个管理者的胸怀，更标志着一个管理者的能力，也是学校管理更进一层的基础。学校管理没有定律，贵在得法、得体、得当。

比起制度化、精细化的刚性管理，人性化、人格化的柔性管理更容易收获良好的效果。实施人性化、人格化管理，不仅能给教师的专业成长增添动力，还能给学校的发展注入活力。要想在管理中凸显人性的温暖，昭示人格的魅力，作为校长，必须勇敢地、真诚地倾听教师的心声。

　　每个人都有表达自己想法的权利，兼有得到对方认同的意愿。人类之所以伟大的因素之一，就是拥有了"表达"与"倾听"这两个工具。每个校长都希望自己的表述能够被教师认真地倾听；同样，每位教师也希望自己的声音能够被校长完整地倾听。但是，因为管理者与被管理者的立场不同、思考角度不同，两者之间总会产生一些矛盾，不能做到无缝衔接，甚至有时会存在意见相悖的现象。此时，管理者感受到来自被管理者的实际反应，与预想的往往相去甚远，有反对的、不理解的、不同意见的……

　　校长在倾听的过程中，可能会遇到不同意见，但没必要觉得尴尬和难堪。此刻，校长更需要明确的是——倾听的目的是什么。如果是想发现问题、解决问题、把事情做得更完善的话，那么必须要确立愿意倾听的态度。一个管理者必须认真审视自己的心态与胸怀，能够体察他人的想法和容纳不同的观念。一个管理者也应该清醒地认识到：倾听不同的声音是大家对管理层的信赖、不一样的意见中肯定有值得思考的地方、他者的意见其实提供了一种新的思路、反对声如果强烈，说明做法的确存在要改进的地方，推进就需要暂缓，否则得不偿失……

二、 提升倾听的能力——善于倾听

（一）形成同频率的倾听

　　在学校中，校长接触最多的是学校的中层干部，因中层的工作岗位不同、个人能力不同，校长与他们之间可能会有心理上的亲疏。价值观相近的中层听得多一些，不同的相对少一些，就会造成偏听偏信。俗话说"兼听则明，偏信则暗"这一点，校长需要特别加以注意，努力做到与各中层保持频率相同的倾听，这样才会倾听到更多真实的声音，获得更多有效的信息。

比如，刚调到一所新的学校，校长对这个学校不够熟悉，所有的信息都来自全体中层干部。校长一开始的工作重点就是与每一位中层进行沟通，而沟通中重点是"倾听"。可以说，每个中层尽管岗位不同，但都会讲述很多。又因为每个人的角度不一样，这个过程让校长知晓很多方方面面的事情。即使是对同一件事情、同一个人，每个人的分析也不一样，多方倾听让校长可以更加立体、完整地进行认识。而在后续的工作中，也可以定期与中层进行交流，依然是以倾听为主。因为在校园中，他们看到的往往比校长更多、更深入。

当中层感觉校长能够一视同仁地倾听，没有你近他远，厚此薄彼，他们才相信校长是真心地与他们沟通、真心地听取他们的建议，他们才会更加容易说出自己内心的真话。与其说，表层上校长在与中层干部进行交流，深层上校长是在与他们分管的条线进行交流。校长倾听的不仅仅是"语言的表述"，实则上是学校发展的"脉搏"。校长能够听到来自各条线中层干部的真话，才是学校推进良好管理的一帖妙方。

形成同频率的倾听，"同"是一种认可：是同求中的同为，是同望中的同道，是同和中的同享，是同行中的同进。要做到既有科学性又有实效性——对策顺应，从看法到做法，拥有前行的能量。

（二）注重深层次的倾听

校长获得的信息大部分来自中层的反馈，与一线教师直接接触比较少。但往往中层反映的更多是一些好的情况。所以，校长应该深入下去，走近教师、再走进教师，从"近"到"进"，从"听"入"心"，创设更多直接倾听一线教师声音的机会。

因为注重深层次的倾听，获得的信息就会覆盖全面，更切中要害，更找准关键。对于学校内可能存在的一些突出矛盾也会第一时间知晓，做到心中有底，可以在最佳的时期给予合理地解决。同时，校长注重深层次倾听，对学校中层的管理工作也是有效地督促、有利地促进。

注重深层次的倾听，"深"是一种质量：是深入中的深谈，是深化中的深刻，是深切中的深情，是深处中的深信。要做到既有启示性又有规律性——问学顺通，从反映到反应，拥有追求的热量。

（三）创设多立面的倾听

任何一件事情的产生，在不同岗位、不同年龄的教师群体中反射弧都不一样，而管理是面向全体的，是一个立体的面。因此，校长要争取在尽可能多的立面上去倾听。如同钻石的切割面，每一个面都完美才是最终的无暇。越是重大的决策，越要听得范围广、全，才有利于决策的正确性、完整性，也会更加有利于决策出台后的执行力度。

值得一提的是，校长的倾听对象还应该包括学生、家长、社区人员等，他们关心学校、支持学校，他们都是学校发展的有力支持者，校长应该多倾听他们的声音，把他们作为开展教学改革的立面之一，引导他们积极支持学校教学改革。更大范围的倾听，需要花费更多的时间与精力，但这意味着将获得更多有效的沟通、有效的信息，为学校的工作助力。

创设多立面的倾听，"多"是一种丰富：是多维中的多元，是多个中的多样，是多思中的多彩，是多方中的多能。要做到既有整体性又有普遍性——引导顺势，从启发到激发，拥有全面的思量。

（四）寻找"半度音"的倾听

首先，对一些大家一致赞同的事情做出决定时，一定要去寻找不同的意见。就像是音符中的半度音，不是主旋律，但在不同曲调中起到了调和的作用。类似于这种"半度音"的倾听会对事情的处理更加完善。人们往往有从众心理，却忽视了另一个重要问题：未必大家都认可的东西一定是正确的，有时，他可能拥有自己独特的智慧见解。

其次，有很大争议的问题一定要反复听，听反复。黑键、白键都有自己的韵味。通过半音的加入，曲调就会找到和谐的表述。辩论，就是这种黑与白的碰撞，辩论中，思路会越辩越清，问题也会越辩越明。于是，在这个反复倾听的过程中，校长一方面清晰地了解了问题关键点的所在，可以着重思考解决的策略；另一方面会收集到更多的智慧,为解决问题提供新思路。这种新思路就是在原有基础上的半度音,会产生积极的音质效果。

另外,多听听不同性格的人的声音。由于每个人的性格不同,不同的教师在表达自己的观点时采取的方式也不尽相同。有些奔放,有些含蓄。奔放者姑且形容八度跨越,含蓄者正是那不引人注意的"半度音"。作为校长要特别关注这些性格较内向的教师,要相信他们同样蕴藏着丰富的想法,但在表述一些敏感的问题时可能会更加隐晦。这就需要管理者在倾听中去捕捉那个半度的音节,在与他们多接触的过程中,慢慢发现半度音的美好。创设良好的沟通环境,不亚于创作一首优雅的乐曲。作为校长,可能无法改变他们的个性,但可以尝试沿着他们的轨迹体验"半度音"的奥妙。

寻找半度音的倾听,"半"是一种契合:是半信中的半疑,是半吐中的半露,是半知中的半解,是半抵中的半高。要做到既有借鉴性又有思辨性——知行顺位,从分别到分明,拥有工作的方量。

(五)立位无声处的倾听

倾听之前,不能带着内心的偏见或成见。它们很容易影响听别人说的正确性,使倾听的意义大打折扣。要学会"清空"后再倾听,更有利于管理者作出正确的判断。

倾听之时,重在"听",而不是急于轻易发表自己的意见。有时可能还没有完全理解教师的谈话,这种情况下妄下结论势必会影响教师的情绪。对教师而言,校长的言论代表着学校的观点,所以必须对说出的每一句话负责。注意不激动,不匆忙下结论,不急于评价对方的观点,不因为与对方不同的见解而产生激烈的争执,不把精力放在思考怎样反驳对方所说的某一个具体的小的观点上,而是要仔细地听对方说些什么。

倾听之后,当教师的一些看法与校长的观点相违背时,校长应该冷静地分析这些看法是如何产生的,是不是其他教师也有类似的看法?所谓"观其言,看其行",就是要看清根结在哪里,而不是如何化解表象。此时,校长不妨设身处地地站在他们的角度去审视问题，在发表自己的意见时，要非常谨慎。特别是在涉及到一些敏感的事件时，尤其要保持冷静，埋怨和牢骚决不能出自管理者之口。

客观、冷静、公正地倾听，于无声处听惊雷，才能达到管理者的沟通目标。正如《佛光菜根谭之励志篇》中讲到："静心者恩怨不能乱其神，有德者是非不能扰其心"。

立位无声处的倾听，"无"是一种智慧：是无言中的无限，是无妨中的无疑，是无边中的无尽，是无常中的无穷。要做到既有多元性又有可变性——应对顺变，从互动到联动，拥有发展的增量。

（六）注意细节度的倾听

教师愿意向校长倾诉，是对校长的一种信任，校长在倾听的过程中一定要尊重教师，特别是倾听谈话时要注意一些细节。如倾听过程中不去打断对方；在倾听教师讲述时，最好做一些记录，表明对他谈话的重视；倾听对方说话时目光专注柔和地看着对方，适时给出回应，适时点头并加上语气词"嗯"等，表示正在专心倾听；没有听懂或没弄清楚的地方要及时提出并沟通，以免造成误解；要关怀、了解、接受对方，鼓励他或帮助他寻求解决问题的途径。千万不能一听赞同意见就笑、一听反对意见就跳、一听没完成任务就骂。倾听并不一定代表对对方谈话的完全认同，但它能够很好地表示对对方的尊重，是所能给予别人的有效鼓励。校长要好好把握倾听时的细节，所有的肢体语言、神态表情，都可以让教师感受到一种理解，一种满足。有时，教师向校长倾诉不一定需要解决什么，而是通过倾听得到情感上的共鸣，从而自然就解决了问题。

校长是学校之魂。校长要办好学校，就必须学会倾听。只有倾听，校长才能与广大教师一起营造人人团结进取、精神积极向上、生命和谐发展的校园；才能站到教师的立场上，理解教师的心理需求，满足教师专业成长的需要，引领他们事业的发展，才能与师生一道共享教育人生的幸福。

注意细节度的倾听，"细"是一种精致：是细谈中的细品，是细心中的细密，是细微中的细情，是细磨中的细致。要做到既有前瞻性又有拓展性——发展顺畅，从方法到方略，拥有成长的力量。

三、 担当倾听的责任——落实倾听

倾听的内容如何处理，还是要根据具体的实际作不同的解决，才能达到更好的效果。如何落实倾听的内容同样体现校长的态度、能力、责任意识。

第一种情况，有些情况倾听后要及时反馈信息。听到问题之后，要解决问题，这才是倾听的本意。做出的承诺，要及时进行兑现，如果暂时无法兑现，要向教师讲明无法兑现的原因及替代的其他措施。注意倾听后的信息反馈，无论如何处理，都要有所交代。

第二种情况，有些复杂的情况不要马上做出决定，有时候听到的内容会干扰校长决定的倾向，所以，等过一个阶段后回过头看一看，思考后再做出决定。倾听是很重要，但它只是一部分，与自己的观察结合，才是处理决定的关键。

第三种情况，有些事情不一定要做出处理。有机会多倾听不同的声音，并把这些资源收集起来，合理地融于自己的认知和决策，这是寻求合理公正的表现，也是管理成熟的一个重要标志。

倾听反映的是校长对教师的态度，如何倾听牵涉到校长的管理水平，如何落实倾听的内容则体现校长的责任意识。如果管理者认为自己听见了就是在倾听，那是不准确的，不关注不对自己口味的发言，从心理学上说这是一种——"非注意力盲听"。因为倾听不仅仅是用耳朵，更要去用"心"。

不同的校长会采取不同的治校方略，展示出不同的管理个性和风采。用心管理，重在心通。无论处于何时、何地，面对何人、何事，校长都要倾听民声、尊重民意。民声既是校长智慧、力量的源泉，也是构建和谐校园的重要基础，更是学校精细化管理的有力保证。

"倾听"，是一名成功的管理者应该具备的重要素质。在学校中，校长要勇于倾听、善于倾听，努力做到兼听则明，发挥教师的积极性和主动性，并适时解决他们在工作中遇到的各种问题，凸显温暖管理，协同推进学校发展。

第五节　学校管理者的人文关怀

学校管理者涵盖不同的层面，除了有以校长为主的学校领导层，还有最基层的管理者——班主任。因此，管理不仅包含学校领导层对全体教师的管理，也包含班主任对班级学生的管理。班主任管理水平直接关系到学校管理和学生管理的质量，也影响到教育教学质量和学校办学成效。这就意味着每一个班主任都需要秉承温暖管理的管理理念，运用人文关怀的方式来进行班级管理，温暖班级里的每个学生，让每个学生都能够感受到班主任给予的爱，感受到在班级大家庭的幸福，进而能够在班级实现个性化的全面发展，成为一个更好的自己。

一、 人文关怀的基础——爱与责任

德国著名哲学家雅斯贝尔斯说："教育的本质是一棵树摇动另一棵树，一朵云推动另一朵云，一个灵魂召唤另一个灵魂。"这就意味着班主任需要不断提升自身修养，力争做一个富有爱心、责任心、耐心和细心的教师，做一个把学生视为自己的孩子且深受学生喜爱的教师。基于此，班主任所有的工作都应该围绕学生的健康成长展开，在最大化程度上促进学生的全面发展。在付出更多的爱和坚守更多的责任的基础上，赢得家长更多的支持和收获更多的成长。

上海市教书育人楷模孙丽萍老师曾分享到"教育者全部的奥秘，就在于如何爱学生。如果你讨厌学生，那么你的教育还没有开始，就已经是结束了。"她用心经营每一个班级，尽其所能地去爱学生，去支持学生，促使学生充分体验班级的幸福感。回顾她的成长，可以看到她的教育初心，她不在乎"名利场的拥有"，只是很在乎"她的孩子们"，换言之就是希冀能够在教育田野里，与她的孩子相见、相识、相知和相爱，安静地享受那一份独特的爱的滋润，获得满满的幸福感。可以看到她的教育幸福，全部与"她的孩子们"息息相关，她相信只要用生命的大爱去爱每一个相遇的孩子,幸福就会悄然而至,自然满溢。她践履这一份爱与责任,看到了孩子们的成长,内心也充满了幸福。因此,做一名班主任,就要像孙老师一样,做一个富有"人文情怀"的教师,满腔热忱地去爱自己的学生,爱自己的工作,进而实现师生的共同成长与发展。

二、 人文关怀的立场——真正的尊重

冰心说:"有了爱就有了一切",爱学生是班主任的基本,而尊重学生则是班主任的立场。爱学生的班主任,就会发自内心地尊重学生,把学生作为一个富有生命的独特个体,运用多种途径去了解每个学生的个体差异,采用民主平等的方式去对待每个学生,用欣赏性的眼光看待每个学生成长进程的问题,尽其所能地去支持和帮助每个学生获得成长与发展。

每一所学校都倡导要尊重学生,现实是实践中还远远没有做到,最为关键的体现就是学校和班级里的一系列变革,是否站在把学生作为整体的人的立场进行考量。当能够用孩子的视角看待问题,或者说让孩子参与到学校和班级管理进程中来,就会发现当前很多的管理是没有尊重学生的,而更多的是从成人的角度出发的,缺少成人与儿童的共同协商与共同决策。比如很多学校的教室走廊都有漂亮的装饰图片,可是这些画的水平线在哪里? 这些画又是准备给谁看的? 深度追问就能够发现,这些并不是孩子目光的水平线,而是成人目光的水平线。又或者走进低年级教室去听课,发现孩子的脚悬挂在半空,尽管桌椅可以调节高度,但是由于一开始设置在某一个档,最终孩子就一直这样坐着,教师并没有发现任何问题,可见技术的人性化,并不代表管理做到了人性化,弥补这一段距离,恰恰是教师对孩子的尊重。当教师知道从孩子的视角来看待问题,才能够从孩子成长的角度来解决问题。

由此可见,作为一名班主任教师,倘若能时时刻刻尊重学生,为学生的发展着想,将为学生发展增添动力;倘若没有认识到尊重学生的重要性,只是站在自身的立场出发,可能会为学生发展增添阻力。具体而言,班主任要尊重学生,可以通过

"搂过来""蹲下身""夸出来"三个妙招，给孩子一份欣赏、一份鼓励、一份宽容、一份理解，在爱的传递中让学生树立自信，充满前进的动力。所谓"搂过来"，就是当孩子犯错的时候，先走到孩子的身边，听听孩子的解释，站在孩子的角度去思考，帮助他们解决问题。所谓"蹲下身"，就是站在与孩子相同的高度，聆听他们的心声，感受他们的快乐与烦恼，成为学生的"知心朋友"。所谓"夸出来"，就是教师的口头禅"你这一点做得非常正确！""你的进步可真快呀！""教师相信你是最好的！"只有内心深处有了真正的尊重，才会自然而然实施富有人文关怀的行动以及人性化的管理。

三、 人文关怀的关键——智慧的方法

在班主任管理工作中，已然达成共识，即要关注学生，了解学生；要尊重学生，理解学生；要信任学生，肯定学生；要关心学生，爱护学生。这一理念的更新与优化，为推行人文关怀的班级管理提供了可能，更为探索人文关怀的班级管理指明了方向。

班主任要在先进理念的指引下，运用智慧的方法来关心学生成长与引领学生发展，具体而言，这些智慧方法可以是生活上悉心指导、思想上耐心开导、学业上热心辅导、心理上细心疏导；也可以是人性化的班级文化创设、班级组织搭建、班级活动开展、人际环境营造等。值得强调的是，智慧方法是多样化的，更是个性化的，每个班主任都需要探索适合班级学生情况的智慧方法，能够在智慧方法使用过程中，充分发挥家长和社区的力量，多渠道共同育人。

四、 人文关怀的核心——成长的给予

人文关怀的管理不仅仅是对孩子学习生活上的关心照顾，更应该关注他们的生命成长。也不仅仅是我们纯粹对孩子们付出，而是要思考真正给予孩子的是什么。当明晰了孩子的健康成长需要什么，就创造机会给予孩子什么，孩子就会获得所期待的全面发展。这才是更有价值的人文关怀和核心所在!

比如,孙老师因为看到自己班级外来生源比例高,一些孩子平日外出机会比较少,就开展了"眼界"计划,以亲子社会实践为主要形式,通过"场馆参观""旅途见闻""职业体验"等途径,引导学生把自然、社会和家庭变成学习的重要场所,引领孩子参与家庭生活,带领孩子领略社会发展,让孩子们在广阔的教育天地里,增长各方面的知识,拓展原有的视野,看到更大的世界,这也让孩子们的人生多了一份别样的经历,更多了一份难忘的精彩。这一个"眼界"计划诠释了成长给予,展现了家校携手共育的合力成效,也赋予了孩子一份成长的礼物。

总而言之,教育是需要情怀的,其中情是一种情分与情义,更是一种情趣与情操,意味着育人的源头就是对孩子的大爱;怀是一种慰怀与雅怀,更是一种情怀与胸怀,意味着育人的归宿就是孩子的成长。当班主任能够在自己的一方天地里,始终坚守这一份充满人文关怀的教育管理,始终葆有这一份满腔热情的教育情怀,就会给予孩子成长的温暖,更会给予自己守望的幸福。

教育是一门艺术,每一周、每一天、每一时,都努力与学生的思想感情保持和谐一致,学会用学生的眼睛去观察,用学生的耳朵去倾听,用学生的兴趣去探寻,用学生的情感去热爱。让学生的孩童时期得到应该拥有的阳光,这是学校实施"温暖管理",从而打造"阳光校园"的意义所在。

附录："圆"的小故事
——学校校庆的花絮记录

"圆"很普通,但有时又可以很特别。圆作为一种几何图形,是平面中到一个定点距离为定值的所有点的集合。圆的直径有无数条,圆的对称轴有无数条。祖冲之经过刻苦钻研,得出了 π 的近似值 3.1415926,凭借圆周率的计算在数学领域取得了惊人成就,名扬中外。如果说,关于这个"圆"的表述是理性化的,那么,下面这些在校庆年发生的"圆"的故事,则蕴含着教育的温度。

圆之一:校庆年的圆桌会议

面对学校的 60 周年校庆,很多人问的第一个问题——你们校庆是哪一天?我们说——在这一年的每一天。我们确定校庆主题为"上南正阳光",设计了"春之歌、夏之韵、秋之果、冬之恋"四季活动,分为四大板块"报刊宣传篇——阳光家园、学术研讨篇——阳光论坛、学生成长篇——阳光少年、教师发展篇——阳光行者"系列活动,充满温暖。具体有"暖心上南、青春上南、可乐上南、灵动上南"等共计 50 多项活动,跨越整整满满的一年。

很多人问的第二个问题——那么多的活动,你们来得及做吗?我们很自信肯定来得及,因为我们提早一年开始了筹备。先是选拔了来自各个条线的近 30 名教师,作为校庆的筹备组。再是全体教师、退休教师搜集校庆金点子。接着,校庆筹备组进行圆桌会议学习——学习所有金点子发现亮点,学习 50 年校庆感悟这10 年的发展之路,学习其他学校校庆的优点与特点。然后筹备组进行圆桌思维碰撞——我们的60年校庆可以怎么做？逐步确定了四季四大板块50多项活动。紧接着，又一次圆桌讨论，筹备组人员分别担任每一项目的负责人，并到教师中自由寻找合作的伙伴来筹备这一项活动。准备了一年时间，各个条线的教师参与筹备，50多项活动有条不紊地按照预定的时间推进。

很多人问的第三个问题——谁来参与？答案肯定是所有的师生。每一项活动的出发点，就是让全体的学生、教师参与进来。校庆是属于大家，是属于学校这个大家庭的。所有人参与，才是圆满的。而校庆非常圆满地举办也证明了来源于全体的智慧与力量是无穷的。

从哲学层面来分析和解读：长和短是相对的，春夏秋冬，四季分明；多和少是相应的，合情合理，互动分担；难和易是相间的，分解化解，科学分流；慢和快是相切的，此时彼时，精准分层。而圆是属于大家的。

圆之二：大圆桌年夜饭

如何迎接新年？这是一年的开始，也是校庆年的开始。唱唱跳跳之外可以有什么不一样？这一次，我们用中国人最喜欢的传统——圆圆满满大家庭年夜饭的方式来迎接。于是"吾六七八九，谁家厨神牛"的迎新活动新鲜出炉了。"吾"意味着我们学校全体教师这个大家庭。"六七八九"分别代表60后、70后、80后、90后这4个年龄段组成的学校教师小家庭。"谁家厨神牛"自然就是厨艺的比赛。活动在学校大厨房展开，后勤提供一切需求保障。第一，主食比拼（制作饺子、馄饨、圆子、春卷），当场抽签领取相关的材料开始制作。第二，主菜PK，每一个年龄段的家庭当场烧出自己最拿手的三个热菜，原材料自己准备。第三，水果拼盘竞争，随机抽签不一样的水果，根据提供的食材当场制作。每一项活动计时完成，集中呈现，评委打分。完美的圆子、裂开的春卷、堪比星级厨师的菜肴，缺乏厨艺的90后一锅炖的野餐火锅，一口气被评委抢着吃完的甜点，还有一口不动形状怪异的菜肴……年夜饭的现场，炸、炒、煎、炖，样样拿手，欢声笑语，此起彼伏，油烟味与家庭味、大圆桌与大团圆，真是一个美好的时刻。

这个"圆"中，展现的是一种"我爱我家"的团圆时，用切身的体验去开启自己的心智；这个"圆"中，展现的是一种"我喜我乐"的丰收日，用坚定的行动去实现自己的理想。

圆之三：开学的个性圆蛋糕

年末，布置给教师们的年度总结是这样的——

寻找属于自己的年度词

回顾，今年个人年度词——（　　　）

展望，明年个人年度词——（　　　）

期待，明年个人小目标——（　　　）

最简单的总结要求，但收获了教师们最认真、最投入的思考总结。年度词都是对新的一年中更好的自己真实的期待以及努力的方向。

新年开学的第一天，教师们收到了一份特别的礼物。每一个人拿到了之前写的那份展望新年的年度词，请他们自己阅读之后，让教师们凭着这一份年度词去认领写有自己年度词的特制蛋糕。学校把每一个教师写的新年年度词印在圆圆的小蛋糕上，一人一个，每个人都不一样，只属于自己。下面欣赏一下精彩年度词荟萃——

"新"：是一种培新和日新，打开行动；"情"：是一种柔情和真情，打开内涵；

"责"：是一种尽责和负责，打开思想；"任"：是一种担任和责任，打开心灵；

"上"：是一种朝上和向上，打开追求；"课"：是一种研课和磨课，打开融合。

从去年到新年，一年年的轮回，但画出的是不一样的圆。新学期的礼物，是对每一位教师的期许，做更好的自己，接近自己的目标。

圆之四："圆中圆"管理团队

校庆年，我们的管理团队有自己名字了。

我们一直在想为管理团队取一个属于大家的共同的名字。怎么做？第一步，我确定了名字——"圆中圆"管理团队。第二步，我给每一位管理者布置作业，用一周的时间思考——为什么推荐这个名字？听到这个名字，自己能够想到的图案有哪些？把它们画下来，并且再思考这样的图案跟我们的管理又有什么关联？一周之后，组织管理团队进行专题会议讨论，把每一个人画的图案、阐述的内容展示出来，并请每一个人进行上台交流。管理团队一共10人，每个人都画了不止一幅图、阐述了不止一个理由。而同伴之间画的、阐述的内容,有相似的、有交叉的、更有不同的,但是每一个人理解的都是"圆中圆"与管理之间的共同特质:"福建土楼""东升旭日""几何交集"等等一系列图形出现时,"携手合作""努力圆满""你中有我,我中有你"等一系列关键词出现时,所有人恍然大悟,这就是我们管理团队应该有的共同价值观。第三步,我把大家所画的、所阐述的都整理打印,形成一本《圆中圆学堂》手册,也是管理团队的工作手册。我告诉大家——我们是一个管理团队,我们的名字叫"圆中圆",为什么叫"圆中圆"? 所有的答案都在里面,每一点,汇总在一起,就是一个管理团队应该具备的所有品质。

"圆":是思想上的圆通,方法上的圆润,携手的我们——往心里去,始于身,思之有理。

"圆":是行动上的圆活,成效上的圆满,最好的我们——往高处攀,立于志,成之有道。

一个名字,不单单是一个称呼而已。起名字,也不单单只为了起名字。我们喜欢"圆中圆"这个名称,也喜欢"圆中圆"这个管理团队,我们更觉得这个管理团队吻合"圆中圆"这个美好的名字。"圆中有 yuan":"圆中有员"——是优秀团队、"圆中有缘"——是情义融合、"圆中有愿"——是教育志向、"圆中有源"——是发展动力、"圆中有援"——是互动合作、"圆中有远"——是砥砺前行……

这期间,全校各个教研组也相应起了自己团队的名字——总的叫做"日冕学堂"——语文组(新师语堂)、数学组(量子地带)、英语组(撷英社)、自然组(了然坊)、美术组(艺尚南)、体育组(强健团)。每个名字都很有意思,更有意思的是,有了名字的教研组活力、能量不断倍增。

圆之五:60 甲子林

60 年校庆,教师们如何在学校留下属于自己的印记? 筹备组经过讨论,确定要种树。种哪里? 教师们在学校的一个空角落画了一个圆圈,确定为——甲子林。种什么树? 筹备组第二次讨论——果树,象征园丁播种的收获。以什么方式种? 第三次讨论——以每一位教师入校的教龄时间为小组单位,共同选择一种自己喜欢的果树。于是,90 位 24 个不同入校时间的教师选择了石榴、柿子、枇杷、樱桃、杏子等 12 种果树。甲子林的设计稿也在一次次讨论中完善完美。3 月的植树节,教师们拿起铁锹,种下了属于自己的那一棵果树,挂上了树牌(树名、对学校甲子校庆的祝福语),扫一下牌子上的二维码,可以看到种树的教师、此棵果树的知识点等。从此,每个上南人有了一棵属于自己的果树。从此,每年新教师入职仪式,也是从种下一棵果树开始。

当日,学校赠送给教师的一份甲子林礼物,就是种下的果树的种子,一棵种在泥土里,与大地在一起;一棵握在双手中,与念想在一起。

这一片圆圆的甲子林,是孩子们休息的地方,也是果子满园师生一同分享的好地方,樱桃红了、枇杷黄了、柿子熟了……更是属于大家的印记。人们期盼着果熟蒂落,硕果芬芳,一年又一年圆满循环。

圆之六: 甲子年轮

60 年校庆,一个甲子,一个轮回,如何让孩子理解甲子校庆? 我们选择了代表时光的年轮。给每个孩子一个圆圆的木质小年轮,告诉孩子们年轮上一圈圈的圆纹意味什么。然后通过公众微信号向全体学生展示在年轮上可以有的艺术创作,让学生在学习之后学着用各种艺术表现形式在年轮上来展示"60"的字样,以此来对学校 60 年校庆献上自己的祝福。在 1600 多名学生完成自己的年轮创作之后,学校设计了一堵年轮墙,把学生的年轮作品全部贴在上面,主题是——甲子年轮、时光印记。每当孩子们走过,就可以看到一个个有着各式各样 60 字样的圆圆年轮,那饱含独特含义的奇思妙想,其中必定有一个属于自己的祝福。

每一个圆圆的年轮都接受着春的温暖、冬的考验,一风一雨总关情,享受着教育的浸润。

每一个圆圆的年轮都见证着圈的扩容、径的延展,一枝一叶见初心,彰显着成长的力量。

圆之七: 私人订制可乐上南

在校庆期间,学校征集师生对上南的祝福,之后,把每一个人的祝福语定制在一瓶圆圆的小可乐上——可乐上有这个教师或者学生的祝福,有署名,有上南 60 年校庆的 logo。然后在校庆生日之际,每个人都拿到了一瓶只属于自己的、私人订制的、圆滚滚的可乐,我们称之为——上南可乐。这是长久的记忆。

这瓶富有特定含义的圆滚滚的上南可乐,你或许会细细品尝,那独特的滋味一定终身难忘。

这瓶富有特定含义的圆滚滚的上南可乐,你或许不舍得打开,那永久的记忆一定源远流长。

与其说这是一瓶饮料,不如精确表达为一种精神追求——童年的校园生活是可乐的。

圆之八:四叶草办公室及拓展

当我们把学校的外部环境布置得漂漂亮亮的时候,同样也关注教师的工作环境——办公室,主动权交给教师们自己。学校在给办公室进行基础建设之后推出了"幸运四叶草,和谐如一家"的"四叶草办公室"评比。圆圆的四枚叶片分别代表——干净、整齐、有文化、有特色。教师们根据四点去打造办公室的文化。样板房推送、校区间的借鉴改进、花絮小透露,促使每一个办公室都行动起来,每个人在办公室建设中出谋划策,每一个团队用自己的方式布置温馨的办公室。评比之后隆重进行"四叶草办公室"颁牌挂牌仪式。这是营造阳光温暖和谐圆满的工作氛围,更是对办公室阳光团队文化的引领。

拓展——在专用教室文化建设中,学校也把主动权交给专用教室的负责教师。让教师直接与设计公司对接,沟通、协商、修改方案、监督施工进程。教师们特别积极投入参与其中,最终呈现出吻合专用教室负责人想要达到的专业性和美观性相融的教室模样。而这期间,学校的食堂也推进一期、二期改造工程。学校的文化建设作品:我爱上南雕塑、彩虹楼梯、阳光大道、星光之路、上南号,也在以教师们为主的参与下圆满完成。

每一间办公室,有情趣——这里是快乐的工作地;每一面宣传墙,会说话——这里是浸润的教育地;每一个景观点,有内涵——这里是愉悦的憩息地。

校园、办公室、教室等,每一处的美好,成就了阳光校园一个完美的圆。

圆之九:爱上南,我接力

学校建于 1959 年,因此,在 2019 年 5 月 9 日 19:59,同一时刻,全体上南师生共同做了一件事情——"爱上南,我接力"——通过微信朋友圈照片接力的方式庆祝校庆 60 周年。一样的主题句,两张一样的照片(即阳光下快乐家园的办学理念的雕塑、60 年的字样),还有一张不一样的个性照片(即自己与上南一张照片。之前举行过学生的"我在上南"、教师的"美在上南"的摄影比赛,已经做好铺垫)。用这种方式一起分享校园生活每一处美景,每一份令我们感动的瞬间,一起体验上南校庆的欢乐氛围,为上南 60 周年献上自己的一份祝福。那一刻,全体师生为上南刷屏,圆满。昨天的上南,历经风霜雨雪;今天的上南,已然风华正茂;明天的上南,阳光未来可期。

圆之十: 十全十美微信评比

年末,学校进行了"十全十美"十大微信评选及颁奖。先在公众平台上进行全校师生共同的评选,从一年 100 多条微信新闻中推出 10 条大家觉得最能够代表"上南精神"的年度微信。然后由十大微信的撰写者再一次去采访挖掘这十大微信之后的故事,在深入了解每一个微信的背后,才发现有太多值得去了解、去学习的东西。接着在这十则微信的故事中集体讨论,提炼出一个最能够体现学校核心价值观的词语——无私、团结、可爱、智慧、奉献、健康、阳光、优秀、执着、希望。于是,我们又邀请这一则微信中的教师、学生、家长一起用各种不一样的文艺表现形式,把这一则微信背后的故事呈现在舞台上,体现核心词语。那一次,我们不仅记住了沙画中的教师、赞叹《飞花令》孩子的才华,更让我们牢记十个核心词语,代表了阳光校园。十全十美,是完美的一个圆,更是学校团队共同努力的方向。

这个"微"是一种微小与微调,有切入点,更是一种微妙与微创,有成长点。

这个"信"是一种相信与自信,有发展点,更是一种信仰与信念,有目标点。

圆之十一: 奔跑吧上南

在一年的最后,我们在学校所属的社区滨江大道的世博段划了一个圆圈,进行"奔跑吧,上南"的教师定向赛活动。全程 6 公里象征学校的 60 年校庆,设置 6 个关卡——团队合影发朋友圈集满 60 个赞、团队解开摩斯密码"我爱上南"、齐心协力巨笔写"爱上南"等等。尽管那一天又是雨又是风,但是每一位上南人以团队的力量快乐地奔跑在那一个圆中,以自己的力量为上南加油!

奔,是有目标的"奔",身上有"自鸣钟",提醒你,知行合一,润泽生命;

跑,是有动力的"跑",身上有"计步器",催促你,不忘初心,砥砺前行。

"圆"很常见,但有时又可以很精致。宏观世界中,每一个星球都是圆的:水星、金星、地球、火星、木星、土星……它们的运行轨迹也无不遵循着"圆"的规律。微型的汗滴和水珠是圆的,那是便于汇聚、流动和流淌。

"圆"很平凡,但有时又可以很深奥。那些富有哲学意蕴的词语——圆润、圆融、圆通、圆活、圆满、圆梦,哪一个都值得深思和践行。慢慢考量,一个"圆"字,深藏着无穷的中国智慧!

"圆"很普通,但有时又可以很特别。一样的"圆",用心画,可以画出不一样的精致、不一样的璀璨、不一样的温暖!"圆"是一种起点,也是终点,可以无缝衔接。有人说,圆形的车轮,是中国古代劳动人民贡献给世界的一项伟大发明,它用最小的阻力,滚动不息,克服艰难险阻;它用最大的载力,负重前行,奔向那既定的远方!

后　记
阳光校园的逐梦人

　　此刻,可以用以下"十感"来表达我的心情——从所思到所想、从所困到所悟、从所行到所成,从所谋到所获!

　　感念:有幸,我生活在一个好时代,亲历了上海的课程教育改革、体验了浦东教育的不断发展:定法与得法——成长与成功;

　　感恩:从浦东到上海,从长三角到教育部,一个个学习的机会,遇到了我成长中最重要的导师:见事与见识——管理与智理;

　　感激:从城区小学,到农村小学,再到沿江小学,我任职学校的前任校长们,为学校打下了扎实基础:教育与教学——适合与适切;

　　感谢:我先后工作学校所有教职员工的大力支持,体谅我初做管理的青涩,弥补我工作考虑的不周:定力与推力——做成与做好;

　　感动:十五年来,全体中层干部的鼎力相助,容忍我在某时段的执拗,温暖我在关键时的融智:条块与条线——撑台与补台;

　　感触:有人说,一个好校长就是一所好学校,其实,好教师才成全好教育,践行制定工作的计划,发展教育中的智慧,育人与育才——尽心与尽力;

　　感想:让课程领导力成为现实的教育力,学校管理力变为学校发展力,打造把握大势的能力,培育形成优势的进阶,裂变与聚变——自转与公转;

　　感怀:学校管理是一门科学,学校教育更是一门科学,需要毕生努力去担当,

提升科学思维的潜质,增强顶层设计的智慧,行为与作为——变量与增量;

感愧:本次成书过程,有惊喜,有对荣誉的顾影惭形,更有对失误的惭愧。督促我优化教育的进程,激励我提升管理的能力,困顿与顿悟——支点与拐点;

感奋:这或许能称为一本著作,但更像是我校长旅程之中的回望与检视,总结我过往工作的经验,反思我实践过程的不足,前方与远方——跨越与卓越。

清晨,当第一缕阳光透进校园,校园开始生机盎然,迎接孩子们的到来……

午间,当热烈的阳光洒向校园,孩子们在校园里欢笑着、奔跑着、歌唱着……

傍晚,当温暖的余晖熏染校园,孩子们幸福地、满足地拥有着收获而归……

阳光的校园,温情、温馨、温暖,这是教育者心中一幅最美好的画面……

15年的校长历程,梦想打造一个阳光校园,我一直为此而努力,成为了阳光校园的逐梦人。在实践与思考中,逐步完善着阳光校园的品质——生长的空间、五彩的课程、快乐的课堂、活力的技术、温暖的管理、发展阳光的教师、培育阳光的少年。

共创生长的空间——就像阳光促使万物生长,学生学习生活的教育空间应该是美好美妙的,应该是与课程教学融合贯通的,也应该是师生一起创造的,更应该是与时俱进变化生长的。生长的空间就是阳光校园的闪光点。

构建五彩的课程——就像阳光一样多姿多彩,构建多元多层的五彩课程就是让每一个孩子在成长的过程中逐步寻找适合的色彩,明天,学生才能创造彩色的人生。五彩的课程就是阳光校园的支撑点。

创造快乐的课堂——就像阳光带来无限快乐,快乐的课堂才是学生成长真正的主阵地。让学生在快乐中主动学习,在学习中体验快乐。教师乐教,学生乐学,快乐的课堂就是阳光校园的着力点。

开拓活力的技术——就像阳光激发一切活力,教育信息化重构学习环境、再造教学流程、变革教育供给、变革评价方式、变革教育治理。信息化赋能阳光校园活力,活力的技术就是阳光校园的生长点。

营造温暖的管理——就像阳光让世界充满温暖,严谨的制度化管理与民主的人文化管理有效结合,才能营造有温度的校园。感受"家"的温暖,拥有"爱"的情怀，开展"教"的活动，实施"育"的浸润……温暖的管理就是阳光校园的立足点。

　　发展阳光的教师是阳光校园的切入点，培养阳光的少年是阳光校园的出发点。让每一位师生脸上有笑容，心中有阳光，让阳光洒进每一位师生的心中，这是阳光校园的追求。

　　打造阳光校园，是对教育的一份情怀，坚定与坚守！

　　一字一方圆，一文一渲染；我手写我心，如诗如歌，一往情深，我热爱教师职业；

　　一心一管理，一校一焕然；我思壮我志，如火如荼，一丝不苟，我深爱管理立业；

　　一教一春色，一育一灿烂；我心育我情，如痴如醉，一片丹心，我挚爱教育事业。

　　做一名"阳光校园的逐梦人"，真好！

于 2020 年 12 月 31 日